中央财经大学中央高校基本科研业务费专项资金资助
Supported by the Fundamental Research Fund for the Central University,CUFE

国家社会科学基金重大项目（15ZDA009）

国家自然科学基金面上项目（71473280）

受中央财经大学中国财政发展协同创新中心2022年度科研立项资助

中国特色社会主义理论体系研究

财政政策波动性：测度、效应、决定与管理

王立勇 著

Fiscal Policy Volatility:
Measurement, Effect, Determinants and Management

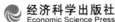

中国财经出版传媒集团

经济科学出版社
Economic Science Press

图书在版编目（CIP）数据

财政政策波动性：测度、效应、决定与管理/王立
勇著．——北京：经济科学出版社，2021.12
（中国特色社会主义理论体系研究）
ISBN 978 - 7 - 5218 - 3064 - 4

Ⅰ.①财… Ⅱ.①王… Ⅲ.①财政政策 - 研究 - 中国
Ⅳ.①F812.0

中国版本图书馆 CIP 数据核字（2021）第 232762 号

责任编辑：王　娟　徐汇宽
责任校对：隗立娜　王苗苗
责任印制：范　艳

财政政策波动性：测度、效应、决定与管理
王立勇　著
经济科学出版社出版、发行　新华书店经销
社址：北京市海淀区阜成路甲 28 号　邮编：100142
总编部电话：010 - 88191217　发行部电话：010 - 88191522
网址：www. esp. com. cn
电子邮箱：esp@ esp. com. cn
天猫网店：经济科学出版社旗舰店
网址：http://jjkxcbs. tmall. com
北京季蜂印刷有限公司印装
710 × 1000　16 开　16 印张　240000 字
2022 年 4 月第 1 版　2022 年 4 月第 1 次印刷
ISBN 978 - 7 - 5218 - 3064 - 4　定价：66. 00 元
（图书出现印装问题，本社负责调换。电话：010 - 88191510）
（版权所有　侵权必究　打击盗版　举报热线：010 - 88191661
QQ：2242791300　营销中心电话：010 - 88191537
电子邮箱：dbts@ esp. com. cn）

序

　　财政是国家治理的基础和重要支柱，财政政策是宏观经济领域的重要研究主题，也是国家宏观调控的重要工具或手段，一直是学术界和政府部门关注的焦点。目前关于财政政策的研究文献可谓汗牛充栋，但已有文献重点关注财政政策水平量，如财政支出水平、税率水平及政府支出乘数等，而忽视了对财政政策波动性的研究。财政政策波动性是宏观政策调控背后的重要代价，是宏观调控的长期潜在成本。较大的政策波动性意味着较大的政策不确定性，不利于引导市场行为和社会心理预期，对经济产生较大的负面影响。要完善宏观调控体系，提高宏观调控效率效果，提高科学决策水平，应关注政策调控的正向作用背后可能潜伏着的代价或不利影响，应重视政策的长期潜在成本，从而亟须厘清财政政策波动性的影响机制、决定因素和调控机理，加强政策波动性管理。

　　财政政策波动性近年来开始受到发达国家政策界和学术界的高度重视，成为财政政策研究的重要主题。特别是美国次贷危机、欧盟主权债务危机的爆发，使得财政政策波动性研究和管理成为热点。甚至有文献指出，与政策工具水平量相比，政策波动性可能是衡量宏观经济政策的更好指标。基于此，本书立足于中国重大现实问题，针对国内外已有研究的不足，本着宏观与微观、规范与实证、理论与经验相结合的原则，系统、深入分析了财政政策波动性测度、影响机制、决定因素和调控机理，构筑财政政策波动性研究的模型方法体系和财政政策波动性的理论框架体系，并借助数值模拟等方法给出包括波动性管理和调控在内的政策建议与政策方案。本书的主要创新性和贡献体现在以下四个方面。

1. 理论。理论层面的主要创新和贡献体现在：第一，构建纳入政策时变波动性、开放因素和金融摩擦等因素的动态随机一般均衡模型，将宏观与微观相结合，在统一框架下进行模型求解和模拟，以研究财政政策波动性对宏观经济与微观主体行为的影响，探寻宏观效应的微观影响机理。第二，提供能够解释收入差距、贸易开放、预算约束和财政透明度对财政政策波动性影响的理论机制，总结财政政策波动性的决定理论。第三，构建动态随机一般均衡模型分析财政规则对财政政策波动性的约束作用，探讨财政政策波动性视角下的最优财政规则。第四，梳理和总结财政政策波动性的调控机理，提供财政政策波动性的管理思路，特别是提出完善宏观政策跨周期调节的思路和建议，初步形成财政政策波动性管理的理论框架。

2. 方法。本书利用计量实证研究、数值模拟和模拟矩方法估计和校准理论模型相关参数，弥合了理论与实证之间的鸿沟，能够为相关领域的定量研究提供方法论基础。具体而言：第一，本书构建适宜的财政政策波动性测度方法体系。第二，根据研究目的、数据结构、方法特点，为了全面、系统考察财政政策波动性的影响机理和决定因素，选择、修正和使用多种计量模型和方法，构建科学、适宜、有效的实证方法体系，使不同方法之间能够实现搭配、补充和相互验证的目的，以保证因果效应推断和分析结论的稳健性。

3. 数据。不同国家或地区（政策结构、政策目标、政策工具、数据特征等都可能存在差异）所适用的测度方法和测度指标可能存在较大差异。本书选择和构建适用于中国的财政政策波动性测度方法测度了中国财政政策波动性，为后续相关研究提供了数据基础。本书测度的数据集主要包括：第一，2003 年第 1 季度到 2017 年第 4 季度的中国财政政策波动性季度数据，包括以政府支出、劳动税平均税率、资本税平均税率等指标刻画的财政政策波动性。第二，1992 年第 1 季度至 2016 年第 4 季度的中国政府投资性支出波动性和政府消费性支出波动性数据。第三，2006～2016 年的中国财政政策波动性的省际面板数据。第四，1999 年第 1 季度到 2006 年第 4 季度的 43 个国家（中国、当前的 36 个 OECD 国家与 6 个非 OECD 国家）财政政策波动性的国别面板数据。

4. 应用。第一，本书将构建的测度方法体系应用于中国财政政策波动性的测度，并据此分析中国财政政策波动性的基本特征。第二，本书将理论模型应用于中国实践，通过计量分析，提供了来自中国的新的经验证据，这对理论模型的检验和发展有很大帮助，对国外的相应实证研究也是重要补充。第三，本书最终结合中国实践，提出有利于提高中国财政政策效率效果、减少政策潜在成本和代价、完善宏观调控体系，构建市场机制有效、微观主体有活力、宏观调控有度的经济体制，加快建设现代化经济体系和构建新发展格局，推进国家治理体系和治理能力现代化的政策建议和政策方案，提供决策依据。

本书是目前国内第一部系统分析财政政策波动性和政策不确定性的专著，具有重要的科学价值。本书系统、全面梳理了财政政策波动性的测度方法，设计和构建适宜方法测度了中国财政政策波动性数据，厘清财政政策波动性的宏观效应和微观机制，以及财政政策波动性的决定因素，给出了财政政策波动性的管理思路和管理机制，能够为进一步相关研究提供方法论基础、数据基础、理论支撑、经验证据及决策参考依据。同时，本书通过使我们清楚认识中国财政政策波动性态势、影响机理、决定因素、调控机理，对于提高财政政策效率效果，降低财政政策成本和代价，完善宏观调控体系，构建市场机制有效、微观主体有活力、宏观调控有度的经济体制，加快建设现代化经济体系和构建新发展格局，推进国家治理体系和治理能力现代化，促进宏观经济稳定与支持实体经济发展具有非常重要的现实意义。

中央财经大学党委副书记兼副校长

马海涛

二零二一年十月

前　言

　　财政是国家治理的基础和重要支柱，财政政策是宏观经济领域的重要研究主题，也是国家宏观调控的重要工具或手段，一直是理论界和实务界关注的焦点。相关文献不断涌现，但绝大多数文献都局限于对财政政策水平的关注，如财政支出水平、税率水平及政府支出乘数等，而忽视了对财政政策波动性的研究。财政政策波动性是宏观政策调控背后的重要代价，也是宏观调控的长期潜在成本。政策的现实效果依赖于微观行为基础，而基于预期的市场行为是传导政策冲击的重要机制。预期的变化有时能够完全改变财政政策的效果。较大的政策波动性意味着较大的政策不确定性，不利于引导市场行为和社会心理预期，对经济产生较大的负面影响。要完善宏观调控体系，提高宏观调控效率效果，提高科学决策水平，应关注政策调控的正向作用背后可能潜伏着的代价或不利影响，应重视政策的长期潜在成本，从而亟须厘清财政政策波动性的影响机制、决定因素和调控机理，加强政策波动性管理。

　　财政政策波动性近年来开始受到发达国家政策界和学术界的高度重视，成为财政政策研究的重要主题（Afonso and Jalles，2012）。特别是美国次贷危机、欧盟主权债务危机的爆发，使得财政政策波动性研究和管理成为热点。汉密尔顿（Hamilton，2008）指出，只关注条件均值是有误导的，还应关注波动性。法塔斯和米霍夫（Fatas and Mihov，2013）指出，很多最新研究发现，在模型中控制制度变量后，财政政策水平变量的影响通常变得不再显著，但财政政策波动性的影响却不同，即使引入制度等变量后，其影响依然显著。因此，他们认为达到低通胀和低预算赤字是不够的，有必要获得稳定的通胀和稳定的财政政策。法塔斯和米霍夫（2007）强调，与政策工具水平量相比，政策波动性可能是衡量宏观经济政策的更好指标。

　　基于国内外已有研究不足，立足中国现实重大问题，本着宏观与微观、规范与实证、理论与经验相结合的原则，本书系统、深入分析了财政政策波动性测度、影响机制、决定因素和调控机理，构筑财政政策波动性研究的模型方法体系和财政政策波动性的理论框架体系，并借助数值模拟等方法给出包括波动性管理和调控在内的政策建议与政策方案，具有重要的科学价值。与此同时，本书通过使我们清楚认识中国财政政策波动性态势、影响机理、决定因素、调控机理，以及波动性管理的基本方案，对于提高财政政策效率效果，降低财政政策成本和代价，完善宏观调控体系，构建市场机制有效、微观主体有活力、宏观调控有度的经济体制，加快建设现代化经济体系和构建新发展格局，推进国家治理体系和治理能力现代化，促进宏观经济稳定与支持实体经济发展，不断增强我国经济创新力和竞争力，有效、合理管理地方政府债务等有着非常重要的现实意义。本书的主要研究内容及结论包括以下几个方面。

　　第一，财政政策波动性的测度。在比较分析已有财政政策波动性测度方法的基础上，构造和选择适合中国国情的纳入时变波动性的财政政策运动方程，即借鉴维拉维德等（Villaverde et al.，2015）的方法，并根据中国及其他国家财政政策调控实践，构建了引入时变方差的政策反应函数，更加准确、合理测度了 2013 年第 1 季度到 2017 年第 4 季度的中国财政政策（支出、资本税、劳动税）波动性、中国政府投资性支出波动性和消费性支出波动性、中国财政政策波动性的省际面板数据，以及中国和其他 42 个国家（36 个 OECD 国家与 6 个非 OECD 国家）的财政政策波动性，为后续章节的研究提供指标和数据基础。测度结果表明：（1）中国财政支出存在较大波动性，波峰出现在 2003 年、2009 年与 2012 年。相比而言，税收波动性要比财政支出波动性小。（2）政府投资性支出和消费性支出均存在明显的波动性，在 2008年、2009 年以及 2012 年左右波动性幅度均明显增大。两种不同财政支出的波动性幅度有所差异。（3）从各个省份整体来看，2007 年和 2008 年的财政波动性明显高于其他年份，近几年波动性有下降的趋势。各个省份的财政政策波动性态势相似，波动幅度存在较大差异，西藏自治区波动性较大，江苏省波动性较小。（4）1999 年第一季度到 2001 年第一季度中国的财政政策波动性水平呈现上升趋势，随后开始逐渐下降，在 2001 年底后下降幅度扩大。2001 年 12 月正式加入 WTO 后，中国财政政策波动性出现了迅速下降。从国际比较视角看，2001 年底前，中国财政政策波动性处于较高水平，高于大多数样本国家的财政政策波动性水平，而在 2001 年之后，中国财政政策波动性下降较快，逐渐低于样本国家的平均水平。

第二，财政政策波动性的宏观效应与微观影响机制研究。本章针对已有研究不足，主要从理论研究和经验分析角度对财政政策波动性的宏观影响和微观机制进行深入、系统性研究，重点分析财政政策波动性的影响机理和渠道。研究内容主要包括：（1）财政政策波动性的宏观效应研究——来自工具变量估计的证据。本部分利用中国数据及 GMM 等估计方法，研究财政政策波动性冲击对经济增长的影响。同时，进一步解释财政政策波动性的影响机理，检验财政政策波动性影响的渠道，如宏观经济波动性渠道等。（2）财政政策波动性的微观影响机制研究——基于 DSGE 模型的分析。本部分在 DNK－DSGE 模型框架下引入财政政策波动性、货币政策行为，并考虑金融摩擦（Christiano et al.，2010）等特征，利用中国数据校准模型，采用非线性求解方法进行均衡模拟，从而能够在统一理论框架下考察财政政策波动性对宏观经济变量和微观主体行为的影响。已有理论充分证明，在 DSGE 模型中引入波动性能提高数据拟合效果（Villaverda and Ramirez，2007；Justiniano and Primiceri，2008；Arellano，Bai and Kehoe，2012）。加强对宏观经济政策与企业等微观主体互动的研究，能够帮助我们更好地理解宏观经济政策影响经济发展的渠道和机制。（3）财政政策波动性的微观异质性影响研究：基于 DSGE 模型的分析。本部分进一步分析财政政策波动性的微观异质性影响，即不同类型财政支出的波动性对经济体的影响是否具有差异。换言之，本部分借助上文关于政府消费性支出以及政府投资性支出的波动性测度结果，通过构建符合中国现实经济特征的 DSGE 理论模型框架，并将上文构建的包含时变波动性特征的政府消费性支出规则及政府投资性支出规则纳入 DSGE 模型中，以此考察政府消费性支出波动性冲击与政府投资性支出波动性冲击对中国经济体影响效应的差异性。（4）纳入政策波动性的财政支出乘数估算。

前文研究表明，财政政策波动性对主要经济变量存在不利影响，但这并不能说明财政政策本身有害，而在于说明财政政策波动性是财政政策调控的一种潜在成本，它会降低财政政策的有效性。假如我们要根据经济环境调整财政支出、税收水平或结构等，应采取一种成本最低、代价最小的方式，即平稳、连续的财政政策。在考虑财政政策波动性的背景下，为了全面、准确评估财政政策的影响，本部分将研究财政政策波动性对政府支出乘数的影响。研究结果表明：（1）财政政策波动性对经济增长存在显著的负面影响，即财政政策波动性加大，经济增长将趋于下降。影响机理在于：较大的财政政策波动，会影响人们预期，增加不确定性，对私人消费和投资产生不利影响，从而对经济增长不利；同时，财政政策波动性会引起宏观经济的波动性和不确定性增加，而宏观经济波动性会对经济增长产生不利影响；另外，由于政府对经济形势判断不准，反周期操作时机和力度不当，造成反周期操作滞后或力度过猛，对经济增长不利；而且，我国政府财政政策调控明显存在非对称操作，容易导致债务积累，并由此引发的财政政策外生波动，对经济增长不利；最后，财政非反周期操作性波动，如一些偶然性的外部冲击使得财政支出或收入发生波动，这种波动并不是以熨平经济周期波动为目的，从而更容易对经济增长产生不利影响。（2）首先，财政政策波动性冲击能够导致总产出下滑。无论是政府支出波动性，还是税收的波动性都会对总产出带来显著的负面影响。财政政策波动性对总产出的负向影响主要是通过预期渠道影响消费和投资，进而影响产出。由于消费者存在平滑消费的意愿，因此财政政策波动性对消费的负向影响小于对投资的负向影响。虽然不同来源的财政政策波动性冲击皆具有负面影响，但在影响程度和影响渠道方面存在差异。财政政策波动性提高了企业的边际成本。其次，封闭条件会低估财政政策波动性的影响，即开放条件下的财政政策波动性或不确定性的负向影响更大。最后，金融摩擦会降低财政政策波动性冲击的负面影响。（3）财政政策波动性对宏观经济体具有消极影响，会造成总体经济下滑，且这种消极影响具有一定的持续性。无论是政府消费性支出波动性还是政府投资性支出波动性，波动性冲击对实际经济变量具有紧缩效应，而对名义经济变量具有放大效应。政府投资性支出波动性对经济体的消极影响大于政府消费性支出波动性对经济体的影响。政府消费性支出冲击和政府投资性支出冲击对经济体的影响机制相似，主要通过家庭部门的总需求渠道以及生产部门的向上定价偏好渠道使得生产部门的加价上升，加价的上升导致家庭减少需求，生产企业减少产量，最终导致总体经济下滑，而通货膨胀上升。（4）财政政策波动性会削弱财政政策有效性，财政支出波动性对财政支出乘数具有显著的负向效应，财政支出波动性越高，则长短期财政支出乘数越小。在不考虑财政政策波动性的情况下，政府支出乘数约为 1.3035；考虑财政政策波动性后，历年的财政支出乘数为 1.0994 左右，财政政策波动性的存在明显削弱了政府支出的长期乘数效应，长期乘数效应损失度高达 15.7%。

第三，财政政策波动性的决定因素研究。立足中国现实重大问题，基于已有文献的不足，本章将重点研究财政政策波动性的决定因素，在分析中会重点考察收入差距、贸易开放、预算约束、财政透明度等因素对财政政策波动性的影响。本部分的主要内容包括：（1）收入差距与财政政策波动性。本部分主要分析收入差距对财政政策波动性的因果效应，与吴（Woo，2011）不同，本部分重点考察财政政策周期性波动，而非政府随意调整导致的财政政策波动性，而且本部分提供了来自中国的经验证据和理论解释。与此同时，本章借助中国的省际面板数据模型进一步分析收入差距对财政政策波动性影响的区域异质性和非对称性。（2）贸易开放与财政政策波动性。本部分主要采用 42 个国家（36 个 OECD 国家与 6 个非 OECD 国家）与中国的财政政策波动性，借助肖等（Hsiao et al.，2012）的反事实框架，利用 42 个国家与中国的个体相关性，以中国 2001 年底正式加入 WTO 这一事件作为准自然实验进行反事实分析，以此推断贸易开放对财政政策波动性的因果效应，并借助肖等（2012）反事实框架和面板数据模型进行机制分析与检验。（3）强化预算约束与财政政策波动性。本部分借鉴了维拉维德等（2015）的测度方法，采用增加了特殊设定的方差时变模型，有效识别财政政策波动性，定量估测包括中国在内的 36 个国家的财政政策波动性，将中国 2014 年深化预算管理制度改革作为一项准自然实验，借助准自然实验分析方法即合成控制法来推断强化预算约束对财政政策波动性的因果效应。（4）财政透明度与财政政策波动性。本部分借助中国 2006 年至 2016 年的省际面板数据，推断财政透明度对财政政策波动的因果效应。研究结果表明：（1）随着收入差距的扩大，财政政策波动性将加剧。主要影响机理为：收入差距会通过放松政府资金预算约束引致财政政策周期性波动。收入不断向政府和高收入阶层集中，政府受到的支出资金预算约束放松，刺激政府投资或支出冲动，从而增加财政政策波动性。腐败的存在通常会放大收入差距对财政政策波动性的这一影响；而且，随着收入差距拉大，社会整体消费倾向降低，导致消费波动，增加经济不确定性，引起更大的消费和投资波动，从而提高了财政政策波动性。另外，收入差距越大，社会极化现象越严重，政策当局为了平衡双方利益，会根据政策目标不断调整财政政策，造成政府支出较大的波动性；特别的，当收入差距不断扩大，有可能激化不同群体之间的矛盾，社会不稳定因素增加，政府为了维持社会稳定，财政支出调整会不得不变得非常规，从而导致财政政策波动性加剧。（2）收入差距对财政政策波动性存在非对称影响。相比而言，收入差距扩大所产生的影响程度比收入差距缩小的影响程度高。（3）贸易开放对财政政策波动性具有显著的因果效应，一国贸易开放度的提高，会使得该国的财政政策波动性明显降低，运用机器学习等一系列稳健性检验均证明该结论的可信度和稳健性；贸易开放度对财政政策波动性的影响机制在于：贸易开放度的提高，会通过"中介效应"和"补偿效应"扩大政府规模，而政府规模的提高会使得财政政策波动性明显降低，估计结果显示，政府规模每提高1%，会使财政政策波动性降低约1.74%。同样，本部分以中国省际面板数据回归及相应稳健性检验也提供了支持性证据。（4）预算管理制度约束的加强，显著降低了中国的财政政策波动性，即随着深化预算管理制度改革的推进，预算管理制度约束得以强化，促使公共部门的预算支出"有法必依"，财政支出理性化，降低了财政政策波动性。（5）财政透明度与财政政策波动性之间存在显著的因果关系，财政透明度对财政政策波动性存在负向影响，即随着一个地区财政透明度的提高，该地区的财政政策波动性将下降。在不同透明度和波动性程度的地区，财政透明度对财政政策波动性的影响存在异质性，低透明度地区的财政透明度影响更强，对于财政政策波动性较高的地区，提高财政透明度的作用更加显著；财政透明度对财政政策波动性的影响机制在于：提高财政透明度，能够强化社会公众对地方政府行为的监督，使预算真正发挥约束政府行为的作用，减少地方政府随意调控行为的发生，降低预决算偏差度，使政府更严格地执行预算，从而达到降低财政政策波动性的效果。

第四，财政规则与最优财政规则研究。截至目前，未有文献在降低财政政策波动性的负面影响视角下去讨论财政规则问题，也未从任何视角讨论财政政策波动性管理。基于此，本部分主要从财政政策波动性管理角度梳理、总结并提出不同的财政规则，借助规范研究和实证研究方法研究财政规则的影响，深入分析所有可能的规则的优缺点，并在 DSGE 模型框架下，从降低财政政策波动性负向影响的视角比较各个财政规则组合，探讨适宜中国的最优财政规则。具体而言，本部分的主要内容包括：第一，构建纳入财政政策波动性的动态随机一般均衡模型，对参数进行求解和校准；第二，梳理国内同类文献讨论或使用过的具有代表性的财政规则，为下文进行财政规则比较奠定基础。第三，借助动态随机一般均衡模型进行反事实模拟，比较降低财政政策波动性视角下的财政规则效果，从而探讨最优财政规则问题。通过对不同政策规则影响进行模拟和对比分析后不难发现，相对而言，在 leeper 式的财政支出与税收政策规则下，财政政策波动性的负向影响最弱，普遍弱于"债务变化"规则、"惯性支出"规则和盯住"产出缺口"的规则，即 leeper 式财政支出与税收政策规则能够有效降低财政政策波动性的负面影响。可见，从降低财政政策波动性的负面影响视角来看，leeper 式的财政支出与税收政策规则是最优的。基于以上研究内容，本书认为，政策波动性是政策调控背后的重要代价，是宏观调控的长期潜在成本，较大的政策波动性不利于引导市场行为和社会心理预期，应重视和科学进行政策波动性管理，加强政策波动性管理，合理引导公众预期，包括构建明确、科学、合理的政策目标体系，注重规则式调控，寻求有效的制度约束，启动和完善沟通及信息公开机制，重视和完善政策的预期传导机制。

第五，财政政策波动性管理机制研究。政策波动性是政策调控背后的重要代价，是宏观调控的长期潜在成本，较大的政策波动性不利于引导市场行为和社会心理预期，应重视和科学进行政策波动性管理，合理引导公众预期。本部分主要结合上文理论与经验研究成果，梳理、总结财政政策波动性的调控机理，提出有利于提高中国政策效率、减少政策潜在成本和代价，完善宏观调控体系，构建市场机制有效、微观主体有活力、宏观调控有度的经济体制，加快建设现代化经济体系和构建新发展格局，推进国家治理体系和治理能力现代化，促进宏观经济稳定与支持实体经济发展，不断增强中国经济创新力和竞争力，以及提出有效管理、改善和防范中央、地方政府财政或债务问题的政策建议和政策方案。具体而言，主要包括以下政策建议：第一，构建明确、科学、合理的目标体系。厘清宏观经济政策的目标逻辑，以及政策目标之间的逻辑联系及关联机制。在守住不发生系统性风险的前提下，以中长期目标为主，实施兼顾短期目标和中长期目标、内部目标和外部目标的治理模式。第二，注重规则式调控。在致力于实现中长期目标的前提下，宏观调控应以规则为基础，遵循一定的政策规则，以规则为基础兼顾灵活性，融合相机抉择和规则，实现规则调控与相机抉择调控之间的协同。应从中长期视角科学设定规则形式及相应规则的临界值水平，并从中长期或跨周期视角看待政策指标的高低和政策风险水平，积极推动制度创新和制度化设计。第三，寻求有效的制度约束。应积极研究和借鉴比利时、奥地利、瑞典、智利、美国等典型国家和地区在政策波动性管理或调控方面的经验和教训，构建适合中国国情的制度约束。第四，合理管理政策波动性的影响因素。应大力推动实施对外开放、实行更加积极主动的开放战略，提高开放型经济水平，引进外资和外来技术，完善体制机制，以扩大开放促进深化改革，以深化改革促进扩大开放，为经济发展增添新动力、新活力和新空间。同时，应大力进行结构调整，尤其是收入分配结构的调整，缩减收入差距，减少对政策波动性和经济增长的负面影响。第五，在供给侧结构性改革的关键时期，为了实现我国经济高质量发展的目标，保障财政政策的有效性和财政的可持续性，进一步降低财政政策波动性，在深化预算管理制度改革的进程中，必须进一步加强预算管理制度约束，并且确保预算管理落到实处，严格考核各地区的预算执行情况。进一步提升财政透明度水平，促进财政信息公开。中央政府应该采取进一步措施，将财政透明引入政府考核，激励地方政府主动公开财政信息，提高地方政府财政信息公开意识，与此同时通过制度建设加强硬约束来规范政府信息公开行为。第六，启动和完善沟通机制。应客观、及时披露政策信息，准确传递政策信号，提高政策透明度。同时在宏观调控中，应避免政策的不一致性，提高政策的可信度和政府的公信力，避免调控中出现机会主义现象。第七，重视和完善政策的预期传导机制。不仅应从政策水平量角度考虑政策协同，也应重视不确定性视角，通过优化政策组合降低政策不确定性的负面影响，引导微观主体的预期，这是激发市场主体活力、提高产业链供应链稳定性和竞争力的前提。第八，加强国际宏观经济政策协调。重视宏观经济政策的双向跨国外溢效应、传导效应和关联效应；积极发挥国际组织的作用，构建政策沟通及协调机制，加强国际政策沟通与协调，且提升宏观政策信息的透明度，提高政策的一致性和协调度；应积极主动参与国际宏观经济政策沟通协调，坚决捍卫国家经济主权，提高应对复杂变局的能力，努力营造有利的外部经济环境；重视金融开放、汇率自由浮动和跨境融资监管政策之间呈现出的新"三元悖论"，尽快建立健全针对跨境资本流动的宏观审慎监管框架，实施全口径、高频率的跨境资本规模监测，防范国际金融风险累积演化所带来的影响；继续推动贸易自由化，尤其是进口资本品贸易自由化，提高贸易政策的稳定性和可预期性。同时，应准确理解和重视完善宏观政策的跨周期调节。宏观政策跨周期调节是中国宏观调控及相关宏观经济理论的重大突破和创新，是对传统逆周期调节的拓展、完善和升级，有利于降低财政政策波动性，提高宏观调控的前瞻性、精准性、科学性和有效性，有助于保障中国经济长期健康稳定发展和保持经济长期向好态势。宏观政策跨周期调节旨在构建基于长远利益和长期发展目标的政策框架体系，宏观政策的着力点和实施路径呈现出一些新的特征，主要内容包括以下几方面：第一，宏观政策跨周期调节重视政策目标的跨周期审视，及时调整和构建明确、科学、合理的跨周期宏观调控目标体系；第二，宏观政策跨周期调节应重视政策空间和政策风险的跨周期审视及评价；第三，从时间维度看，宏观政策跨周期调节重视与逆周期调节的合理搭配及协调统一；第四，从着力点看，宏观政策跨周期调节重视需求管理与供给管理的协调统一；第五，从政策手段看，做好需求管理政策与供给管理政策的协调统一，重点是做好不同功效的宏观政策内部，以及不同政策之间的协同，即实现短期熨平经济波动目标的政策与实现中长期目标政策的协同；第六，从绩效评价看，宏观政策跨周期调节重视政策绩效的跨周期评价，应构建宏观政策跨周期调节效果的评价和监测体系，适时进行评价和监测。

本书是一部系统分析政策波动性和政策不确定性的专著，主要特色是系统、全面梳理了财政政策波动性的测度方法，设计和构建适宜方法测度了中国财政政策波动性数据，厘清财政政策波动性的宏观效应和微观机制，以及财政政策波动性的决定因素，给出财政政策波动性的管理思路和管理机制，能够为进一步相关研究提供方法论基础、数据基础、理论支撑、经验证据及决策参考依据。

目　　录

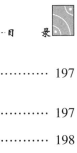

第一章

导　言

本章主要是阐明本书的研究背景及意义，梳理主要研究目标与重点研究内容，同时描述本书研究所使用的主要研究方法，最后阐述本书研究内容的特色和创新之处等。

第一节　研究背景及意义

财政是国家治理的基础和重要支柱，财政政策是宏观经济领域的重要研究主题，也是国家宏观调控的重要工具或手段，一直是理论界和实务界关注的焦点。相关研究文献不断涌现，但绝大多数文献都局限于对财政政策水平（fiscal policy in level）的关注，如财政支出水平、税率水平等，而忽视了对财政政策波动性（volatility）的研究。汉密尔顿（2008）指出，只关注条件均值是有误导的，还应关注波动性。例如，如果不考虑波动性，一个真实的原假设可能会被以接近1的概率拒绝。所以，在研究中，不应忽视方差的变化。法塔斯和米霍夫（2013）指出，很多最新研究（如 Ali，2005；Fatas and Mihov，2013）发现，在模型中控制制度变量后，财政政策水平变量的影响通常变得不再显著，但财政政策波动性的影响却不同，即使引入制度等变量后，其影响依然显著。从而其认为，达到低通货膨胀和低预算赤字是不够的，有必要获得稳定的通货膨胀和稳定的财政政策。其实，关于波动性研究的重要性，弗里德曼（Friedman，1977）较早就强调过。该文献指出，虽然通货膨胀不能改变自然失业率，但通货膨胀方差的上升能产生严重的经济无效率，并通过自然失业率影响长期经济表现。法塔斯和米霍夫（2013）也指出，如果考虑政策水平，长期货币中性是成立的，但如果考虑政策波动性，货币中性则不成立。法塔斯和米霍夫（2007）强调，与政策工具水平量相比，政策波动性可能是衡量宏观经济政策的更好指标。

较大的政策波动性意味着较大的政策不确定性（Doganlar，2002；Boug and Fagereng，2010；Fatas and Mohiv，2007；Villaverde et al.，2015）。艾泽曼和马里恩（Aizenman and Marion，1993）、伦辛克、布和斯肯特（Lensink，Bo and Sterken，1999）、布鲁内蒂等（Brunetti et al.，1998）、法塔斯和米霍夫（2007）、维拉维德等（Villaverde et al.，2015）指出，财政政策波动性，由于能够引发较大不确定性，从而会对微观经济主体和宏观经济产生重要影响。平迪克（Pindyck，1988）和贝克等（Baker et al.，2012）表明，财政政策波动性会对企业等经济主体的决策产生重大影响，经济主体对未来税收和财政行为的不确定性有负面反应。可预测的政策和清楚的游戏规则对私人投资者是非常重要的。甚至，维拉维德等（2013）指出，财政政策波动性有可能导致滞涨。法塔斯和米霍夫（2003，2013）也指出，易变的税收和财政支出政策对长期经济增长和社会福利有害。阿方索和雅莱斯（Afonso and Jalles，2012）则强调，即使考虑到要执行一种可持续的财政政策，也很有必要研究财政政策波动性的重要影响。费舍尔（Fischer，2010）曾呼吁，制约经济的不是流动资金的短缺，而是一种不确定性。只要政策上的不确定性还在阻碍经济增长，美联储就不应该继续试图以创造更多货币来刺激经济。布拉德（Brad，2010）指出，税收政策的不确定性是整体经济不确定性的主要来源。他在2013年公开表示，消除中长期财政政策不确定性将大大有利于美国经济。美联储会议纪要显示，在2013年1月4日美联储会议上，大部分委员认为财政政策不确定性正在伤害美国经济，全球经济放缓以及欧元区财政和银行业不确定性也是拖累经济增长的因素。鉴于问题的重要性，财政政策波动性近几年开始受到发达国家政策界和学术界的高度重视，成为财政政策研究的重要主题（Afonso and Jalles，2012）。特别是美国次贷危机、欧盟主权债务危机的爆发，使得财政政策波动性研究和管理成为热点。

很多最新文献指出，财政政策波动性可能是政策调控的重要代价或潜在成本，对其有效管理将是一件极其重要的事情。而要达到管理的有效性，提高财政政策效率、降低财政政策成本和代价，应密切关注财政政策波动性产生影响的机理或渠道及波动性的决定因素。国外已有文献对此问题给予越来越多的关注，如巴尔（Bhar，2003）、阿吉翁等（Aghion et al.，2010）、因布斯（Imbs，2007）、迈克尔·布尔佐夫斯基和乔纳·约兰塔 - 戈泽拉克（Michal Brzozowski and Joanna Siwinska - Gorzelak，2010）、法塔斯和米霍夫（2003，2005，2006，2007，2013）、吴（2011）、布鲁诺·阿尔伯克基（Bruno Albuquerque，2011）、阿方索和富尔切里（Afonso and Furceri，2010）、富尔切里（Furceri，2007，2010a）、巴蒂洛西、埃斯卡里奥和佩克（Battilossi，Escario and Peck 2010）、阿方索和雅莱斯（2012）、维拉维德等（2013）、塔卡拉基斯（Tagkalakis，2012）、安杰洛和苏萨（Agnello and Sousa，2009）、玛拉（Mara，2012）等。而且，法塔斯（2002）、阿吉翁等（2010）、罗德里克（Rodrik，1999）、法塔斯和米霍夫（2006）、庄和格雷德斯坦（Chong and Gradstein，2006）、吴（2011）等学者的研究分别指出，财政政策波动性的特征与金融发展水平、制度环境、经济发展水平等有重要关系，不同国家的研究结果存在较大差异。经过梳理已有文献可以看出，已有研究结论存在较大差异，争论比较激烈，且研究中存在较多不足和可改进空间（具体见下文文献评述）。中国作为一个特殊经济体，其经济发展呈现出许多特有的现象，与发达国家甚至其他发展中国家有很大不同。已有研究无法为中国这样一个特殊经济体的情况提供一致性指导和有益参考。目前国内关于财政政策波动性的研究较为缺乏，具体见文献综述部分。本书正是基于国内外已有研究不足，本着宏观与微观、规范与实证、理论与经验相结合的原则，系统、深入分析财政政策波动性测度、影响、决定因素和调控机理，构筑财政政策波动性研究的模型方法体系和财政政策波动性的理论框架体系，并借助数值模拟等方法给出包括波动性管理和调控在内的政策建议与政策方案，具有重要的科学价值。

近年来，中国经济社会发展取得了显著成绩，即使受到美国金融危机的不利冲击，经济仍然保持高速增长。但与此同时，中国经济中很多突出问题依然存在，如结构失衡、发展质量和效益不高、收入差距较大、居民消费不足、劳动生产率偏低等，严重影响着中国经济平稳健康快速发展。当前，中国已全面建成了小康社会，已实现第一个百年奋斗目标，正在朝着第二个百年奋斗目标前进。为了克服不利因素的冲击，保持经济平稳较快发展，提高经济发展质量和效益，党的十八大报告明确提出，新时期新阶段，必须大力推进经济结构战略性调整，转变经济发展方式，提高劳动生产率，着力拓展居民消费，扩大内需，全面深化经济体制改革，完善宏观调控体系，把促进宏观经济稳定与支持实体经济发展结合起来，维护金融稳定，促进经济增长。党的十九大报告指出，"我国经济已由高速增长阶段转向高质量发展阶段，正处在转变发展方式、优化经济结构、转换增长动力的攻关期，建设现代化经济体系是跨越关口的迫切要求和我国发展的战略目标。必须坚持质量第一、效益优先，以供给侧结构性改革为主线，推动经济发展质量变革、效率变革、动力变革，提高全要素生产率，着力加快建设实体经济、科技创新、现代金融、人力资源协同发展的产业体系，着力构建市场机制有效、微观主体有活力、宏观调控有度的经济体制，不断增强我国经济创新力和竞争力。"党的十九届五中全会更是提出"坚定不移贯彻创新、协调、绿色、开放、共享的新发展理念，坚持稳中求进工作总基调，以推动高质量发展为主题，以深化供给侧结构性改革为主线，以改革创新为根本动力，以满足人民日益增长的美好生活需要为根本目的，统筹发展和安全，加快建设现代化经济体系，加快构建以国内大循环为主体、国内国际双循环相互促进的新发展格局，推进国家治理体系和治理能力现代化，实现经济行稳致远、社会安定和谐，为全面建设社会主义现代化国家开好局、起好步。"这一系列关键任务均与财政政策有着密不可分的关系，财政政策将继续发挥无可替代的作用。财政作为国家治理的基础和重要支柱，科学的财税体制是优化资源配置、维护市场统一、促进社会公平、实现国家长治久安的制度保障。然而，杨志勇（2012）指出，中国财政政策随意性太强，无法保证支出的稳定增长。同时，王立勇等（2013）研究表明，中国财政政策波动性近年来有所提高，政策不确定性加大。这对保持宏观经济稳定、支持实体经济发展、提高消费和投资，以及保持金融稳定、提高劳动生产率等都会产生不利影响，可能也是导致中国实体经济运行不理想的重要原因之一。鉴于财政政策的重要作用和财政政策波动性可能会对经济增长、通货膨胀、全要素生产率、金融稳定、资产价格波动，以及对微观主体行为（消费行为、投资行为、劳动生产率、企业绩效等）产生重要影响（具体见文献综述部分，如埃雷拉和文森特（Herrera and Vincent，2008）指出，财政支出波动性能够提高消费波动性，显著降低消费。需要说明的是，在此也有推理的成分，如尼古拉斯和米勒（Nocholas and Miller，2007）、阿吉翁等（2010）分别表明货币政策波动性对全要素生产率、劳动生产率有重要影响，而其他研究指出财政政策波动性、货币政策波动性可能存在某些联系，从而推理财政政策波动性对全要素生产率、劳动生产率可能会有重要影响），以及财政政策波动性与货币政策（利率、汇率等）波动性也有较强的联动关系（Sahay and Goyal，2006；Mara，2011），所以，要完善宏观调控体系，构建市场机制有效、微观主体有活力、宏观调控有度的经济体制，加快建设现代化经济体系，加快构建以国内大循环为主体、国内国际双循环相互促进的新发展格局，推进国家治理体系和治理能力现代化，促进宏观经济稳定与支持实体经济发展，不断增强中国经济创新力和竞争力，绝不能仅仅关注财政政策水平变化的影响，更应该关注财政政策波动性的影响。即使财政政策、货币政策在短期内是有益的，但也有理由担心使用过于频繁而产生潜在不利的长期影响，应重视财政政策的长期潜在成本。而且，假如我们要根据经济环境调整财政支出、税收水平或结构等，也应采取一种成本最低、代价最小的方式，这都需要深入了解财政政策波动性的影响机制、财政政策波动性的决定机制，以及财政政策波动性的管理机制。这是一个长期被国内学者或政策当局忽视的领域，对其展开深入研究显得尤为重要。由此可见，本书能够使我们清楚认识中国财政政策波动性态势、影响机理、决定因素、调控机理，以及波动性管理的基本方案，对于提高财政政策效率效果，降低财政政策成本和代价，完善宏观调控体系，构建市场机制有效、微观主体有活力、宏观调控有度的经济体制，加快建设现代化经济体系和构建新发展格局，推进国家治理体系和治理能力现代化，促进宏观经济稳定与支持实体经济发展，不断增强中国经济创新力和竞争力，以及有效、合理管理地方政府债务等有着非常重要的现实意义。

第二节 研究目标与研究内容

本节主要目的在于介绍本书的研究目标和重点研究内容，以及本书拟解决的关键科学问题。

一、研究目标

立足中国现实重大问题，本着宏观与微观、规范与实证、理论与经验相结合的原则，本书将深入研究财政政策波动性的测度、影响机理、决定因素和调控机理，最后给出财政政策波动性管理思路与政策方案。本书的主要研究目标有以下几个方面。

第一，构建财政政策波动性测度方法，构建适合中国国情、数据特征和研究目标的财政政策波动性测度指标，揭示中国财政政策波动性特征，为其他相关研究提供方法论基础和数据基础。

第二，构造动态随机一般均衡模型等理论模型和经验研究方法体系，剖析财政政策波动性的影响机理和财政政策波动性的决定机制，完善财政政策波动性的相关理论框架，为进一步推动财政政策理论的发展和政策调控体系的健全提供模型基础和理论基础。

第三，分析财政政策波动性管理的基本思路，探讨财政规则对财政政策波动性的约束和影响，理解财政政策波动性管理或调控的潜在成本或代价，以及财政政策波动性调控机理，提供科学、有效的决策依据。

二、拟解决的关键科学问题

本书拟解决的关键科学问题包括如下几个。

第一，构建适宜的财政政策波动性的测度方法和测度指标。如前所述，不同研究文献使用了不同的财政政策波动性测度指标和测度方法，但不同的测度方法有不同的适用条件，而不同的指标也有着不同含义。如何构建财政政策波动性测度方法论和构建适合中国国情、数据特征和研究目标的测度指标，是本书拟解决的关键问题之一，也是进行财政政策波动性相关研究、衡量宏观经济政策和监测政策波动性的基础。

第二，构建纳入财政政策时变波动性、不可逆投资和金融摩擦等因素的动态随机一般均衡模型。利用动态随机一般均衡模型可以在统一框架下研究财政政策波动性对宏观经济与微观主体行为的影响。构建能够有效揭示财政政策波动性的宏观影响和微观影响的实证方法体系，为实证研究奠定基础。这是剖析财政政策波动性影响机理的关键。

第三，构建能够准确推断收入差距、政府规模、财政规则、贸易开放、预算约束、财政透明度等变量对财政政策波动性因果效应的实证模型，构建科学、适宜、有效的实证方法体系，这是研究财政政策波动性决定理论的关键。

第四，剖析财政规则对财政政策波动性的约束和影响，以研究财政政策波动性的调控机理。要建立科学的宏观调控体系和科学的财税体制，不仅应了解财政政策调整的效应与成本代价，还应充分了解财政政策波动性调控的潜在成本、代价与调控机理，这是设计财政政策波动性管理或调控政策体系的关键问题，也是完善宏观调控体系和构建市场机制有效、微观主体有活力、宏观调控有度的经济体制，以及加快构建新发展格局、推进国家治理体系和治理能力现代化的关键。

三、研究内容

本着"文献梳理—理论建模—实证检验—机理解释—政策含义"的研究思路，本书系统分析财政政策波动性的测度、影响机理、决定因素、调控机理，在此基础上提出有价值的政策启示与政策建议。本书的重点研究内容包括以下五个方面。

第一部分，财政政策波动性的测度。已有文献关于政策波动性的测度方法和测度指标较多，在财政政策波动性方面，测度指标包括财政赤字波动性、财政支出波动性和财政收入波动性等，而且按照与经济周期关系又可分为周期性波动、系统性相机抉择财政政策波动和非系统性相机抉择财政政策波动等。另外，同一指标可通过不同的测度方法进行测度。不同的测度方法暗含不同假设，有着不同的适用条件，而不同的测度指标也有着不同含义，所测度的波动性侧重点可能有所差异，将对测度结果及研究结论有重要影响。基于此，本章主要研究内容包括：（1）测度方法选择与设计。本部分主要是梳理和总结已有政策波动性测度方法和测度指标，系统分析每一种方法的特点和适用性以及测度指标的内涵，在此基础上，选择和构建适用于中国的财政政策波动性测度方法。（2）中国财政政策波动性测度。本部分采用 2003 年第 1 季度到 2017 年第 4 季度的季度数据为样本对中国财政政策波动性进行测度，本部分关注的财政变量包括政府支出、劳动税平均税率、资本税平均税率。（3）中国政府投资性支出和消费性支出波动性测度。本部分将财政总支出细分为政府消费性支出和政府投资性支出，再分别借助上述方法测度这两种财政支出的波动性。（4）中国财政政策波动性的省际面板数据测度。根据研究目的和测度方法的优缺点，本部分在测度中国各省财政政策波动性的省际面板数据时，采用维拉维德等（2015）的测度方法来计算得到各省份财政政策波动性。这种方法避免了夸大财政政策波动性的可能，使用这一方法对中国的省级财政政策波动性进行测度更加准确，而且能够将财政政策波动性冲击与财政政策冲击之间的差异加以区分，准确估算出财政政策波动性规模。（5）财政政策波动性的国别面板数据测度。本部分仍然借鉴维拉维德等（2015）的测度方法，通过引入方差时变模型测度中国和其他 42 个国家（36个 OECD 国家与 6 个非 OECD 国家）的财政政策波动性。本章能够为后续章节的研究提供指标和数据基础。

第二部分，财政政策波动性的宏观效应与微观影响机制研究。本章针对已有研究不足，主要从理论研究和经验分析角度对财政政策波动性的宏观效应和微观影响机制进行深入、系统性研究，分析财政政策波动性的影响机理和渠道。本部分的研究内容主要包括：（1）财政政策波动性的宏观效应研究——来自工具变量估计的证据。本部分将利用中国数据及 GMM 等估计方法，研究财政政策波动性冲击对经济增长的影响。同时，进一步解释财政政策波动性的影响机理，检验财政政策波动性影响的渠道。（2）财政政策波动性的微观影响机制研究——基于 DSGE 模型的分析。本部分将在 DNK - DSGE 模型框架下引入财政政策波动性、货币政策行为，并考虑金融摩擦（Christiano et al.，2010）等特征，利用中国数据校准模型，采用非线性求解方法进行均衡模拟，从而能够在统一理论框架下考察财政政策波动性对宏观经济变量和微观主体行为的影响。已有理论充分证明，在 DSGE 模型中引入波动性能提高数据拟合效果（Villaverde and Ramirez，2007；Justiniano and Primiceri，2008；Arellano，Bai and Kehoe，2012）。（3）财政政策波动性的微观异质性影响研究：基于 DSGE 模型的分析。本部分进一步分析财政政策波动性的微观异质性影响，即不同类型财政支出的波动性对经济体的影响是否具有差异。（4）纳入政策波动性的财政支出乘数估算。上文研究表明，财政政策波动性对主要经济变量存在不利影响，但这并不能说明财政政策本身有害，而在于说明财政政策波动性是财政政策调控的一种潜在成本，它会降低财政政策的有效性。在考虑财政政策波动性的背景下，为了全面、准确评估财政政策的影响，本部分将研究财政政策波动性对政府支出乘数的影响。

第三部分，财政政策波动性的决定因素研究。本章将重点研究财政政策波动性的决定因素，在分析中会重点考察收入差距、贸易开放、预算约束、财政透明度等因素对财政政策波动性的影响。主要内容包括：（1）收入差距与财政政策波动性。本部分主要分析收入差距对财政政策波动性的因果效应，以及收入差距对财政政策波动性影响的区域异质性和非对称性。（2）贸易开放与财政政策波动性。本部分借助肖等（2012）的反事实框架，利用 42 个国家与中国的个体相关性，以中国 2001 年底正式加入 WTO 这一事件作为准自然实验进行反事实分析，以此推断贸易开放对财政政策波动性的因果效应，并进行机制分析与检验。（3）强化预算约束与财政政策波动性。本部分借鉴了维拉维德等（2015）的测度方法定量估测包括中国在内的 36 个国家的财政政策波动性，将中国 2014 年深化预算管理制度改革作为一项准自然实验，借助准自然实验分析方法即合成控制法来推断强化预算约束对财政政策波动性的因果效应。（4）财政透明度与财政政策波动性。本部分借助中国 2006 年至 2016 年的省际面板数据，推断财政透明度对财政政策波动的因果效应。

第四部分，财政规则与最优财政规则研究。截至目前，未有文献在降低财政政策波动性的负面影响视角下去讨论财政规则问题，也未从任何视角讨论财政政策波动性管理。基于此，本部分主要从财政政策波动性管理角度梳理、总结并提出不同的财政规则，借助规范研究和实证研究方法研究财政规则的影响，深入分析所有可能的规则的优缺点，并在 DSGE 模型框架下，从降低财政政策波动性负向影响的视角比较各个财政规则组合，探讨适宜中国的最优财政规则。具体而言，本部分的主要内容包括：第一，构建纳入财政政策波动性的动态随机一般均衡模型，对参数进行求解和校准。第二，梳理国内同类文献讨论或使用过的具有代表性的财政规则，为下文进行财政规则比较奠定基础。第三，借助动态随机一般均衡模型进行反事实模拟，比较降低财政政策波动性视角下的财政规则效果，从而探讨最优财政规则问题。最后是主要结论和政策建议。

第五部分，财政政策波动性管理机制研究。财政政策波动性是财政政策调控背后的重要代价，是宏观调控的长期潜在成本，较大的财政政策波动性不利于引导市场行为和社会心理预期，应重视和科学进行财政政策波动性管理，合理引导公众预期，包括构建明确、科学、合理的政策目标体系，注重规则式调控，寻求有效的制度约束，启动和完善沟通及信息公开机制，重视和完善政策的预期传导机制等。同时，应重视宏观政策的跨周期调节，重视政策目标的跨周期审视，及时调整和构建明确、科学、合理的跨周期宏观调控目标体系；应重视政策空间和政策风险的跨周期审视及评价；应重视与逆周期调节的合理搭配及协调统一；应重视需求管理与供给管理的协调统一；重点做好不同功效的宏观政策内部，以及不同政策之间的协同，即实现短期熨平经济波动目标的政策与实现中长期目标政策的协同；重视政策绩效的跨周期评价，应构建宏观政策跨周期调节效果的评价和监测体系，适时进行评价和监测。本部分主要结合前文理论与经验研究成果，梳理、总结财政政策波动性的调控机理，提出有利于提高中国政策效率、减少政策潜在成本和代价，以及有效管理、改善和防范中央、地方政府财政或债务问题的政策建议和政策方案。

第三节　研　究　方　法

本书拟采用理论分析与经验分析相结合、规范研究与实证研究相结合的方法。具体而言，本书采用的研究方法主要包括以下两个方面。

一是理论分析和规范研究。本书研究过程中在每部分内容均涉及理论研究和规范分析，例如，以 DNK－DSGE 模型为基础构建纳入财政政策时变波动性，并考虑金融摩擦等因素的动态随机一般均衡模型，在统一框架下进行模型求解和模拟，以研究财政政策波动性对宏观经济与微观主体行为的影响；构建 DSGE 模型探讨财政政策波动性视角下的最优财政规则，以及研究财政政策波动性的决定因素，等等。

二是经验分析和实证研究。首先，在财政政策波动性指标测度方面，分别采用滤波类方法、线性回归模型等方法，对不同方法测度结果的具体含义和适用性进行分析，以此选择、修正和构建适合中国国情、研究目的和数据特征的测度方法和测度指标；其次，在分析财政政策波动性的宏观效应及微观影响机制方面，根据需要借助 DSGE 模型、GMM 估计方法、向量自回归模型等方法进行经验分析；再其次，借助工具变量类方法、面板数据模型、回归合成法等准实验方法和样条回归、非参数估计等分析财政政策波动性的决定因素，重点分析收入差距、贸易开放、预算约束和财政透明度对财政政策波动性的因果效应；最后，利用最新发展起来的"估计－校准"方法和模拟矩估计方法对模型主要参数进行估计和校准。

第四节　特色和创新之处

本书是目前国内第一部系统分析政策波动性和政策不确定性的专著，主要特色是系统、全面梳理了财政政策波动性的测度方法，设计和构建适宜方法测度了中国财政政策波动性数据，厘清财政政策波动性的宏观效应和微观机制，以及财政政策波动性的决定因素，给出财政政策波动性的管理思路和管理机制，能够为进一步开展相关研究提供方法论基础、数据基础、理论支撑、经验证据及决策参考依据。本书研究内容的主要创新和贡献体现在以下四个方面。

一是理论。理论层面的主要创新和贡献体现在：第一，构建纳入政策时变波动性、开放因素和金融摩擦等因素的动态随机一般均衡模型，将宏观与微观相结合，在统一框架下进行模型求解和模拟，以研究财政政策波动性对宏观经济与微观主体行为的影响，探寻宏观效应的微观影响机理。第二，提供能够解释收入差距、贸易开放、预算约束和财政透明度对财政政策波动性影响的理论机制，总结财政政策波动性的决定理论。第三，构建 DSGE 模型分析财政规则对财政政策波动性的约束作用，探讨财政政策波动性视角下的最优财政规则。第四，梳理和总结财政政策波动性的调控机理，提供财政政策波动性的管理思路，特别是提出完善宏观政策跨周期调节的思路和建议，初步形成财政政策波动性管理的理论框架。

二是方法。本书利用计量实证研究、数值模拟和模拟矩方法估计和校准理论模型相关参数（具体见研究方法介绍），弥合了理论与实证之间的鸿沟，能够为相关领域的定量研究提供方法论基础。具体而言：第一，本书构建适宜的财政政策波动性测度方法体系；第二，根据研究目的、数据结构、方法特点，为了全面、系统考察财政政策波动性的影响机理和决定因素，选择、修正和使用多种计量模型和方法，构建科学、适宜、有效的实证方法体系，使不同方法之间能够实现搭配、补充和相互验证的目的，以保证因果效应推断和分析结论的稳健性。

三是数据。不同国家或地区（政策结构、政策目标、政策工具、数据特征等都可能存在差异）所适用的测度方法和测度指标可能有较大差异。本书选择和构建适用于中国的财政政策波动性测度方法测度了中国财政政策波动性，为后续相关研究提供了数据基础。本书测度的数据集主要包括：①2003年第 1 季度到 2017 年第 4 季度的中国财政政策波动性季度数据，包括以政府支出、劳动税平均税率、资本税平均税率等指标刻画的政策波动性。②1992第 1 季度至 2016 年第 4 季度的中国政府投资性支出波动性和消费性支出波动性数据。③2006～2016 年的中国财政政策波动性的省际面板数据。④1999 年第 1 季度到 2006 年第 4 季度的 43 个国家（中国、36 个 OECD 国家与 6 个非 OECD 国家）财政政策波动性的国别面板数据。

四是应用。第一，本书将构建的测度方法体系应用于中国财政政策波动性的测度，并据此分析中国财政政策波动性的基本特征。第二，本书将理论模型应用于中国实践，通过计量分析，提供了来自中国的新的经验证据。且在研究中，为了保证研究结论的稳健性，增加模型自由度，也会提供来自国别面板数据的经验证据，这对理论模型的检验和发展有很大帮助，对国外的相应实证研究也是重要的补充。第三，本书最终结合中国实践，提出有利于提高中国财政政策效率效果、减少政策潜在成本和代价，完善宏观调控体系，构建市场机制有效、微观主体有活力、宏观调控有度的经济体制，加快建设现代化经济体系和构建新发展格局，推进国家治理体系和治理能力现代化，促进宏观经济稳定与支持实体经济发展，以及有效管理、改善和防范中央、地方政府财政或债务问题的政策建议和政策方案，提供决策依据。

第二章

文献综述[①]

鉴于财政政策的重要性及财政政策波动性所带来的若干影响，近年来，财政政策波动性逐渐成为理论界和实务界关注的焦点，相关研究文献不断涌现，包括财政政策波动性的测度、财政政策波动性的影响、财政政策波动性的决定因素以及政策弹性、持久性与政策波动性的关系研究等方面。本章旨在从以上四个方面对已有文献进行梳理和总结。

第一节　财政政策波动性测度研究

已有较多文献对财政政策波动性和政策不确定性进行了测度，已有文献在对财政政策波动性进行测度过程中所选用的测度指标和测度方法存在较大差异。具体而言，文献中常用的测度方法和测度指标主要包括以下几个。

第一，利用财政变量（财政支出或税收收入）建立一阶自回归或二阶自回归模型，将模型估计后所得残差的标准差作为财政政策波动性的测度指标。布和斯肯特（1999）在研究利率波动性对于投资的影响时就对基于 GARCH 模型所测量的波动性和基于自回归模型所测度的波动性进行了比较分析，结果发现后者在投资方程中的表现至少和前者一样好。伦辛克等（1999）、伦辛克和莫里西（Lensink and Morrissey，2000）、布鲁内蒂等（1998）、阿里（Ali，2005）等在研究中使用了这种自回归提取方式来得到财政政策波动性

<hr>

① 部分内容已发表于《经济学动态》2015 年第 8 期。

或政策不确定性的度量指标。

第二，利用财政支出或收入数据的标准差或周期性成分的标准差作为财政政策波动性的测度指标。萨赫和戈亚尔（Sahay and Goyal，2006）、安杰洛和苏萨（2009）、钱和金（Chun and Kim，2010）、罗瑟（Rother，2004）、富尔切里（2007，2009，2010a）、阿方索和富尔切里（2010）、布尔佐夫斯基和约兰塔－戈泽拉克（2010）、玛拉（2011，2012）、阿方索和雅莱斯（2012）、塔卡拉基斯（2012）、施文（Schwinn，2015）等文献在研究中皆使用了此类方法测度财政政策的波动性。具体的，施文（2015）利用巴罗和雷德尔克（Barro and Redlick，2011）的美国数据、PWT 面板数据、WDI 面板数据和 NATO 面板数据研究了财政政策波动性对财政乘数的影响，其中的财政政策波动性是利用财政变量的标准差来度量，窗口期为 6 年。一般认为，利用变量增长率的标准差的优点是计算方法简单，缺点是这种度量方法会夸大波动性，导致对波动性的度量并不准确。即使在这同一类方法里，关于财政支出或收入类型、口径也存在较大差异。变量周期性成分的标准差主要度量周期意义上的波动强度。在使用周期性成分的标准差度量的文献中，有的利用不可观测成分法（UC）、HP 滤波、BP 滤波、生产函数法等方法获取周期性成分，如富尔切里（2007，2009，2010a）、阿方索和富尔切里（2008，2010）借助 HP 滤波和 BK 滤波来测度财政政策波动性，这种方法估算的是周期性波动。而罗瑟（2004）则是利用生产函数法获取周期性成分，并借助周期性成分的标准差作为财政政策波动性的测度指标。

第三，采用 GARCH 模型来测度财政政策波动性。法塔斯和米霍夫（2013）在研究中将采用 GARCH 模型估计出的平滑的时变波动性作为财政政策波动性的测度指标。一般而言，如果经济增长率恒定不变，则样本标准差（或方差）是波动性的合理测度指标；然而，实际增长率往往面临各种外生冲击，致使经济波动频繁发生变化，在这种情况下应考虑时变波动性特征。GARCH 类模型是对这种时变波动性进行测度的常用方法。由于 GARCH 类模型需要高频数据且需要时间序列跨度时间较长，同时该方法的均值方程、方差方程可能会被误设定。因此，使用该方法测度时间序列数据较短情况下的政策波动性可能并不合适。

以上测度方法所得到的财政政策波动性指标不仅仅体现了政策波动，还包括了经济周期因素，存在夸大政策波动性的可能。正是由于这一原因，有文献通过引入非时变的财政政策反应函数，将模型的残差作为财政政策波动性测度，即利用财政变量为被解释变量建立财政政策反应函数，以模型估计后所得残差的标准差作为财政政策波动性的测度指标。通过建立财政政策反应函数所测度得到的财政政策波动性具有明确的经济学含义，是指与经济周期无关，完全是政府偏离宏观调控目标的随意调控而导致的政策波动性（王立勇和纪尧，2015）。莱恩（Lane，2003）、艾莱斯纳等（Alesina et al.，2008）、埃雷拉和文森特（2008）、布尔佐夫斯基和约兰塔－戈泽拉克（2010）、阿方索等（2010）、富尔切里（2009，2010b）、法塔斯和米霍夫（2003，2006，2007，2013）、吴（2009，2011）、阿尔伯克基（2011）、巴丁格（Badinger，2012）、安祖伊尼等（Anzuini et al.，2015）等文献借助该方法对财政政策波动性进行测度。一般而言，在这些文献中，解释变量中会加入经济增长率和通货膨胀率，以反映财政政策调控的增长目标和价格目标。

更进一步，维拉维德等（2015）将时变性引入财政政策反应函数的扰动项。该文献指出，财政政策反应函数的方差以及扰动项分布的方差共同构成财政政策的波动性，运用该方法测度的财政政策波动性性能较好，能够合理描述实际财政政策波动性。维拉维德等（2011）指出，此类设定较上述GARCH等模型的优势在于，上述GARCH等模型无法精确地区分出财政政策波动性冲击与财政政策冲击之间的差异，导致无法准确估计出财政政策波动性的规模，而该模型能够较好克服这方面的不足。

第二节　财政政策波动性的影响研究

近年来，国内外研究财政政策影响或效应的文献很多，包括财政政策对经济增长（Giavazzi and Pagano，1990；McDermott and Westcott，1996；Alesina and Perotti，1997；Perotti，1999；Giudice et al.，2004；Furceri and Karras，2008；马拴友，2001；王立勇，2009；等等）、私人消费（Feldstein，

1982；Barro，1986；Sutherl，1997；Perotti，1999；Toshihiro，2005；Wang and Gao，2011；马拴友，2003；李永友，2006；王立勇和高伟，2009）、私人投资（Alesina et al.，2002；Troy Davig，2004；Afonso and Aubyn，2009；郭庆旺和贾俊雪，2006；王立勇，2014 等）、收入分配（Ramos and Roca - Sagales，2008；Edward and Zacharias，2007）、物价水平（McCallum，2006；Davig and Leeper，2005；龚六堂和邹恒甫，2002；刘斌，2009；等等）、私人劳动供给（Barro，1981；Troy Davig，2004）的线性影响或非线性影响。

以上研究皆是关注财政支出或收入水平，而忽视财政政策波动性的影响。财政政策波动性所带来的影响近年来备受关注：在理论研究方面，波动性与增长的关系并不明确。菲利普和巴纳吉（Philippe and Banerjee，2005）利用AK 模型证明，投资可能随着不确定性的上升而增加。罗德里克（1991）发现不同结论，认为波动性有损于投资和长期增长。阿方索和雅莱斯（2012）也指出，从理论上讲，政府支出的波动性的影响并不确定，经济周期波动能够决定具体影响方向：部分观点认为，政府支出是经济不稳定的来源，能够放大宏观经济波动性，比如顺周期财政政策（Eller et al.，2013）。波特巴（Poterba，1995）、艾莱斯纳和巴尤米（Alesina and Bayoumi，1996）、法塔斯和米霍夫（2003，2006）认为，即使财政政策在短期内能够有效提高经济增长率，但它也是宏观经济不稳定的来源；另一种观点认为，政府通过相机抉择财政政策和财政的自动稳定器成分能够熨平经济周期波动（Afonso and Furceri，2010），从而对私人投资和长期经济增长产生有利影响。罗比尼（Roubini et al.，1989）、阿尔特和劳里（Alt and Lowry，1994）、波特巴（1995）、莱文森（Levinson，1998）和莱恩（2003）研究发现，限制政府支出以降低政府支出的波动性会导致经济系统对预期外的冲击的调整速度放缓。然而，很多其他文献研究了财政约束对经济波动的影响，给出了相反观点。例如，艾莱斯纳和巴尤米（1996）表明，财政约束不影响经济波动，以上文献讨论的正反两方面的作用互相抵消。同样，卡诺瓦和帕帕（Canova and Pappa，2005）指出，美国各州的严格预算约束或制度约束与经济波动并无太大关系。法塔斯和米霍夫（2006）表明，虽然以上所述的两种影响都很显著，但第一种影响程度要高于第二种影响。特别的，法塔斯和米霍夫

（2003）指出，相机抉择财政政策导致的产出波动性会降低经济增长。同时该文献指出，不仅财政政策的相机而动会提高产出的波动性，财政政策的周期性变化也会提高产出波动性，从而二者对经济增长都是有害的。实际上，艾亚加里（Aiyagari et al.，1992）早已发现，财政政策的暂时性或周期性波动会对利率波动性产生显著影响，进而降低长期经济增长。据此，富尔切里（2007）分析了 99 个国家 1970～2000 年的面板数据后发现，政府支出周期性波动每上升 1 个百分点，长期经济增长率会下降 0.78 个百分点。

总体而言，在实证研究方面，绝大部分文献认为财政政策波动性对宏观经济（经济增长、通货膨胀、消费、福利等）和微观主体经济行为有负面影响，如法塔斯和米霍夫（2003）研究表明，财政政策波动性（采用财政反应函数回归后的残差的标准差来衡量）对经济增长率有不利影响，二者之间呈负相关关系。相机抉择财政政策的波动性每提高 1 个百分点，经济增长率会下降 0.8 个百分点；富尔切里（2007）采用 HP 滤波得到财政变量的周期性成分，并用周期性成分的标准差作为财政政策波动性的度量指标，研究发现，无论采用什么方法来度量，财政政策波动性对经济增长皆存在不利影响。阿方索和富尔切里（2008）借助 OECD 国家的数据也得到"负相关关系"的结论。阿方索和富尔切里（2010）利用欧盟国家以及 OECD 国家的面板数据，并借助 HP 滤波法得到财政变量的波动性，以此分析财政政策波动性对人均实际 GDP 增长率的影响。研究同样发现，财政政策波动性对人均实际 GDP 的增长率存在显著的、负面的影响。进一步看，财政收入以及支出的各个组成部分，如间接税、政府消费、政府补贴、政府投资等的波动性对人均实际 GDP 增长率都存在负面影响。吴（2009）构建了一个简单的两阶段经济模型，并利用 1960 年至 2003 年 96 个国家的年度面板数据进行研究发现，社会极化程度会增加财政政策的波动性，财政政策的波动性会进一步降低国家的 GDP 增长率，财政政策的波动性每上升 1%，GDP 增长率平均降低 0.027%。阿方索和雅莱斯（2012）利用发达国家和新兴市场国家 1970～2008 年的数据为样本研究发现，财政政策波动性对经济增长有不利影响，即财政政策越易波动，经济增长率就越低。法塔斯和米霍夫（2013）采用 93 个国家的数据，得到政府消费基于产出回归后的残差标准差，用其测度财政政策波动性，研究发现，财政政策的波动性对经济增长存在较强的、直接的负面影响。政府支出的频繁调整、力度大且与逆周期调节无关的政策波动会降低经济增长。具体地，回归结果表明，波动性 1 个标准差的提高会降低长期经济增长约 0.74 个百分点。维拉维德等（2015）指出，美国金融危机期间财政赤字和公共债务规模持续上升，必将导致财政调整，但财政调整的方式和时机存在较大的不确定性，在此背景下他们首先纳入时变波动性，估计了美国的税收和财政支出波动性，将这一波动性融入标准新凯恩斯经济周期模型，并根据美国数据对模型进行校准，以此研究财政政策波动性对经济活动的影响。研究结论表明，财政政策波动性对经济活动存在不利影响。埃雷拉和文森特（2008）研究了财政政策波动性对经济福利的影响，研究发现，在发展中国家，公共支出波动性对经济福利和消费的影响是负向的。哈柏格（Harberger，2005）也研究了财政政策波动性对福利或资本形成的影响。玛拉（2011）将经济危机期间的罗马尼亚作为研究样本分析了财政政策对通货膨胀率波动性的影响。文中利用 GARCH 模型测度预期通货膨胀波动性，使用样本标准差测度实际通货膨胀波动性，并借助格兰杰因果关系检验和 SVAR 模型研究发现，为了降低通货膨胀率而频繁调整增值税税率将导致通货膨胀波动性的上升，与罗瑟（2004）、菲利普和巴纳吉（2005）、庄和格雷德斯坦（2006）、富尔切里（2009，2010）、艾泽曼和马里恩（1993，1999）、伦辛克等（Len-sink et al.，1999）、阿里（2005）、S 萨赫和戈亚尔（2006）、钱和金（2010）等文献的观点基本一致。

进一步的，法塔斯和米霍夫（2013）及菲利普和班纳吉（2005）指出，财政政策波动性能够引致宏观经济波动，然而，宏观经济波动有损于经济增长。同时，阿方索和富尔切里（2010）借助 OECD 国家的数据发现，财政政策波动性通过影响产出波动性而影响经济增长。法塔斯和米霍夫（2003，2006）和巴丁格（2008）指出，在财政政策的相机抉择性较高的时候，产出的波动性也较高，从而会扩大经济周期波动。庄和格雷德斯坦（2006）从理论上证明政策波动性不利于公司进入生产率较高的行业，从而影响经济增长，其随后利用来自 80 个国家的几千家公司样本的实证研究也支持了这一结论。另外，他还发现，通过这一渠道，政策波动性也会影响公司增长，制度障碍会加大这一影响。雷米和雷米（Ramey and Ramey，1995）、菲利普和班纳吉（2005）、因布斯（2007）等则指出，正如不可逆投资理论所强调的，财政政策波动性的不利影响主要是通过财政政策波动性对资本形成和投资的不利影响这一渠道所发生的。部分文献研究了财政政策波动性对政策乘数大小的影响。马克威和维德霍尔特（Maćkowiak and Wiederholt，2010）指出，RI（Rational Inattention）模型表明，当一个信号的波动性越低，微观主体对该信号投入的注意力就会越低，从而在冲击面前能够采取次优行为。德沃夏克（Dworczak，2011）则表明，当财政政策波动性较高时，主体会理性地将他们有限的注意力更多消耗在跟踪财政冲击程度方面，从而会降低财政乘数。施文（2015）也认为，财政政策波动性对财政乘数存在负面影响。

尽管如此，有文献指出，一些因素能够影响财政政策波动性的影响方向或程度。阿吉翁等（2010）发现，财政政策波动性的影响取决于金融发展程度：在金融不发达的国家里，负影响更加明显，相比而言，在金融较发达的国家里，这一负面影响更可能被抵御。罗德里克（1999）发现，财政政策波动性的负面影响可能通过设计好的制度来避免。对于内部社会冲突较明显的拉丁美洲国家，其经济受到波动性冲击的影响要远远大于具有较强社会结构的东亚国家所受到的影响。法塔斯和米霍夫（2006）、庄和格雷德斯坦（2006）等认为，财政政策波动性在不同制度环境的国家里，所产生的影响会存在差异。法塔斯和米霍夫（2003）研究发现，财政政策波动性对经济增长的影响取决于一国经济发展水平。具体而言，在低发展水平的国家里，二者呈负相关关系，在发展水平较高的国家里，二者关系并不显著。因布斯（2007）强调，在宏观层面，虽然增长与波动性存在负相关关系，然而，在部门层面上，二者可能存在正相关关系，这涉及"创造性破坏"（Schumpeter，1939；Shleifer，1986；Aghion and Saint-Paul，1998）和正的风险回报关系。吴（2011）认为，财政政策波动性所产生的影响会随着财政政策波动性自身特征的变化而变化，不同性质的财政政策波动性可能会产生不同效果。只有政府偏离宏观调控目标的随意调整而引起的财政政策波动性才会对宏观经济产生负面影响，而财政政策的周期性波动则对经济增长可能是有利的，这一观点与艾莱斯纳和塔贝里尼（Alesina and Tabellini，2005）、阿方索和富尔切里（2010）、富尔切里（2007，2010a）不符，这些学者认为，即使是财政政策的周期性波动，也会对宏观经济产生不利影响。阿方索等（2010）则发现，不同类型的财政支出和税收波动性的影响结果存在较大差异。阿方索和富尔切里（2010）利用 OECD 国家和 EU 国家的数据研究了政府收入和政府支出的波动性对经济增长的影响，发现了政府支出和政府收入波动性对经济增长有害的证据。进一步地，他们将政府支出和政府收入变量细分后发现，间接税、社会保障支出、政府消费和政府投资的波动性对经济增长存在较强的、统计上显著的负面影响，而政府补贴支出的波动性对经济增长的负面影响并不显著。

第三节　财政政策波动性的决定因素研究

综览国外研究现状，部分文献研究了产出波动性的影响因素，如胡斯蒂尼亚诺和普利米切里（Justiniano and Primiceri, 2008）构建了一个包含不完全竞争的产品市场、不完全竞争的劳动力市场、粘性价格以及粘性工资的 DSGE 模型，研究发现，经济系统的潜在产出是平滑的；与此同时，自然产出具有极大的波动性，并且产出的波动性由厂商的定价加成的冲击方差过大导致。另有文献研究了赤字的决定因素，如艾莱斯纳和佩罗蒂（Alesina and Perotti, 1995）通过回顾从 1960 年至 1995 年各个 OECD 国家的财政扩张以及收缩情况发现，平均来说，财政赤字往往由财政支出的上升导致，特别由转移支付项目的提高导致，而财政收缩往往由税收上升导致。戈尔韦策（Gollwitzer, 2011）研究了非洲各国财政赤字与财政预算制定指数之间的相关性，实证研究发现，财政预算的制定水平越高，国家的财政赤字越低。塔普索巴（Tapsoba, 2012）分析了 74 个国家从 1990 年至 2007 年财政规则的实施效果，研究发现，国家财政规则的使用对国家财政收支平衡具有稳健、显著的正向效果。研究同时发现，国家财政规则的实施效果与财政规则数量、实施时间、权利在政府内的分配情况、政府稳定性等相关。该方面的文献较多，但关于财政政策波动性决定因素的研究则相对比较缺乏，研究工作在近几年才受到重视。

部分文献强调了政治因素与制度建设的作用，法塔斯和米霍夫（2006，2007，2013）、吴（2009）、安杰洛和苏萨（2009）、阿方索等（2010）、阿尔伯克基（2011）等研究了政治因素和制度建设对财政政策波动性的影响，提供了来自美国、欧洲等发达国家的经验证据，且研究结论并不一致。其中，阿尔伯克基（2011）利用 23 个 EU 国家 1980～2007 年的面板数据为样本，研究发现，财政制度的质量对公共支出的波动性有着较大的、统计上显著的负面影响。在该研究中，财政政策波动性用相机抉择财政政策的波动性指标来测度，即剔除了随着经济周期波动而变化的那部分波动性。从而其主张应加强制度建设，使政府的那些与经济周期波动无关的财政调整变得更加有难度，以降低财政政策的随意调整所引起的波动性。但该文献认为，政治因素似乎并不产生影响（选举竞争性、选举体制、代理指数等变量皆不显著），但赫芬达尔指数除外，该指数每提高 1 个单位，相机抉择财政政策的波动性会提高 0.738 个单位，这表明在一些政党中议会席位的高度集中会提高公共支出的波动性，这与吴（Woo，2009）等文献的研究观点不同。赫尼什（Henisz，2004）研究发现，民主总是与更加稳定的财政政策联系在一起。在较为民主的政治环境下，由于控制、平衡和否决权等的存在，约束了政策制定者，从而使得政策具有稳定性（Tsebelis，1995）。约戈（Yogo，2015）研究发现，相比于独裁政治环境，民主政治环境下更容易产生更加稳定的政策。其中重要的影响渠道在于特殊的利益集团。利益集团总是与较大的政策稳定相联系，这一利益集团斡旋促成民主对政策的稳定效应。该文献还发现，利益集团对政策波动性的影响取决于社会极化现象的程度。

部分文献强调了财政规则对财政政策波动性的影响，提供了来自美国、OECD、拉美、中东和非洲的经验证据，得到的研究结论有较大差异，如法塔斯和米霍夫（2006）、阿尔伯克基（2011）、布尔佐夫斯基和约兰塔 – 戈泽拉克（2010）、王立勇和纪尧（2019）等。其中，法塔斯和米霍夫（2006）通过美国 48 个州的数据发现，以预算赤字和支出约束形式的财政规则倾向于降低财政政策的波动性。布尔佐夫斯基和约兰塔 – 戈泽拉克（2010）以 OECD、拉美、中东等为样本研究发现，财政规则（显性的赤字或债务约束）对财政政策波动性存在显著的影响，但这一影响取决于公共债务或财政平衡规则的目标是提高还是降低财政政策波动性。阿尔伯克基（2011）则发现，财政规则指数每提高1个单位，相机抉择财政政策的波动性会下降0.12个单位。莱文森（1998）和莱恩（2003）则主张，任何施加在财政政策上的约束和限制都会降低政府熨平经济周期的能力，从而会扩大财政政策的波动性。

部分文献强调社会极化现象对财政政策波动性的影响。吴（2009）的研究表明，社会极化的程度会通过影响机会主义的政策制定者的行为而对财政政策波动性产生影响，从而其认为与其他财政现象或特征类似，财政政策波动性是政策制定者的机会主义行为、政治游戏和冲突的作用结果。从而强加在财政政策之上的正式约束，包括财政规则，会通过改变政策制定者的动机而影响财政政策波动性。吴（2011）选取大量国家1960~2000年间数据为样本，构建了新的政治经济渠道研究收入差距对财政政策波动性（包括财政支出和税收收入的波动性）及财政政策波动性对经济增长的影响。研究发现，社会极化现象越明显，即收入差距程度越高，该国的财政政策波动性就越大。具体而言，收入差距每提高1个百分点，财政政策波动性会提高2.5~3.6个百分点。

还有文献研究了政府大小或政府规模对财政政策波动性的影响，如阿尔伯克基（2011）认为，较大规模的国家和政府往往拥有较小的公共支出波动性。具体而言，政府规模大小每提高1个百分点，相机抉择财政政策的波动性会下降0.025个百分点。而国家规模大小变量每提高1个百分点，相机抉择财政政策的波动性会下降0.13个百分点。富尔切里和里贝里奥（Furceri and Ribeiro，2009）采用160个国家1960~2000年的面板数据为样本进行研究发现，小国的政府消费的波动性（包括相机抉择性的波动性和非相机抉择性的波动性）较大，政府规模大小的波动性也较大；而对于更易波动的经济体而言，政府支出的波动性与国家大小之间的负相关关系变得更加明显，这一结论对于不同时间段、不同国家样本、不同计量技术和控制变量都是稳健的。富尔切里和卡拉斯（Furceri and Karras，2007，2008）指出，政府支出的波动性会随着国家大小的变化而变化，小的经济体更容易波动且更容易受到外来冲击的影响。特别是，当政府支出被用来进行反周期操作时，由于更易波动且更易受到外来冲击的影响，小的经济体可能会更加激烈地使用政府支出。约戈（2015）也认为，小国的财政政策波动性较大。与此观点不同的是，迪克西特和韦伯（Dixit and Weibull，2007）、费尔南德斯和利维（Fernández and Levy，2008）、林克维斯特和奥斯特林（Lindqvist and Österling，2008）则指出，在较大的国家或经济体中，个体异质性会变化更加明显，从而会因为对公共物品的种类和数量偏好的差异导致社会极化现象加重，从而会由于当权者轮流执政而加剧政府支出的波动性。

部分文献强调了经济发展水平对财政政策波动性的影响。吴（2011）研究了初始经济发展水平对财政政策波动性的影响。他指出，经济发展水平低的国家，可能具有效率相对较低的税收和财政支出系统，从而财政自动稳定器功能相对较弱，这可能导致政府会更加频繁地使用相机抉择财政政策，其实证研究结果支持了这一结论。在1970～2000年样本期间，初始人均GDP每增加1个百分点，财政政策波动性会下降0.41～0.703个百分点；在1960～2000年样本期间，初始人均GDP每增加1个百分点，财政政策波动性会下降0.43～0.627个百分点；在1980～2000年样本期间，初始人均GDP每增加1个百分点，财政政策波动性会下降0.413～0.581个百分点。这充分说明，经济发展水平高的国家的财政政策波动性较低。富尔切里和卡拉斯（2007，2008）、约戈（2015）也指出，经济发展水平高的国家的财政政策波动性较低，小国的财政政策波动性较大。与此观点不同的是，德克西特和韦伯（2007）、费尔南德斯和利维（2008）、林克维斯特和奥斯特林（2008）则指出，在较大的国家或经济体中，个体异质性变化更加明显，进而会因为对公共物品的种类和数量偏好的差异导致社会极化现象加重，从而会由于当权者轮流执政而加剧政府支出的波动性。

除此以外，塔卡拉基斯（2012）以OECD国家为样本分析了资产价格波动性的影响，并指出，在分析财政政策波动性时不应忽略资产价格波动性因素。约戈（2015）利用66个国家1970～2012年间的截面数据和面板数据研究了恐怖主义对财政政策波动性的影响。研究结果表明，恐怖主义事件的上升会提高财政政策相机抉择成分的波动性。研究也表明，产出增长的波动性、通货膨胀的波动性会对财政政策波动性产生正向影响。玛拉（2012）等在研究赤字波动性的影响因素中，以欧盟国家为样本，强调经济决定因素的影响，旨在指出经济条件的变化对财政政策波动性的影响，但在赤字波动性的测度方面采用了预算赤字3年时窗的滚动方差，不仅高估波动性，而且没有区分周期性波动性和相机抉择财政政策波动性，研究结果的政策启示比较模糊。同时，在模型中没有考虑一些被认为可能有重要影响的变量，如资产价格波动性、货币政策因素、财政规则、社会偏好极化等，且没有克服模型存在的内生性问题。

第四节　政策弹性、持久性与相机抉择政策波动性关系研究

政策弹性和持久性是与相机抉择（discretionary）政策波动性一同被经济学家和政策界关注的三大政策特征（Fatas and Mihov，2007；Afonso et al.，2010；Battilossi et al.，2010）。虽然政策弹性和持久性与本书所指的政策波动性是不同的概念或研究对象，但与政策波动性密切联系在一起，是我们在分析政策波动性调控机理和政策方案中所不可忽视的内容。很多经济学家认为，政策波动性管理有可能损害政策弹性，即政策波动性管理与政策弹性、持久性有密切关系。法塔斯和米霍夫（2013）也指出，虽然周期性不是严格意义上的波动性，但能在周期性与波动性之间建立联系，这两个变量都受到同样的预算过程或制度变量的影响。另外，通过对比财政支出和财政收入的持久性，可以早发现财政状况潜在恶化的信号及财政的可持续性问题，便于进行及时、有效的政策波动性管理。

目前国外关于政策弹性（或周期性）的研究文献较多，相关研究一直未停止过，主要集中在刻画一国财政政策操作是顺周期或逆周期（Gavin and Perotti，1997；Lane，2003a，2003b；Kaminsky et al.，2004；Egert，2014；Combes et al.，2017；Ahuja et al.，2017；Mohanty and Mishra，2017；Ngakosso，2018；等等）。在理论层面，标准的凯恩斯模型表明，财政政策应该是反周期的，即政府支出（税收）应该在经济衰退时期保持增长（下降），而

在经济繁荣时期保持下降（提高）。与此相对的是，巴罗（Barro，1979）提出的税收平滑模型表明，政府应该通过在经济衰退期间的借贷和经济繁荣时期的偿还贷款等手段保持税率平滑和政府支出平滑，即政府支出与 GDP 的变化无关，但税收收入则与 GDP 的变化呈正相关关系。在实证研究方面，研究的证据比较混乱，研究结论会随着政府支出和收入类型以及不同国家样本的变化而变化，未能形成一致结论。部分文献研究了某些国家财政政策的周期性特征，如吴（2009）利用 1960～2003 年间 96 个国家的年度面板数据，研究了各国财政政策的周期性、波动性以及影响财政政策周期性的因素。研究发现，政府规模越大，财政政策越趋向于逆周期，且贸易开放程度越高，财政政策越是趋向于逆周期。同时作者发现，社会极化程度的提高将导致财政政策倾向于顺周期、财政政策波动性增大。法塔斯和米霍夫（2007）利用 1960～2000 年间的 91 个国家的面板数据研究发现，在这些国家中，财政政策波动性最小的国家为法国、奥地利以及瑞典，波动性最高的国家为尼加拉瓜、马里以及赞比亚。财政政策逆周期程度最高的国家为马里、马达加斯加以及多米尼加，顺周期程度最高的国家为玻利维亚、巴西、乌拉圭以及南非。财政政策持久程度最高的国家为芬兰、日本以及荷兰，最低的国家为津巴布韦、玻利维亚以及埃及。巴丁格（2012）利用 1960～2004 年间 88 个国家的面板数据，分析了各国财政政策的周期性、产出波动性以及经济增长之间的关联性。研究发现，无论各国财政政策为顺周期或是逆周期，周期性越强，产出的波动性越强。西马多莫（Cimadomo，2012）强调了实时数据的重要性，他认为，为了研究一国财政政策制定者的真实意图和立场，即财政政策为逆周期或者为顺周期，所使用的研究数据应该是实时数据，也就是政策制定者在制定政策时所能获得的数据，而不是修订数据。当选用的数据不同时，研究的结论将呈现出很大的差异。作者利用 1994～2006 年间各年 12 月版本的 OECD 经济展望数据作为实时数据库进行研究发现，当使用实时数据估计政策反应函数时，OECD 各国的财政政策呈现出逆周期的特征，特别是当经济处于扩张时期；而使用传统的研究方法，即使用修订数据时，各国的财政政策往往呈现出顺周期的特征。埃格特（Egert，2014）研究了 OECD 国家的财政政策周期性，结果表明，政府公共债务处于较低水平时，财政政策实施倾向于逆周期特征，当政府公共债务达到一定水平时，OECD 国家的财政政策将呈现顺周期性。阿胡贾等（Ahuja et al.，2017）使用 1980~2012 年亚洲国家的数据研究发现，亚洲国家的财政政策呈顺周期性，1997 年亚洲金融危机后，各地区财政政策的实施效果有所改善，一些地区如东盟的财政政策由顺周期转为逆周期。默罕迪和米什拉（Mohanty and Mishra，2017）采用多种方法分别研究了印度在中央、地方一级的财政政策周期性，发现印度财政支出具有明显的顺周期性，且中央财政支出的顺周期性较地方财政支出的顺周期性更强。孔勃等（Combes et al.，2017）研究了 1990~2011 年 56 个发达、新兴及发展中经济体的财政政策对于经济周期的反应，发现这些国家的财政政策是逆周期的，然而当公共债务占国内生产总值的比例超过门槛值 87% 时，财政政策转为顺周期性。

在这方面，研究结论并不一致，如艾莱斯纳等（2008）认为，工业化国家财政政策呈现反周期性。弗兰克尔等（Frankel et al.，2013）发现工业国家财政政策的逆周期性，与此形成鲜明对比的是，新兴国家和发展中国家呈现顺周期财政政策特征，从而加剧了经济周期波动。研究还显示，大约有 1/3 的发展中国家的财政政策已经由顺周期性转为逆周期特征。卡内罗和加里多（Carneiro and Garrido，2015）使用 134 个发展中国家和 46 个高收入国家共 180 个国家 1980~2012 年数据分析财政政策周期性后发现，与工业化国家相比，一些发展中国家财政政策仍表现出顺周期特征，导致产出波动加剧。莱恩（2003）研究发现，一个国家执行财政控制程序的能力与经济发展水平（用人均 GDP 衡量）呈正相关关系，意味着经济发展水平越高的国家，其政府支出的顺周期特征越不明显。加里（Gali，1994）针对 OECD 国家的样本进行研究发现，政府支出是反周期的；而加文和佩罗蒂（Gavin and Perotti，1997）则未发现财政政策有明确的周期性特征。这一差异的出现是因为研究中所采用的支出成分的不同，如加里（1994）是利用 22 个 OECD 国家为样本，研究中的财政变量是政府投资和政府消费。研究发现，税收和政府购买似乎能够有效反映"自动稳定器"，政府购买遵循的是反周期模式。而菲奥里托和克林查斯（Fiorito and Kollintzas，1994）则是针对 G-7 国家的政府消费进行研究，发现这一支出成分是反周期的。部分针对发展中国家开展的研究表明，政府支出倾向于是顺周期的，如加文和佩罗蒂（1997）发现拉丁美洲的财政政策是顺周期的，卡明斯基等（Kaminsky et al.，2004）发现在其研究样本中的 83 个低收入国家和中等收入国家的财政政策呈现出顺周期特征。同样，博朗（Braun，2001）发现在其作为样本的 35 个发展中国家 1970 ~ 1998 年间的财政支出是顺周期的。同时，实证结果与理论预测也不一致，如法塔斯和米霍夫（2007）指出，经验证据表明工业化国家和发展中国家的财政政策的反周期性特征并不像标准凯恩斯模型或 Barro-type 税收平滑模型预测的那么明显。卡尔卡罗伊特和沃尔夫（Kalckreuth and Wolff，2011）、西马多莫（2012）则研究了实时数据估计结果的差异性。

　　另有部分文献研究了财政政策周期性的影响因素，研究结论差异较大。一方面，不同研究文献强调了不同的影响机制，如加文和佩罗蒂（1997）、卡明斯基等（2004）强调金融约束的影响；佩尔森和塔贝里尼（Persson and Tabellini，2001）、莱恩（2003b）、艾莱斯纳等（2008）、阿方索等（2010）强调政治（如选举原则、政治权利分散程度、腐败、政治区制等）和制度变量（如预算约束）的影响。如塔尔维和韦格（Talvi and Vegh，2005）指出，顺周期的财政政策与政治扭曲有关。他们在研究中构建了最优财政政策模型，模型显示，由于预算盈余会造成扩大政府支出的压力，从而保持预算盈余是高成本的。考虑到政治扭曲，在面临税基的较大幅度波动时一国政府会认为执行顺周期财政政策是最优的。鉴于各国税基的差异，作者认为 G－7 国家的财政政策模式与巴罗的税收平滑假说所预测的一致，而发展中国家的政府支出和税收是高度顺周期的。佩尔森（2001）、佩尔森和塔贝里尼（2001）、艾莱斯纳和塔贝里尼（Alesina and Tabellini，2005）也发现政治和制度因素会影响一国的财政政策周期性。特别地，佩尔森（2001）、佩尔森和塔贝里尼（2001）研究发现，议会制和多数投票体制与财政政策的周期性有关系；艾莱斯纳和塔贝里尼（2005）表明，绝大多数发展中国家的顺周期财政政策可从较高的腐败程度来解释。哈勒伯格和斯塔克（Hallerberg and Stauch，2002）指出，EMU 国家在选举年的财政政策反周期性特征不太明显，索伦森等（Sorensen et al.，2001）利用美国各州的数据也得到类似结论。莱恩（2003）以 OECD 国家数据为样本研究发现，产出波动性较大和政治权利较分散的国家更有可能执行顺周期财政政策。加里和佩罗蒂（Gali and Perotti，2003）强调了财政规则的影响。他们估计了 11 个 EMU 国家 1980～2002 年间的财政政策规则，并检验了财政规则或财政约束（马斯特里赫特条约、稳定与增长公约）是否有助于执行顺周期财政政策。研究发现，采用了马斯特里赫特条约规则后，财政政策反周期特征更加明显。加里（2005）表明，以上结论在所有工业化国家具有一般性。法塔斯和米霍夫（2006）利用 48 个美国州际数据研究了"规则"和制度对财政政策周期性（定义为政府支出对产出的弹性）的影响，研究发现，严格的预算约束会降低财政政策对产出冲击的反应程度。阿方索等（2010）和吴（2011）强调了国家和政府大小对财政政策周期性的影响。其中，吴（2011）借助若干国家 1960～2000 年间数据为样本的研究表明，政府的规模越大，财政政策越倾向于反周期操作。具体而言，在 1970～2000 年间，政府大小每上升 1 个百分点，财政政策的顺周期性会下降 3.09 个百分点。在 1960～2000 年间，政府大小每上升 1 个百分点，财政政策的顺周期性会下降 2.142 个百分点。在 1980～2000 年间，政府大小每上升 1 个百分点，财政政策的顺周期性会下降 3.413 个百分点。吴（2005，2009，2011）则强调了社会偏好极化效应，如吴（2011）研究指出，收入差距的扩大会使得财政政策更具有顺周期性，但该文献中由于采用两阶段方法而可能会存在高估核心变量作用的现象（Canova and Pappa，2005）。该文献还研究了初始人均 GDP 对于一国财政政策周期性的影响，研究结果表明，一国初始人均 GDP 对该国财政政策的周期性具有显著影响。一国的初始人均 GDP 越高，该国的财政政策越倾向于反周期操作，这一结论在 1960～2000 年、1970～2000 年和 1980～2000 年三段样本期内皆很显著。同样，该文献也研究了贸易开放度对财政政策周期性的影响。研究结果表明，在样本期为 1970～2000 年、1960～2000 年的回归中，贸易开放度对一国财政政策周期性并不存在显著影响。但在以 1980～2000 年为样本期的研究发现，贸易开放度对财政政策周期性存在显著影响。贸易开放度越高，一国的财政政策顺周期特征越明显。另一方面，即使强调同一因素的影响，研究结论也存在差异，如法塔斯和米霍夫（2007）指出，政治和制度因素对财政周期性无影响，即施加约束不会影响政策弹性，推翻了以往普遍认同的结论。埃格特（2014）、孔勃等（2017）强调了政府债务规模的影响；法塔斯和米霍夫（2006）和古尔吉尔等（Guerguil et al.，2017）则强调了财政规则的影响。

国内关于财政政策周期性的研究文献不多：孙天琦等（2010）、王志刚（2010）利用产出缺口与赤字变化的对应关系来分析财政政策周期性，该方法相对较为粗略，有一定随意性。虽然前者还利用谱分析方法进行分析，但根据不同变量谱密度的相似性来定论周期性特征缺乏严谨性；方红生、张军（2009）对中国地方政府政策周期性进行研究，认为我国地方政府是扩张偏向的财政政策，这是由地方政府竞争强度和预算软约束造成的。在周期性检验方面，根据产出缺口的正负将经济状态划分为繁荣期和衰退期，然后检验不同经济状态下财政周期性特征，这种界定的合理性值得商榷，OECD（2003）的方法在分析经济上升期和经济下滑期的不同情况方面更加细致和稳健（王立勇，2008）。该文的创新之一是给出原因解释，但检验过程论证并不充分，未分析其他因素，如社会偏好极化等的影响，从而不能了解什么因素是我国财政政策周期性的重要决定因素。而且，在研究中，没有区分财政支出的周期性成分和相机抉择成分，影响结果的可靠性。王立勇（2008）虽然在检验财政政策周期性特征方面能够避免以上问题，但未对周期性影响因素进行研究。而且已有研究都未考虑到周期性特征的演变规律，以及实际数据和实时数据估计结果的差异性。曾晓安等（2015）利用国际标准的实证分析方法分析中国财政政策反周期效果，发现从 1995～2014 年期间，一般公共预算的反周期性年份比例仅为 75%，加上预算稳定调节基金后的反周期年份比例仅为 83%，表明了预算平衡调节基金的反周期性特征显著。王立勇和祝灵秀（2019）采用状态空间模型估算中国 1993～2016 年各省财政政策周期性，借助 PSM - DID 方法研究贸易开放对财政政策周期性的因果效应及内在机理。结果表明，中国财政政策总体上呈顺周期态势，但呈现出明显的区域异质性；近年来财政政策顺周期性程度有所降低，东部地区降低程度最为明显，并表现出一定的逆周期性，而西部地区的顺周期性特征较为显著且较为稳定；贸易开放显著影响财政政策周期性，贸易开放度越高，财政政策的实施越倾向于顺周期；贸易开放对财政政策周期性的因果效应具有持续性和动态异质性，随着时间的推移，影响程度总体呈先上升后下降趋势；政府支出规模是贸易开放影响财政政策周期性的中介变量和内在机理，即贸易开放度的提高，增加了政府支出规模，从而使得财政政策更加倾向于顺周期。

财政政策持久性及其影响因素方面的研究文献相对较少。部分文献研究了一国或某类国家财政政策持久性特征，如阿方索等（2010）指出，财政政策对经济状况的反应不如对过去行为的依赖严重，即财政政策倾向于具有持久性。该研究还发现，财政政策持久性与相机抉择性及周期性呈负相关关系，表明财政政策持久性较高国家的财政政策更倾向于顺周期。塔拉维尔等（Tarawalie et al.，2014）、乌莫等（Umoh et al.，2018）发现，财政政策持久性在西非货币区成员国十分严重，而财政政策持久性正是这些国家财政政策顺周期的主要原因。法塔斯和米霍夫（2007）、乌莫等（2018）研究指出，相比于发达国家，发展中国家的财政政策更具有持久性，且财政政策越持久，其越倾向于顺周期。关于财政政策持久性的影响因素，已有研究相对较少，阿方索等（2010）、法塔斯和米霍夫（2007）强调了制度环境对财政政策持久性的影响，这两篇文献皆关注制度变量和政治变量的影响，前者认为制度约束与政策持久性无关，然而其模型的回归效果不理想，研究结论可信度较低；后者认为与政策周期性相比，政策持久性的测算系数更大、特征更明显，政府支出的持久性比收入的持久性显著，而制度变量和地理变量能够解释这些特征。需要说明的是，以上文献在研究中皆使用两步估计技术，正如卡诺瓦和帕帕（2005）所指出，这可能高估核心变量的作用。佩尔森和塔贝里尼（2002）、艾莱斯纳等（2008）、埃弗里和奥科伊（Ifere and Okoi，2018）、乌莫等（2018）强调政治因素（政治稳定、政权交替、腐败）对财政政策持久性的影响；冯·赫根和哈登（Von Hagen and Harden，1995）、艾莱斯纳和佩罗蒂（1994）、波特巴（1995）、法塔斯和米霍夫（2006）、乌莫等（2018）指出，预算限制或财政规则会降低财政政策波动性，同样可能会降低财政政策对产出冲击的反应能力。另外，法塔斯和米霍夫（2007）和阿方索等（2010）还研究了政策弹性、持久性与相机抉择政策波动性的关系。前者发现，施加约束会降低波动性，但对政策灵活性并无影响，这与常规观点不一致。后者认为，持久性与波动性负相关，持久性与政策灵活性也负相关，但政策灵活性与波动性的关系却不显著。

第五节 简短评述

鉴于财政政策的重要作用和财政政策波动性可能会对经济增长、通货膨胀、全要素生产率、金融稳定、资产价格波动以及对微观主体行为（消费行为、投资行为、劳动生产率、企业绩效等）产生重要影响，财政政策波动性近年来成为理论界和实务界关注的焦点，相关研究文献不断涌现。本部分系统梳理已有文献后发现。

第一，已有文献在测度财政政策波动性方面所用测度指标（不同的财政支出成分和财政收入成分）和测度方法（GARCH、财政反应函数、滤波法、变量标准差、区制转移模型、问卷调查等）存在较大差异。测度指标和测度方法的不同，可能是导致研究结论出现差异性的主要原因，影响了已有文献研究结论的可比性，无法在统一框架下比较不同测度方法或测度指标所带来的研究结论差异性（Afonso and Furceri，2010，2011；Albuquerque，2011）。维拉维德等（2011）也指出，不同的测度方法具有不同特点和不同的适用条件，所测算出的财政政策波动性的含义也存在较大差异。

第二，理论研究不足，缺乏系统性的理论分析。比如，财政政策波动性对经济增长等变量的影响在理论上存在较大争论，影响机理不清楚，很少有文献对此展开深入研究。再如，缺乏财政政策波动性决定的理论框架和模型分析，变量选择的随意性较大，且部分文献存在遗漏重要影响变量现象，变量的传导机制或影响机理不清楚。而且，已有文献主要侧重财政政策波动性宏观层面影响的研究，主要关注财政政策波动性对经济增长的影响，忽视宏观经济影响的微观基础研究，缺乏微观层面的证据，宏观影响的微观机理不清楚。庄和格雷德斯坦（2006）指出，宏观数据往往是多种因素综合作用的结果，很难分离各变量之间的影响，波动性和增长都受到一些缺失变量的驱动，致使很多研究结论的可信度和稳健性不高。维拉维德等（2015）尝试性地将宏观影响与微观影响相结合，但研究中采用资本税平均税率测度财政政策的波动性，且未考虑不可逆投资和金融摩擦等机制的影响，大大低估财政政策波动性的影响。

第三，实证研究仍有进一步完善的空间。首先，已有研究多是以美国、OECD 和 EU 国家为样本，缺少来自中国及转型国家的经验证据，如上所述，这些国家在金融发展、制度建设、财政体制、民主化进程等方面有着与发达国家完全不同的特点，来自发达国家的证据无法推论中国和转型国家的财政政策效果及波动性等情况。而且理论观点差异较大，也无法根据已有理论做出一般性推断。如安杰洛和苏萨（2009）所指出，不同国家政治、经济结构存在很大差异，无法从一个国家的研究结论去推论另一个国家的具体情况，即使在 OECD 范围内较相似的国家中，其预算、央行、选举法、集中度、政治稳定性和社会极化也存在很大差异。其次，已有研究在采用国别面板数据时（如布尔佐夫斯基和约兰塔 – 戈泽拉克（2010）采用美国、OECD、拉美、中东等的面板数据）可能存在测量误差和忽略变量偏误等问题（Sukiassyan，2007）。最后，许多已有文献计量模型中的变量存在内生性问题或双向因果关系，而这些文献在模型估计时并没有考虑到这一问题，导致研究结论的稳健性较差，如玛拉（2012）等。而且，已有文献在模型构建或参数设定上较少考虑财政政策波动性的影响随着经济、制度环境等的变化而变化的特性，如阿吉翁等（2010）、罗德里克（1999）、法塔斯和米霍夫（2006）、庄和格雷德斯坦（2006）等。

第四，已有研究中缺乏对财政政策波动性影响的决定因素的系统研究和分析。如上所述，虽然部分文献，如阿吉翁等（2010）、法塔斯和米霍夫（2003，2006）、庄和格雷德斯坦（2006）、吴（2011）等指出，财政政策波动性的影响可能会受到金融发展水平、经济发展水平、制度因素、波动性自身特征等因素的影响，但系统性地研究财政政策波动性影响的决定因素的理论文献和实证文献比较缺乏，无法使我们清楚理解各个因素在决定财政政策波动性影响方面的重要性，也无法使我们全面理解财政政策波动性影响的决定因素或依存条件，对提高财政政策调控的效率和效果的参考价值有限。

尽管已有研究还存在一些不足，但这些研究成果却能够为我们重新审视财政政策作用、提高财政政策调控的有效性、降低财政政策调控的潜在成本和代价等方面提供了较大的帮助，有一定的借鉴意义，同时也能为下一步的相关理论与实证研究奠定坚实的基础。今后学者在进行该领域的相关研究时，应充分了解已有研究文献的基本脉络，弄清楚已有研究的最新进展和已有研究存在的不足，以保证研究成果的创新性和价值性。

第三章

财政政策波动性的测度

波动性（volatility），通常是指某项价值——如股票价格或利率——在一段时间内波动或变动的程度。在金融市场中，波动性被广泛用来测量资产的风险性，而在政策领域，政策波动性（policy volatility）则意味着政策的不确定性（uncertainty）。高波动性，是指剧烈波动，呈现出较高的不确定性。安杰洛和苏萨（2009）指出，政策的波动性大，意味着政策易变和不确定性大，使得微观主体更难以理解政策时机（timing）和幅度（magnitude）。如前文所述，在已有文献中，关于政策波动性的测度方法和测度指标有很多，不同的测度方法暗含不同假设，有着不同的适用条件，而不同的测度指标也有着不同含义，所测度的波动性侧重点可能有所差异，将对测度结果及研究结论有重要影响。可以说，不同国家或地区（政策结构、政策目标、政策工具、数据特征等都可能存在差异）所适用的测度方法和测度指标可能有较大差异。基于此，本章主要研究内容包括：（1）测度方法选择与设计。本部分主要是梳理和总结已有政策波动性测度方法和测度指标，系统分析每一种方法的特点和适用性以及测度指标的内涵，在此基础上，选择和构建适用于中国的财政政策波动性测度方法。（2）中国财政政策波动性测度。本部分采用2003年第1季度到2017年第4季度的季度数据为样本对中国财政政策波动性进行测度，关注的财政变量包括政府支出、劳动税平均税率、资本税平均税率。（3）中国政府投资性支出和消费性支出波动性测度。本部分将财政总支出细分为政府消费性支出和政府投资性支出，再分别借助上述方法测度这两种财政支出的波动性。（4）中国财政政策波动性的省际面板数据测度。根据研究目的和测度方法的优缺点，本部分在测度中国各省财政政策波动性的省际面板数据时，仍采用维拉维德等（2015）的测度方法，即通过建立引入时变性的财政政策反应函数来计算得到各省份财政政策波动性。（5）财政政策波动性的国别面板数据测度。本部分借鉴维拉维德等（2015）的测度方法，测度中国和其他 42 个国家（36 个 OECD 国家与 6 个非 OECD 国家）的财政政策波动性。本章能够为后续章节的研究提供指标和数据基础。

第一节 测度方法选择与设计

正如上文文献综述所述，已有文献在对财政政策波动性进行测度过程中所选用的测度指标和测度方法存在较大差异，不同测度指标和方法有不同的适用条件，有各自的优缺点。

具体而言，文献中常用的测度方法和测度指标如利用财政变量（财政支出或税收收入）自回归模型的残差标准差、财政变量的标准差或周期性成分的标准差作为财政政策波动性指标，以及通过 GARCH 模型得到的条件异方差等测度方法所得到的财政政策波动性指标，存在夸大财政政策波动性的可能，其包含了经济周期波动因素。相比而言，借助财政政策反应函数的残差标准差测度的财政政策波动性具有较明确的经济学含义，能够反映政府偏离调控目标而引致的政策波动性。在此基础上，维拉维德等（2015）将时变性引入财政政策反应函数的扰动项，从而得到一种比以上方法更优的测度方法和指标，能够更真实地描述财政政策波动性。

基于此，为了更加准确、合理测度中国及其他国家的财政政策波动性，本书主要借鉴维拉维德等（2015）的测度方法，构建引入时变方差的财政政策运动方程。

众所周知，在运用该方法的过程中，重点是确定模型中所包含的变量，而这些变量的确定需要考虑到一国财政政策调控实践。根据各国财政政策调控实践不难发现，财政政策调整主要依据经济景气状况进行，即主要依据产出缺口的变化来选择财政调整方向和力度。同时，也会考虑到政策的连续性和可持续性，贾俊雪（2012）也指出这一点。因此，本部分假设各国的财政规则根据产出缺口以及政府盈余进行调整，具有一定的连续性和可持续性。而且，这种财政规则给出的波动性测度结果比较符合我们的一贯认识。本部分取以下形式的财政规则：

$$x_t - x = \rho_x(x_{t-1} - x) + \varphi_{x,y}(\ln y_{t-1} - \ln y) + \varphi_{x,b}\left(\frac{b_{t-1}}{y} - \frac{b}{y}\right)$$
$$+ \exp(\sigma_{x,t})\varepsilon_{x,t}\varepsilon_{x,t} \sim N(0,1) \tag{3.1}$$
$$\sigma_{x,t} = (1 - \rho_{\sigma x})\sigma_x + \rho_{\sigma x}\sigma_{x,t-1} + (1 - \rho_{\sigma x}^2)^{0.5}\eta_x\mu_{x,t},$$
$$\mu_{x,t} \sim N(0,1) \tag{3.2}$$

式（3.1）所描述的财政政策运动方程和规则能较好地刻画各国的财政政策特征和政策波动性特点。式（3.1）即为财政政策反应函数，本部分将时变性引入财政政策以更好描述在不同时点财政政策特征。其中，x_t 为本部分所研究的财政政策工具，如政府支出占总产出的比例 g_t。同时，为了提高本部分研究的稳健性，我们也估算了税收的波动性，用劳动税以及资本税来表示，则此时 x_t 表示劳动税平均税率 $\tau_{l,t}$、资本税平均税率 $\tau_{k,t}$，x 为财政变量的均值；y_t 为产出，b_t 为政府未偿还债务余额。式（3.2）描述了财政政策反应函数标准差的运动方程，本部分假定波动性冲击服从一阶自回归过程。$\varepsilon_{x,t}$ 表示财政冲击，$\mu_{x,t}$ 为波动性冲击。

第二节　中国财政政策波动性测度

本部分采用2003年第1季度到2017年第4季度的季度数据为样本对财政政策波动性进行测度，本部分关注的财政变量包括政府支出、劳动税平均税率、资本税平均税率。根据研究需要，数据均采用实际量（以2003年第1季度为基期），且已进行季节调整及相应处理，数据均来源于中国国家统计局、中国国家税务局网站。需要注意的是，中国经济统计口径与OECD国家的统计口径不同，在中国资本税和劳动税平均税率估算过程中，需要充分考虑到中国税收制度的特点，不可直接照搬国外文献对平均税率的估算方法。

吕冰洋和陈志刚（2015）给出了一种解决方法，并且利用这一方法估算了中国各省份的年度平均税率数据。需要指出的是，吕冰洋和陈志刚（2015）的消费税指的是增值税、部分营业税、消费税、筵席税、烟叶税、屠宰税、部分城建税，与传统意义上的消费税概念有所出入。因此，本部分并未考虑消费税。

一、Mendoza 方法及拓展

门多萨、拉津和特萨尔（Mendoza, Razin and Tesar, 1994）首先根据OECD 国家的国民账户以及税率体制提出了三大平均税率，即劳动税平均税率、消费税平均税率、资本税平均税率的测算方法，简称为 Mendoza 方法。Mendoza 方法也是现今使用最广泛的一种平均税率的估算方法。在此之后凯里和奇林古里安（Carey and Tchilinguirian, 2000）改进了 Mendoza 方法。他们指出，Mendoza 方法把自我雇佣收入算入劳动税的做法并不恰当，他们认为应该根据非独立就业者的人均工资推算出自我雇佣者收入中的劳动要素收入，再对劳动税的平均税率进行计算，本部分把这个方法称为 Carey 方法。以下简要介绍 Mendoza 方法以及 Carey 方法。

为了计算平均税率，本部分首先需要计算家庭的平均税收负担，也就是家庭的纳税总额与家庭总收入的比值，本部分可以把家庭的平均税收负担理解为家庭单位平均生产要素收入的征税额度，因为家庭的收入的来源不外乎劳动要素收入和资本要素收入，再根据家庭平均税收负担计算出劳动税和资本税的平均税率。在 OECD 国家的税收体制以及 OECD 国家的国民账户统计系统下，家庭平均税收负担 τ_h 为：

$$\tau_h = \frac{1100}{OSPUE + PEI + W} \times 100\% \qquad (3.3)$$

其中，1100 是 OECD 税收体制下统计的对个人或家庭所得、利润、资本利得征税额的税收代码，$OSPUE$、PEI 以及 W 分别为 OECD 国家国民账户统计制度下的非公司组织的净收入、家庭财产收入和经营收入、受雇人员的工资和奖金，W 为家庭的劳动要素收入，$OSPUE$ 与 PEI 之和为家庭的资本要素收入，这三部分之和就是家庭部门来自劳动要素和资本要素的总收入，家庭的税基如果按照宏观经济学的视角来划分，则不外乎为劳动收入、消费、资本收入。在现今的 OECD 统计口径下并没有对这三部分的税收进行细分，因此为了进一步计算劳动税和资本税的平均税率，门多萨、拉津和特萨尔（1994）做了一个假设，其假设家庭的对劳动和资本征收的纳税等于家庭的平均税收负担分别乘以这两部分的税基，也就是劳动要素收入和资本要素收入。由此，可以进一步得到资本税的平均税率，记为 τ_k：

$$\tau_k = \frac{\tau_h \times (OSPUE + PEI) + 1200 + 4100 + 4400}{OS} \times 100\% \qquad (3.4)$$

其中，1200 为 OECD 国家税制体制下的对企业所得、利润及资本利得的征税额的统计指标代码，4100 为 OECD 国家税制体制下的对不动产的征税额的统计代码，4400 为 OECD 税制体制下对金融和资本交易的征税额的统计代码，OS 为 OECD 国家国民账户下的经济总剩余变量。门多萨、拉津和特萨尔（1994）认为，OECD 国家税收制度下针对资本征税总额包括五部分，分别为：针对非公司组织的净收入的征税，针对家庭财产收入和经营收入的征税，针对企业所得、利润及资本利得的征税，对不动产的征税以及对金融和资本交易的征税。前两部分的和为针对家庭所有的资本要素收入的征税额，虽然 OECD 国家并没有对这一部分给出统计指标，但是根据针对家庭的劳动、消费、资本征收的税收等于家庭的平均税收负担分别乘以这三部分规模的假设，我们可以估算出针对家庭所有的资本要素收入的征税额，即 $\tau_h \times (OSPUE + PEI)$，其中 OSPUE 和 PEI 是家庭的资本要素收入。估算劳动平均税率 τ_l 的 Mendoza 公式如下：

$$\tau_l = \frac{\tau_h W + 2000 + 3000}{W + 2200} \times 100\% \qquad (3.5)$$

其中，2000、3000 和 2200 是 OECD 国家税收体制中的社会保险缴纳款、对工资征收的税收以及雇员支付的社会保险缴纳款，$W + 2200$ 是总的劳动收入，社会保险缴纳款虽然用于社会保险用途，但是在本质上依然能够看作一种劳动税。根据对家庭的劳动、消费、资本征收的税收等于家庭的平均税收负担分别乘以这三部分规模的假设，$\tau_h \times W$ 为家庭为其劳动要素收入所支付的赋税。消费税平均税率 τ_c 的 Mendoza 测算公式如下：

$$\tau_c = \frac{5110 + 5121}{CP + CG - CGW - 5110 - 5121} \times 100\% \tag{3.6}$$

其中，5110 和 5121 是 OECD 国家税收制度下的对商品和服务的税收总量和针对特殊商品和服务的特许权税，CP、CG 和 CGW 分别是 OECE 国家国民账户中的私人最终消费支出额度、政府消费性支出和政府的工资支出。分子表示针对消费征收的税收总量。因为在 OECD 国家的国民账户的统计口径下，政府的工资支出包含在政府的消费支出这个变量下，因此在计算社会总消费时需要将政府的工资性支出从政府总消费中减去。又因为 OECD 国家在统计消费时包含了对其征收的税收，因此在计算消费税的税基时，需要减去针对消费征收的税收。

凯里和奇林古里安（2000）改进了 Mendoza 方法，进一步细化了对自我雇佣者收入的处理，他们指出，Mendoza 方法将自我雇佣者的收入全部算作劳动要素收入，这个处理存在不妥当之处，并且 Mendoza 方法没有充分考虑到自我雇佣者的税收分摊情况因而对平均税率的测算可能存在偏误，他们认为应该根据非独立就业者（受雇佣者）的人均工资推算出自我雇佣者工资，即劳动要素收入，再对劳动税和资本税的平均税率进行调整（其假设自我雇佣者的平均工资等于受雇佣者的工资减去公司为其缴纳的社会保险金后的平均值。之所以减去公司为其缴纳的社会保险金，是因为对自我雇佣者而言不存在雇佣公司的说法）。其指出自我雇佣者的劳动要素收入测算公式如下：

$$WSE = ES \times \frac{(W - 2100)}{EE} \times 100\% \tag{3.7}$$

其中，WSE 代表自我雇佣者的劳动要素收入，2100 是 OECD 国家的税收制度下的公司为受雇佣者缴纳的社会保险金额，EE 为受雇者的总人数，ES 为自我雇佣者人数。因此，$(W-2100)/EE$ 为受雇者去掉公司为其缴纳的保险金后的平均收入。根据 Carey 公式调整后的劳动税平均税率和资本税平均税率的计算公式如下：

$$\tau_l = \frac{\tau_h \times (W - 2100 + WSE - \alpha \times 2400) + 2100 + 2200 + 2300 + \alpha \times 2400 + 3000}{WSSS + WSE + 2300}$$

$$\times 100\% \tag{3.8}$$

$$\tau_k = \frac{\tau_h \times (OSPUE + PEI - WSE - 2300 - \beta \times 2400) + 1200 + \beta \times 2400 + 4100 + 4400}{OS - WSE - 2300}$$

$$\times 100\% \tag{3.9}$$

其中，

$$\alpha = \frac{W - 2100 + WSE}{OSPUE + PEI - 2300 + W - 2100} \tag{3.10}$$

$$\alpha + \beta = 1 \tag{3.11}$$

凯里和奇林古里安（2000）对 Mendoza 公式的假设条件进行了扩展，其认为自我雇佣者缴纳的针对劳动要素收入的税金等于家庭的平均税收负担乘以自我雇佣者的劳动要素收入。需要指出的是，尽管 Carey 公式对 Mendoza 公式进行了改进，Mendoza 公式仍然是测算三大平均税率时最常用的公式。因为中国的税率体制以及统计口径的不同，在测算中国三大税平均税率时，不能照搬 Mendoza 公式以及 Carey 公式。但是，Mendoza 公式以及 Carey 公式给了本书一些启示。

二、平均税率测度结果

吕冰洋和陈志刚（2016）根据 Mendoza 公式的思想结合统计口径提出了适合中国国情的劳动税平均税率计算公式，并计算了中国省际三大税平均税率的年度数据。本部分借鉴这一方法估算中国 2003 年第 1 季度至 2017 年第 4 季度的劳动税平均税率与资本税平均税率。

1. 中国劳动税平均税率的估算。

吕冰洋和陈志刚（2016）根据 Mendoza 公式的思想结合统计口径提出了适合中国国情的劳动税平均税率计算公式：（以劳动要素所得为税基的税收/劳动要素所得）×100%。张车伟（2012）指出，中国国家统计局公布的劳动者报酬不仅包括雇员劳动收入，也包括自雇者的劳动收入。然而，国家统计局并没有公布劳动者报酬的季度数据，这对估算劳动税平均税率的季度值造成了一定的困难，因此，本部分引入劳动报酬份额的概念对劳动者报酬的季度数据进行估算。

劳动报酬份额是劳动报酬占 GDP 的份额，度量了初次分配中劳动的占比份额。经济学理论长期以来认为，劳动报酬份额是稳定的。本部分对劳动报酬份额的季度数据估算方式如下：先计算中国统计年鉴中各年度劳动报酬与 GDP 的比值，年度劳动报酬份额在 2003 年到 2017 年的时间段内比较稳定，从而本部分将使用年度劳动份额作为季度劳动报酬份额的近似值。再将估算出的年度报酬份额乘以国家统计局公布的季度 GDP 以得到季度的劳动报酬。虽然劳动报酬的水平值可能存在季度效应，但 GDP 也存在季度效应，故我们认为经过抵消后的季度劳动者报酬份额是比较稳定的。并且，劳动者报酬份额主要由收入分配结构决定，在一年中收入分配结构不可能存在很大变化。此外，在现实中经济政策的制定、劳动合同的签订通常以年为周期，从而一年中的收入分配结构变化不大。同时，这么处理也是出于简化劳动报酬季度数据估计的考虑。

　　劳动者报酬的年度数据来源于中国资金流量表，将劳动报酬的年度数据除以年度 GDP 就能得到劳动报酬份额的年度数据，2003～2016 年的劳动报酬份额的年度数据，如图 3－1 所示。

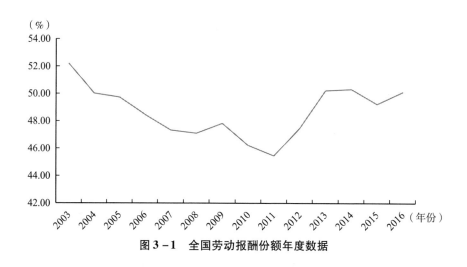

图 3－1　全国劳动报酬份额年度数据

　　图 3－1 显示，中国从 2003 年到 2016 年的劳动报酬份额较为稳定，均值为 48% 左右，最低点出现在 2011 年，为 45% 左右。由于本部分假定劳动报

酬份额在一年内相对稳定，接下来将使用劳动报酬份额的年度数据对劳动报酬的季度数据进行估算，估算方法为：第 t 年第 j 季度的劳动报酬 = 第 t 年的劳动报酬份额 × 第 t 年第 j 季度的实际 GDP。在以劳动所得为税基的税收方面，在中国现行税制中，针对劳动收入征税的项目包括个人所得税的一部分以及各项农业税。其中，在个人所得税中，工资薪金所得、稿酬所得、劳务报酬所得为针对劳动要素征税的税目。由于中国国家统计局没有公布个人所得税分项的季度数据，接下来使用吕冰洋和陈志刚（2016）的方法对个人所得税中对劳动要素征税额度季度数据进行估算，估算方法为：个人所得税中对劳动要素征税 = 个人所得税总额 × [（城镇居民工资收入 + 城镇居民经营收入)/城镇居民实际收入]。

此外，尽管社会保险费是我国社会保障制度的一部分，但从性质上看，其依然是对劳动报酬的征税，因此在计算以劳动所得为税基的税收时，不应忽略这一部分。综上所述，以劳动所得为税基的税收等于个人所得税中对劳动要素征税 + 各项农业税 + 社会保险费。本部分给出中国劳动税平均税率估算结果，如表 3 - 1 所示。

表 3 - 1	中国劳动税平均税率季度数据估算值		单位：%	
年份	第一季度	第二季度	第三季度	第四季度
2003	9.50	10.04	10.20	10.13
2004	9.50	9.45	9.54	9.51
2005	9.60	9.67	9.48	9.52
2006	10.10	10.04	10.13	10.09
2007	10.59	10.53	10.67	10.50
2008	10.70	10.70	10.69	10.68
2009	10.20	10.10	10.04	10.13
2010	10.10	10.08	10.12	10.11
2011	10.50	10.40	10.45	10.67
2012	10.63	10.59	10.54	10.79

续表

年份	第一季度	第二季度	第三季度	第四季度
2013	10.34	10.29	10.45	10.56
2014	10.58	10.54	10.52	10.68
2015	10.20	10.12	10.14	10.23
2016	10.52	10.68	10.20	10.12
2017	10.32	10.29	10.12	10.56

2. 中国资本税平均税率的估算。

首先给出资本税平均税率的定义式：资本税平均税率=以资本要素所得为税基的征税额/资本要素收入。以资本要素所得为税基的征税额=征税总额-出口退税-以劳动要素所得为税基的征税额-以消费为税基的征税额，征税总额减去出口退税又被称为实际税收收入。从宏观经济学的角度来看，所有税收的征税对象不外乎劳动要素报酬、资本要素报酬以及消费，因此以资本要素所得为税基的征税额可以表示为实际税收收入减去以劳动要素所得为税基的征税额和以消费为税基的征税额。我们已经得出了中国以劳动要素所得为税基的征税额估算方法，本部分可以轻松地得到以资本要素所得为税基的征税额。在资本要素所得方面，根据 Mendoza 和 Carey 公式，资本要素所得应该等于税前经济剩余。吕冰洋和陈志刚（2016）提出了在中国税收制度下资本要素所得的计算公式：

资本要素所得=营业盈余+针对资本要素所得征收的税收-企业所得税

吕冰洋和陈志刚（2016）指出，中国收入法 GDP 的营业盈余一项已经扣除了各种政府在企业生产过程中对其使用生产要素所征收的税收，并且，在中国收入法 GDP 的营业盈余一项中包含了企业所得税，而企业所得税属于针对资本要素收入征税，因此在计算资本要素所得时需要在营业盈余的基础上加上被扣除的针对资本要素所征收的税收，再减去企业所得税，因为企业所得税被前两项重复计算。值得注意的是，国家统计局并没有公布收入法 GDP 中的营业盈余季度数据，也没有直接公布营业盈余的全国年度数据。然而本部分可以通过《中国统计年鉴》得到全国各地区的营业盈余年度数据。本部分的估计思路如下，先加总全国各地区的营业盈余年度数据，如果加总后的营业盈余年度数据与 GDP 比值（即加总后的全国年度营业盈余份额）在2003 ~ 2017 年期间很稳定，则本部分可以假设全国季度营业盈余与 GDP 比值也较稳定，由此本部分可以使用营业盈余份额年度数据来近似代替营业盈余份额的季度数据，并且分别将全国季度营业盈余份额乘以全国季度 GDP，得到全国季度营业盈余的估算值。经过计算发现，全国年度营业盈余份额的均值为 25.77% 左右，样本标准差为 0.0076，因此我们认为全国年度营业盈余份额比较稳定。同时本部分认为营业盈余份额主要由收入分配结构决定，而收入分配结构在一年中不太可能发生重大变化。此外，尽管营业盈余可能存在季度效应，但 GDP 也存在季度效应，因此两相抵消的结果就是营业盈余份额不存在季度效应。综上所述，本部分认为可以使用上文提到的方法对全国季度营业盈余份额进行估算，即将全国年度营业盈余份额作为全国季度营业盈余份额的估算值。根据资本平均税率的计算公式，本部分得到资本税平均税率估算数据，如表 3 - 2 所示。

表 3 - 2 　　　　　资本税平均税率的季度数据估算值　　　　单位：%

年份	第一季度	第二季度	第三季度	第四季度
2003	19.50	20.04	24.30	24.42
2004	23.30	23.54	23.65	24.34
2005	28.10	28.43	28.52	28.74
2006	28.80	28.58	29.01	28.80
2007	28.80	28.34	28.43	29.12
2008	33.50	32.43	34.23	33.21
2009	35.40	35.23	35.32	33.49
2010	34.70	34.23	34.94	34.23
2011	37.90	37.32	38.19	34.70
2012	34.23	34.94	34.23	37.32
2013	38.19	34.70	38.19	34.12

续表

年份	第一季度	第二季度	第三季度	第四季度
2014	34.23	34.94	34.73	34.23
2015	36.25	36.14	36.32	36.83
2016	33.23	33.21	32.40	32.23
2017	38.19	28.34	28.43	28.74

三、测度结果

本部分运用贝叶斯层级模型对式（3.1）和式（3.2）进行估计。借鉴已有研究文献，对各个先验参数 ρ_x、$\varphi_{x,y}$、$\varphi_{x,b}$ 等设定平滑的先验分布。本部分运用马尔科夫链蒙特卡洛方法对各个参数进行 10000 次抽样，取后验中位数作为参数的估计值，整个估计过程采用 Metropolis – Hastings 算法及 Win-BUGS14 软件实现。

表 3 – 3 给出政府支出的波动性指标测度中各个参数抽样的后验中位数及 95% 的置信区间。如上所述，为了保证研究的稳健性，本部分也测度了税收的波动性，关于劳动税平均税率、资本税平均税率的波动性指标测度中各个参数抽样的后验中位数及 95% 的置信区间亦在表 3 – 3 中列出。

表 3 – 3　　　　　　　　　　　　**参数估计结果**

参数	政府支出方程	劳动税平均税率方程	资本税平均税率方程
ρ_x	0.05699 [– 0.02301, 0.1703]	0.4401 [0.1088, 0.71558]	0.04209 [– 0.2129, 0.4894]
σ_x	– 4.7 [– 4.979, – 4.224]	– 4.903 [– 4.997, – 4.396]	– 3.49 [– 3.991, – 3.5786]
$\varphi_{x,y}$	– 0.06639 [– 0.1694, 0.03439]	0.05053 [0.02868, 0.0748]	0.1096 [– 0.06506, 0.286]
$\varphi_{x,b}$	– 0.4934 [– 1.454, 2.439]	0.001659 [0.03382, 0.0125]	0.3231 [0.09406, 0.6682]

参数	政府支出方程	劳动税平均税率方程	资本税平均税率方程
ρ_σ	0.821 [0.7211, 0.91]	−0.05025 [−0.5482, 0.5213]	0.2131 [0.01482, 0.473]
η_x	0.8874 [0.6012, 0.9951]	6.54 [2.48, 8.855]	0.963 [0.8318, 0.9985]

根据表3-3所示的参数估计结果，本部分得到以政府支出刻画的财政政策波动性测度结果，如图3-2所示。①

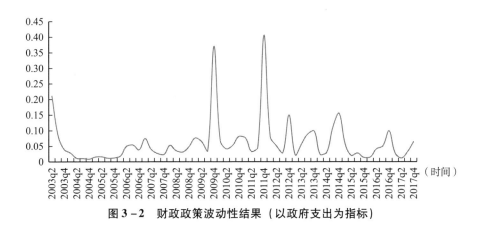

图 3-2 财政政策波动性结果（以政府支出为指标）

陈守东和杨东亮（2009）指出，随着1994年中国确立市场经济体制及后来中国加入WTO，全球化的进程不断加速，中国财政越来越多地受到外部的冲击。因此，能否准确刻画出外部冲击对财政波动性的影响成为判断测度效果的标准之一。从图3-2可以看出，由式（3.1）和式（3.2）刻画的政府支出存在较大波动性，波峰出现在2003年、2009年与2012年。测度结果刻画出了2003年"非典"影响、2007年和2008年次贷危机影响、2009年希腊债务危机以及近年来欧债危机的影响，这进一步说明本部分关于财政政策

---

① 限于篇幅，以劳动税平均税率、资本税平均税率刻画的财政政策波动性测度结果略，可向作者索取。

波动性测度方法和测度结果的可靠性，上文所描述的财政政策运动方程能够很好地刻画近年来中国财政政策的波动特点。相比而言，税收波动性要比财政支出波动性小。此外，本部分所构建的财政政策运动方程的优势还在于，能够将以上定量结果进一步纳入下文 DSGE 模型的政策方程中，可以在 DSGE 模型框架下分析财政政策波动性的宏观影响与微观机理。

第三节　中国政府投资性支出与消费性支出波动性测度

根据财政支出功能，财政政策可细分为政府消费性支出和政府投资性支出。为了区分不同类型财政支出的波动性对经济体的影响是否具有差异，即考察政府消费性支出波动性冲击与政府投资性支出波动性冲击对中国经济体影响效应的差异性，本部分分别借助上述方法测度政府消费性支出的波动性和政府投资性支出的波动性。具体测算方法如下所示：

令 s_t^{cg} 和 s_t^{ig} 分别表示政府消费性支出 c_t^g 和政府投资性支出 I_t^g 占总产出的比重，即 $s_t^{cg} = c_t^g/y_t$，$s_t^{ig} = I_t^g/y_t$，并服从如下财政政策规则形式：

$$s_t^{cg} - s_t^{cg} = \rho_{cg}(s_{t-1}^{cg} - s^{cg}) + \varphi_y^{cg}(\ln y_{t-1} - \ln y_) + \phi_b^{cg}\left(\frac{b_{t-1}}{y_{t-1}} - \frac{b}{y}\right) + \exp(\sigma_t^{cg})\varepsilon_t^{cg}$$

$$(3.12)$$

$$\sigma_t^{cg} = (1 - \rho_{\sigma_{cg}})\sigma^{cg} + \rho_{\sigma_{cg}}\sigma_{t-1}^{cg} + (1 - \rho_{\sigma_{cg}}^2)^{\frac{1}{2}}\eta_{cg}u_t^{cg} \qquad (3.13)$$

$$s_t^{ig} - s_t^{ig} = \rho_{ig}(s_{t-1}^{ig} - s^{ig}) + \varphi_y^{ig}(\ln y_{t-1} - \ln y) + \varphi_b^{ig}\left(\frac{b_{t-1}}{y_{t-1}} - \frac{b}{y}\right) + \exp(\sigma_t^{ig})\varepsilon_t^{ig}$$

$$(3.14)$$

$$\sigma_t^{ig} = (1 - \rho_{\sigma_{ig}})\sigma^{ig} + \rho_{\sigma_{ig}}\sigma_{t-1}^{ig} + (1 - \rho_{\sigma_{ig}}^2)^{\frac{1}{2}}\eta_{ig}u_t^{ig} \qquad (3.15)$$

其中，式（3.12）和式（3.14）分别是政府消费性支出和政府投资性支出的政策规则函数，假设不同财政支出均遵循相同的规则形式，即财政支出具有一定的惯性，并根据上一期产出缺口和政府债务水平做出动态调整。ε_t^{cg} 和 ε_t^{ig} 分别为政府消费性支出冲击和政府投资性支出冲击，均服从均值为 0，方差为 1 的白噪声过程。σ_t^{cg} 和 σ_t^{ig} 为两种财政支出冲击的标准差，分别衡量了两种财政支出的波动性程度。需要注意的是，与其他文献不同，上述财政支出冲击的标准差是随时间发生变化的，即本部分假设财政政策波动性具有时变特征，运动形式服从一阶自回归过程，具体形式如式（3.13）和式（3.15）所示，其中 u_t^{cg} 和 u_t^{ig} 分别为政府消费性支出和政府投资性支出的波动性冲击，假设其遵循均值为 0，方差为 1 的白噪声过程。

为了得到不同财政支出的波动性，首先需要对上述财政政策规则进行估算，由于中国统计年鉴中并没有对政府消费性支出和政府投资性支出做出明确的定义和划分，鉴于数据的可得性，本节使用固定资产投资资金中来源于国家预算内资金这一部分代替政府投资性支出，政府消费性支出为财政总支出减去政府投资性支出的剩余部分，并用财政支出与财政收入之间的差值表示政府债务水平，总产出用 GDP 表示，以上数据均来源于中经网统计数据库，数据的时间范围为 1992 年第 1 季度至 2016 年第 4 季度。考虑到下文中将在 DSGE 模型框架内考察政府消费性支出和政府投资性支出这两种财政支出对经济体的影响机制，为了保证数据的前后一致性，首先对数据剔除通胀因子以得到实际值，然后对数据取自然对数，并采用 Census X12 方法和 HP 滤波分别去除季节性影响和变量的趋势项。通过运用贝叶斯层级模型对式（3.4）至式（3.6）进行估算，关于上述两种财政支出所对应的财政政策规则中的相关参数的先验分布均参照费尔南德斯等（Fernández - Villaverde et al.，2015）进行设定，通过运用 WinBUGS14 软件并基于 MH（Metropols - Hastings）算法随机抽样 10000 次，得到如下三种财政支出的参数估计结果，详见表 3 - 4 和表 3 - 5。

表 3 - 4 呈现了政府消费性支出规则的参数估计结果，所有参数估计值均显著。与财政总支出相似，政府消费性支出关于产出缺口和政府债务水平的参数 φ_y^{cg}、φ_b^{cg} 均小于 0，表明政府消费性支出逆经济周期而行，且与政府债务水平呈反比关系。除此之外，政府消费性支出的水平值和波动性也表现出一定的连续性，然而与财政总支出不同，对于政府消费性支出，水平值的持续性小于波动性的持续性。

表 3 − 4 政府消费性支出规则的参数估计结果

参数	后验中位数	标准差	95% 的后验置信区间
η_{cg}	0.9489	0.04755	[0.8226, 0.9987]
φ_b^{cg}	− 0.1462	0.03148	[− 0.2204, − 0.09651]
φ_y^{cg}	− 0.07764	0.05522	[− 0.1674, 0.07438]
$\rho_{\sigma_{cg}}$	0.8963	0.01624	[0.8633, 0.9264]
ρ_{cg}	0.7772	0.04604	[0.7011, 0.8906]
σ_{cg}	− 4.787	0.4555	[− 5.705, − 3.912]

表 3 − 5 给出了政府投资性支出规则的参数估算结果，根据上述参数估算结果，所有参数估计值均显著。与政府消费性支出相同，政府投资性支出根据产出缺口和政府债务水平做出反向调整，经济增长速度越高，政府债务水平越低，政府投资性支出越少；并且，政府投资性支出水平值的持续性参数和波动性的持续性参数估计值均较高，对于政府投资性支出，无论是水平值还是波动性，均表现出较高的连贯性，且水平值的持续性高于波动性的持续性。

表 3 − 5 政府投资性支出规则的参数估计结果

参数	后验中位数	标准差	95% 的后验置信区间
η_{ig}	0.9536	0.0439	[0.8363, 0.9986]
φ_b^{ig}	− 0.08345	0.02484	[− 0.1576, − 0.03435]
φ_y^{ig}	− 0.1015	0.05626	[− 0.1518, 0.03523]
$\rho_{\sigma_{ig}}$	0.9014	0.01616	[0.8668, 0.9314]
ρ_{ig}	0.9828	0.01847	[0.9605, 1.0200]
σ_{ig}	− 3.914	1.051	[− 5.9820, − 1.8530]

基于以上参数估计结果，结合式（3.13）和式（3.15）所示的关于不同财政支出波动性的计算公式，可分别计算得到政府消费性支出和政府投资性支出的波动性，根据上文构建的财政支出规则，本部分采用 $\exp(\sigma_t^{cg})$

和 $\exp(\sigma_t^{ig})$ 作为政府消费性支出和政府投资性支出的波动性测度指标。为了观察近年来中国财政支出的波动性，图 3－3 和图 3－4 分别给出了 2003 年第 1 季度至 2016 年第 4 季度政府消费性支出和政府投资性支出的波动性测算结果。

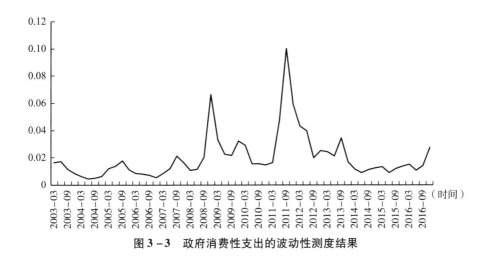

图 3－3　政府消费性支出的波动性测度结果

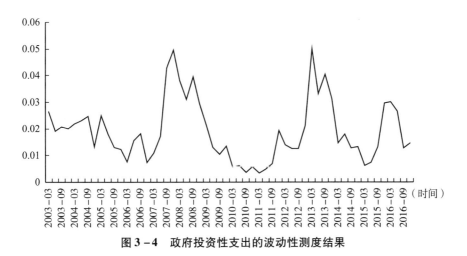

图 3－4　政府投资性支出的波动性测度结果

图 3 - 3 至图 3 - 4 直观地显示了 2003～2016 年期间中国政府消费性支出和政府投资性支出的波动性情况，虽然两种不同财政支出的波动性幅度有所差异，但均存在明显的波动性，波动性随着时间的变化呈现出不同的态势。值得注意的是，对于两种财政支出，在 2008 年、2009 年以及 2012 年左右波动性幅度均明显增大。2008 年中国受到全球金融危机的影响，经济增长明显减速，中央政府对财政支出政策做出了重大调整，实施了 4 万亿元的扩张性财政支出政策以遏制经济进一步下滑。同样，2009 年的希腊债务危机以及 2012 年欧洲债务危机的爆发，对中国经济造成的消极影响，中国政府部门均实施了大规模的扩张性财政支出政策，以此扩大内需并促进经济结构调整，因此在图 3 - 3 和图 3 - 4 中，政府消费性支出和政府投资性支出的波动性幅度均较大。而在其他时间段内，两种财政支出的波动性相对比较稳定，波动性幅度也较小。

第四节　财政政策波动性的省际面板数据测度

根据研究需要，在分析财政政策波动性的决定因素时，本书会用到财政政策波动性的省际面板数据，从而本部分对波动性的省际面板数据进行测度。根据研究目的和测度方法的优缺点，本部分在测度中国各省财政政策波动性的省际面板数据时，仍采用式（3.1）和式（3.2）所示的测度方法，即通过建立引入时变性的财政政策反应函数来计算得到各省份财政波动性，这种方法避免了夸大财政政策波动性的可能，使用这一方法对中国的省级财政政策波动性进行测度更加准确，而且能够将政策波动性冲击与政策冲击之间的差异加以区分，准确估算出波动性规模。

本节使用各省份 2006～2016 年的年度数据，且以 2006 年为基期将数据转化为实际值。由于税收本身的强制性和固定性，和财政支出相比，税收受到地方政府的主观性影响较小，波动性也较小，财政支出波动更能反映政府财政行为的随意性。因此本部分选择财政支出波动来刻画财政政策波动状况。以省级政府财政支出作为财政政策工具，使用贝叶斯层级模型对式（3.1）

和式（3.2）进行估计。参考已有文献，假定先验参数服从均匀分布，运用马尔科夫链蒙特卡洛方法对参数进行一万次抽样，参数的估计值使用后验中位数。由于篇幅所限，如表3－6所示，在此只列出北京市数据测度中各参数估计值及95%的置信区间，其余不在文中列出。

表3－6　　　　　　　　　　　　财政支出方程参数估计结果

参数	中位数	置信区间
ρ_x	0.9106	[0.8099, 0.9235]
σ_x	−4.171	[−4.975, 2.939]
$\varphi_{x,y}$	−0.5033	[−2.473, 1.489]
$\varphi_{x,b}$	0.511	[−1.491, 2.45]
$\rho_{\sigma x}$	0.7009	[0.0113, 0.946]
η_x	0.5318	[0.2582, 0.9629]

本部分使用$100\exp(\sigma_{x,t})$来表示各省份每年的财政政策波动性，图3－5中展示了各省份财政政策波动性的平均值的变化情况。整体来看，2007年和2008年的财政波动性明显高于其他年份，这与次贷危机不无关系，而受到2009年希腊债务危机的影响导致当年财政政策波动性也较高，近几年波动性有下降的趋势，测度结果符合中国近几年财政政策波动的特点。

在31个省份中，西藏自治区波动性较大，江苏省波动性较小，图3－5将二者作为代表展示其财政政策波动性变化情况。从中可以看出，江苏省和西藏自治区的财政政策波动性变动情况与整体态势相似，江苏省财政政策波动性的波峰出现在2008年，西藏自治区财政政策波动性的波峰出现在2009年，但其2008年的财政政策波动性也较大。和国内整体情况相同，近年来两个省份的财政政策波动性均有下降趋势。另外，西藏自治区的财政政策波动性变化幅度较大，与江苏省财政政策波动性之间的差距在逐渐缩小，并不断向平均水平靠近。

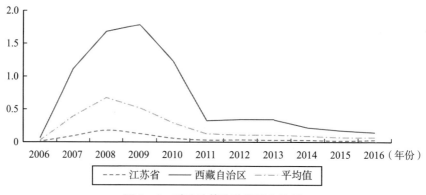

图 3 - 5　财政政策波动性测度结果

第五节　财政政策波动性的国别面板数据测度

为了更加准确、合理测度中国和其他 42 个国家（36 个 OECD 国家与 6 个非 OECD 国家）的财政政策波动性，本节仍然借鉴维拉维德等（2015）的测度方法，通过引入方差时变模型测度财政政策波动性。在运用该方法的过程中，重点是确定模型中所包含的变量。根据世界各国财政政策调控实践不难发现，财政政策调控主要依据经济景气状况进行，即主要依据产出缺口的变化来选择财政调控方向和力度。同时，也会考虑到政策的连续性和可持续性。国外同类文献说明了这一点，如芳妮等（Forni et al.，2009）、利珀等（Leeper et al.，2010）以及维拉维德等（2015）等。根据世界各国财政调控实践及已有权威文献，本部分设定的财政规则如式（3.1）和式（3.2）所示，即本部分认为财政规则根据产出缺口及赤字比例进行调整，该规则具有一定的连续性和可持续性，符合各国经济现实，对财政政策波动性的测度结果也符合我们的一贯认识。

本部分运用马尔科夫链蒙特卡洛方法和 Metropolis - Hastings 算法对式（3.1）和式（3.2）进行抽样估计，根据以往研究的经验，对各个先验参数设定平滑先验分布。本部分对各个参数进行 10000 次抽样，取中位数作为参数的估计值。

表3-7给出了中国财政政策波动性测度的各个参数的中位数及置信区间，① 图3-6给出了本部分所使用样本国家（43个）的财政政策波动性（图中给出了每一季度各个国家的财政政策波动性结果，不同的点代表不同国家），并加粗标识出了中国的财政政策波动性，用折线图描述其变化趋势。

表3-7 参数估计结果

参数	财政政策波动性测度方程
ρ_x	0.8839 [0.8523, 0.9118]
σ_x	-3.251 [-3.933, -0.2566]
$\varphi_{x,y}$	-0.5394 [-2.535, 1.429]
$\varphi_{x,b}$	-0.4769 [-1.454, 2.432]
ρ_σ	0.336 [-0.1596, 0.6258]
η_x	0.9442 [0.77, 0.9979]

图3-6描绘了各国财政政策波动性状况，以及中国的财政政策波动性在所有样本国家中的大致排序。从中可以看出，1999～2001年一季度中国的财政政策波动性水平呈现上升趋势，随后开始逐渐下降，在2001年底后下降幅度扩大。结合当时的社会背景，1997年后中国的社会消费需求严重不足，又由于1998年亚洲金融危机的影响，国内经济形势严峻。从1998年年中开始至1999年底，政府为促进经济增长逐渐实施了一系列举措，主要是通过大规模发行国债以扩大财政支出，这导致财政政策波动性从1999年开始不断上升，直到2000年中国GDP增速超过8%，经济形势好转。本部分测度的财政

---

① 限于篇幅，这里没有列出其他样本国家的参数测度结果，可向作者索取。

政策波动性与当时中国的社会现实基本吻合，这也侧面反映了本部分测度的合理性。值得注意的是，图 3 – 6 显示，在 2001 年 12 月正式加入 WTO 后，中国财政政策波动性出现了迅速下降。然而，鉴于财政政策波动性的影响因素有很多，我们不能由此推断贸易开放对财政政策波动性的因果效应，还有待于下文的严格论证。从国际比较视角看，2001 年底前，中国财政政策波动性处于较高水平，高于大多数样本国家的财政政策波动性水平，而在 2001 年之后，随着中国财政政策波动性的下降，逐渐低于样本国家的平均水平。

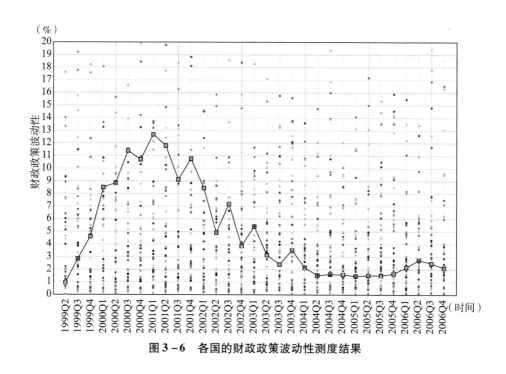

图 3 – 6　各国的财政政策波动性测度结果

需要说明的是，本部分中所使用的 36 个 OECD 国家以及 6 个非 OECD 国家的数据来源于 OECD 数据库、世界银行数据库和 BVD 宏观数据库，OECD 数据库提供了 36 个 OECD 国家以及多个非 OECD 国家的数据。由于部分非 OECD 国家存在大量缺失值，因此本部分选取了数据较完整的 6 个非 OECD 国家，分别是巴西、哥伦比亚、哥斯达黎加、南非、印度、印度尼西亚。中国的数据来源于国家统计局、世界银行数据库以及亚特兰大联邦储备银行的中国宏观经济数据库。考虑到 2007 年的金融危机以及之后中国的"四万亿"财政刺激，可能会对财政政策波动性产生重要影响，从而会高估和混淆贸易开放的因果效应，同时考虑到数据的可获得性和满足因果效应推断的需要，本部分所用样本区间为 1999 年第 1 季度到 2006 年第 4 季度，所用数据已进行季节调整及相应处理。

第四章

财政政策波动性的宏观效应
与微观影响机制研究

　　本章针对已有研究不足，主要从理论研究和经验分析角度对财政政策波动性的宏观效应和微观影响机制进行深入、系统性研究，分析财政政策波动性的影响机理和渠道。本章的研究内容主要包括：（1）财政政策波动性的宏观效应研究——来自工具变量估计的证据。本部分将利用中国数据及 GMM 等估计方法，研究财政政策波动性冲击对经济增长的影响。同时，进一步解释财政政策波动性的影响机理，检验财政政策波动性影响的渠道，如宏观经济波动性渠道等。（2）财政政策波动性的微观影响机制研究——基于 DSGE 模型的分析。本部分将在 DNK – DSGE 模型框架下引入财政政策波动性、货币政策行为，并考虑金融摩擦（Christiano et al.，2010）等特征，利用中国数据校准模型，采用非线性求解方法进行均衡模拟，从而能够在统一理论框架下考察财政政策波动性对宏观经济变量和微观主体行为的影响。加强对宏观经济政策与企业等微观主体互动的研究，能够帮助我们更好地理解宏观经济政策影响经济发展的渠道和机制。（3）财政政策波动性的微观异质性影响研究：基于 DSGE 模型的分析。本部分借助上文关于政府消费性支出以及政府投资性支出的波动性测度结果，通过构建符合中国现实经济特征的 DSGE 理论模型框架，并将上文构建的包含时变波动性特征的政府消费性支出规则及政府投资性支出规则纳入 DSGE 模型中，以此考察政府消费性支出波动性冲击与政府投资性支出波动性冲击对我国经济体影响效应的差异性。（4）纳入政策波动性的财政支出乘数估算。上文研究表明，财政政策波动性是财政政策调控的一种潜在成本，它会降低财政政策的有效性。假如我们要根据经济环境调整财政支出、税收水平或结构等，应采取一种成本最低、代价最小的方式，即平稳、连续的财政政策。在考虑财政政策波动性的背景下，为了全面、准确评估财政政策的影响，本部分将研究财政政策波动性对政府支出乘数的影响。

第一节　财政政策波动性的宏观效应研究：来自工具变量估计的证据

为了验证财政政策波动性的影响，本节首先从宏观层面进行分析，我们将提供来自工具变量估计的经验证据。具体而言，本部分将利用中国数据及GMM 等估计方法，研究财政政策波动性冲击对宏观经济变量（经济增长）的影响。同时，进一步解释财政政策波动性的影响机理，检验财政政策波动性影响的渠道，包括宏观经济波动性渠道等。

一、模型设定

为了分析财政政策波动性对经济增长的影响，本部分建立计量模型如式（4.1）所示：

$$growth = b_0 + b_1 \times volability + b_2 \times X + u \qquad (4.1)$$

其中，$growth$ 为经济增长，为本模型的被解释变量；$volability$ 为财政政策波动性，是核心解释变量，X 为一组控制变量，u 是模型的随机扰动项。为了避免遗漏变量偏差导致的内生性，本部分 X 包括投资在 GDP 所占比例、市场化发展程度、初始人力资本、人口增长等指标。这些变量是影响经济增长的重要因素，在经验文献中被广泛使用。在回归中，我们也考虑了通货膨胀、M_2 等变量的影响，但回归结果显示在控制其他变量的前提下，回归结果在统计上不显著。特别的，为了精确刻画财政政策波动性的影响，我们在控制变量中加入政府支出，以控制政府支出水平对经济增长的影响，但无论是

OLS 回归，还是 GMM 估计，该变量系数皆不显著，原因可能是固定资产投资变量中已经包含了政府投资因素，二者之间的相关性非常大，所以在控制全社会固定资产投资因素影响后没必要再加入政府支出变量。所以表 4 - 1 未给出回归结果。

二、数据与指标描述①

经济增长（*growth*）。用人均实际 GDP 度量。

投资率（*invest*）。在增长理论中，储蓄率能够决定稳态增长水平。在文献中，一般用投资率来代替储蓄率，以更为精确度量经济中的资本存量变动。投资率较高往往意味着经济增长率较高。

人口增长（*population*）。一般而言，人口增长率较高会使得人均资本积累降低，不利于经济增长。

人力资本（*human*）。限于统计数据的局限，本部分采用期初每万人大学生比重来表示人力资本水平。一般而言，较高的初始人力资本水平意味着较快的经济增长。

市场化进程（*market*）。市场化进程的定量测定是一项比较复杂的工作。出于本部分研究目的和对数据的要求，本部分未直接采用樊纲教授等调查得到的市场化指数，本部分 1983 ~ 2007 年数据来源于董晓宇和郝灵艳（2010），为保证数据的可比性和连续性，根据其所采用方法对 2008 年后的数据进行计算。这一数据与樊纲教授等所计算的市场化指数密切相关。

三、统计分析与实证分析

图 4 - 1 是财政政策波动性与经济增长之间的散点图，其中已经将其他变量的影响剔除，以反映经济增长与财政政策波动性之间的净关系，即图 4 - 1 中的经济增长数据和财政政策波动性数据中都已经剔除其他变量的影响，能

---

① 本部分所用原始数据皆来源于历年《中国统计年鉴》。

够准确反映二者之间的净关系。

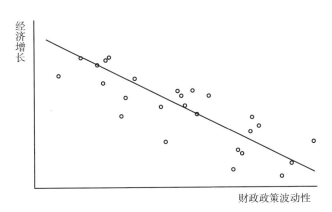

图4-1 财政政策波动性与经济增长的散点图

从图4-1中能够明显看出，财政政策波动性与经济增长之间存在明显的负相关关系，且呈现线性关系。这意味着，财政政策波动性不利于经济增长，即随着财政政策波动性变大，在其他因素不变的情况下，经济增长会降低。为了更加充分地分析财政政策波动性的影响，下文将进行更为严格的计量分析和假设检验。

式（4.1）所示模型的回归结果在表4-1、表4-2中展示。① 表4-1包含5组回归结果，方程（1）表示经济增长仅仅基于财政政策波动性的回归结果，而方程（2）至方程（5）表示依次将投资率（invest）、人口增长（pop）、人力资本（human）、市场化进程（market）等因素加入模型后的回归结果。表4-1结果显示，各方程回归总体很显著，拟合效果较好。从方程（1）所示的回归结果看，财政政策波动性变人不利于经济增长，且在1%水平上显著。在控制投资支出对经济增长影响之后，财政政策波动性影响程度由-26.78降到-10.86，但仍然在1%水平上显著，当模型分别增加各个控制变量后，核心解释变量仍存在显著负影响，且系数在-8附近波动，比较

_____

① 需要说明的是，表4-2最后一行中，OLS回归对应的是F统计量的值，而GMM回归中对应的是J统计量的值。且回归前的单位根、协整检验表明，各变量具有协整关系。

稳定。这与巴罗（1990）、庄和格雷德斯坦（2006）、富尔切里（2007）等研究结果一致[①]。方程（2）至方程（5）中，控制变量的回归结果符合预期，投资率的提高有利于经济增长；人口增长率上升不利于经济增长。在控制人力资本影响之后，人口增长所产生的负面影响较大幅度下降；人力资本的提高有利于经济增长，是经济增长的重要驱动力。从方程（5）所示的市场化进程系数可以看出，市场化进程能够有效缓解产品、要素价格扭曲，促进要素的充分流动，改善资源配置效率，而且随着市场化进程的加快，市场环境逐步得到改善，将促进对产权，特别是知识产权的重视，公平合理的市场竞争将提高企业等微观个体的运营效率，从而促进经济增长。

表4-1　　　　　　　　　　　　OLS 估计结果

解释变量	（1）	（2）	（3）	（4）	（5）
财政政策波动性	- 26. 78 ** (0. 0000)	- 10. 86 ** (0. 0016)	- 7. 90 ** (0. 0002)	- 7. 31 ** (0. 0000)	- 8. 21 ** (0. 0000)
投资率	—	407. 60 ** (0. 0000)	246. 28 ** (0. 0000)	119. 80 ** (0. 0116)	184. 24 ** (0. 0002)
人口增长			- 6. 10 ** (0. 0000)	- 3. 41 ** (0. 0017)	- 2. 47 * (0. 046)
人力资本				9. 58 ** (0. 0006)	8. 37 ** (0. 005)
市场化进程					49. 46 * (0. 043)
调整 R^2	0. 63	0. 88	0. 96	0. 97	0. 971
F	42. 21 **	100. 37 **	217. 09 **	192. 48 **	172. 49 **

注：** 表示在 1% 水平上显著，* 表示在 5% 水平上显著；括号内为伴随概率值。

[①] 富尔切里（2007）指出，财政政策周期性波动对经济增长具有负影响，这一负影响在发展中国家更加显著且影响程度也较大，而在发达国家则较小，主要是因为发达国家有好的税收体系，更加强大的国内稳定器（domestic stabilizer），它能够吸收政府支出波动的很大部分。而且发展中国家中的不确定性比发达国家大，财政更加顺周期性，正如艾莱斯纳和塔贝里尼（2005）所指出。发展中国家的财政政策周期性波动倾向于放大经济不确定性，从而对经济增长有更大副作用。

按照经济理论与经济行为分析结果，式（4.1）所示模型可能有内生性问题，而上文回归中并未讨论这一点，为了保证上文结论的稳健性，下文将借助广义矩（GMM）方法进行估计。估计结果见表 4 - 2。

表 4 - 2　　　　　　　　　　　GMM 估计结果

解释变量	（6） Robust（GMM）	（7） Robust（GMM）	（8） Robust（GMM）	（9） Robust（GMM）	（10） Robust（GMM）
财政政策波动性	- 32.197 ** (0.0000)	- 10.08 ** (0.0000)	- 9.814 ** (0.0000)	- 10.86 ** (0.0000)	- 9.20 ** (0.0000)
投资率	—	427.57 ** (0.0000)	316.21 ** (0.0000)	230.90 ** (0.0000)	200.05 ** (0.0000)
人口增长	—	—	- 3.9 ** (0.0000)	- 2.99 ** (0.0000)	- 2.44 ** (0.0001)
人力资本	—	—	—	14.9 ** (0.0000)	14.09 ** (0.0000)
市场化进程	—	—	—	—	46.79 * (0.0286)
调整 R^2	0.625	0.88	0.94	0.973	0.985
J	0.209	0.180	0.185	0.088	0.036

注：** 表示在 1% 水平上显著，* 表示在 5% 水平上显著；括号内为伴随概率值。

方程（6）所示结果是模型中仅仅将财政政策波动性作为解释变量的回归结果，方程（7）至方程（10）是依次将人口增长、投资率、市场化程度和人力资本等变量加入模型中的回归结果。J 统计量表明本部分 GMM 估计中所使用的工具变量有效，矩条件成立，且方程拟合程度较高。从结果来看，在控制模型可能存在的内生性以后，各变量对经济增长的影响依然显著，且符号完全符合预期。变量财政政策波动性对经济增长的负向影响在控制模型内生性以后有所增强，随着其他控制变量的加入，这一影响基本稳定在 - 10 左右。投资率的影响显著为正，且影响程度比表 4 - 1 显示结果有所提高，但提高的幅度并不是很大；人力资本对经济增长的影响在控制模型内生性以后有所提高，达到14 左右，说明人力资本对中国经济增长有很强的支撑作用，中国经济增长的质量有所提高；人口增长变量对经济增长影响显著为负，在控制了投资、人力资本、市场化进程等因素影响后，这一负影响依然显著。这意味着，人口增长加快，人均资本积累降低，经济增长下滑。

四、内在机理分析

上文分析表明，财政政策波动性不利于经济增长。这一影响背后的机制是什么？下文将进行分析和阐述。

较大的财政政策波动性引起不确定性，对微观主体行为产生影响，从而对经济增长不利。较大的财政政策波动性，使人们难以准确预测政府真实意图，无法对今后的政策环境和经济环境做出准确判断，增加微观主体决策面临的不确定性，从而会使微观主体减少消费、投资，以及劳动供给（财政波动性的增加，可能会导致税率的波动，加大税率变化不确定性，使私人消费和私人投资降低），从而对经济增长不利[①]。回顾文献发现，多安拉尔（Doganlar, 2002）和博格和法格伦（Boug and Fagereng, 2010）研究表明，较大的政策波动性意味着较大的政策不确定性。法塔斯和米霍夫（2007）、维拉维德等（2015）等也指出，财政政策波动性，由于能够引发较大不确定性，影响微观主体（企业、家庭等）的投资和消费决策，从而会对微观经济主体和宏观经济产生重要影响。平迪克（1988）和贝克等（2012）表明，财政政策波动性会对企业等经济主体的决策产生重大影响，经济主体对未来税收和财政行为的不确定性有负面反应。可预测的政策和清楚的游戏规则对私人投资者是非常重要的。同时，法塔斯和米霍夫（2003，2013）指出，易变的税收和支出政策对长期经济增长和社会福利有害。

与此同时，较大的财政政策波动性会引致宏观经济波动性增加，对微观主体行为和宏观经济产生更大的负面效应。本部分采用格兰杰非因果关系检验方法得到的实证结果表明，财政政策波动性不是宏观经济波动性产

---

① 艾泽曼和马里恩（1999）研究表明，财政政策波动性会引起利率的波动性，增加不确定性，影响投资者预期，从而降低私人投资，对经济增长不利。

生的，格兰杰原因在 1% 水平上显著地被拒绝，说明财政政策波动性信息有助于对宏观经济波动性进行预测。由此推断，财政政策波动性对宏观经济波动性存在显著影响。为了进一步验证这一影响渠道，本部分构建财政政策波动性与宏观经济波动性之间的 VAR 模型来分析财政政策波动性的影响。图 4-2 显示宏观经济波动性对财政政策波动性一个单位的脉冲的响应路径。

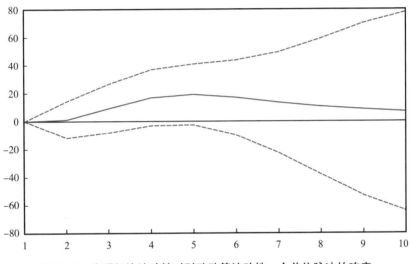

图 4-2 宏观经济波动性对财政政策波动性一个单位脉冲的响应

从图 4-2 中可以看出，财政政策波动性的提高，会加大宏观经济波动性，这一影响较为显著。这一影响存在时滞效应，大约在 5 期达到最大，然后逐渐衰减至零。众所周知，宏观经济波动不利于经济增长（Philippe and Banerjee，2005；Fatas and Mohiv，2013；Imbs，2007；Ramey and Ramey，1995；Afonso and Furceri，2010）。

虽然一般认为政府反周期财政政策变动会对经济增长产生有利影响，但如果政府对经济形势判断不准，致使反周期操作的时机和力度不当，造成反周期操作滞后或力度过猛，可能会对经济增长更加不利。正如艾亚加里、克里斯提诺和埃森鲍姆（Christiano and Eichenbaum，1992）、富尔切里

（2007）、阿方索和富尔切里（2010）等研究表明，财政支出周期性变化有可能对经济增长不利。例如，富尔切里（2007）分析了99个国家1970~2000年面板数据，表明政府支出周期性波动每提高1个百分点，长期经济增长率将下降0.78个百分点。[①] 另外，中国政府财政政策调控明显存在非对称操作，容易导致债务积累，并由此引发财政调整。这些财政政策的外生波动，将引起不必要的产出波动，从而对经济增长不利。最后，财政非反周期操作性波动，如一些偶然性的外部冲击使得财政支出或收入发生波动，这种波动并不是以熨平经济周期波动为目的，从而更容易对经济增长产生不利影响。

需要说明的是，上文结论丝毫未否认财政政策对经济的正面影响，因为本部分研究的是财政政策波动性，而非财政支出或税收水平，在于强调财政政策波动的潜在代价或成本，旨在提醒财政当局在调整财政政策时应谨慎，合理评估财政政策波动带来的长期影响。

五、结论与政策建议

为了验证财政政策波动性的影响，本节首先从宏观层面进行分析，利用中国数据及GMM等估计方法，研究财政政策波动性冲击对经济增长的影响。同时，进一步解释财政政策波动性的影响机理。研究结果表明，财政政策波动性对经济增长存在显著的负面影响，即财政政策波动性加大，经济增长将趋于下降。影响机理在于：较大的财政政策波动，会影响人们预期，增加不确定性，对私人消费和投资产生不利影响，从而对经济增长不利；同时，财政政策波动性会引起宏观经济的波动性和不确定增加，而宏观经济波动性会对经济增长产生不利影响；另外，由于政府对经济形势判断不准，反周期操作时机和力度不当，造成反周期操作滞后或力度过猛，对经

---

① 另有观点认为，财政政策不仅没有熨平经济周期波动，反而是经济周期波动的来源。如（Eller et al.，2013）认为，政府支出是经济不稳定的来源，能够放大宏观经济波动性，比如顺周期财政政策。法塔斯和米霍夫（2003，2007）认为，即使财政政策在短期内能够有效提高经济增长率，但它也是宏观经济不稳定的来源。

济增长不利；而且，中国政府财政政策调控明显存在非对称操作，容易导致债务积累，并由此引发的财政政策外生波动，对经济增长不利。最后，财政非反周期操作性波动，如一些偶然性的外部冲击使得财政支出或收入发生波动，这种波动并不是以熨平经济周期波动为目的，从而更容易对经济增长产生不利影响。

除此以外，本节研究还发现，人口增长率对经济增长的影响为负，说明过多的人口降低了人均可用资本，降低了人均资本积累，从而降低经济增长。人力资本的系数显著为正，说明人力资本的提高是中国经济增长的另一大动力。市场化进程的系数为正，说明市场化进程能够有效缓解产品、要素价格扭曲，改善资源配置效率，而且市场环境改善，将促进对产权，特别是知识产权的重视，公平合理的市场竞争将提高企业等微观个体的运营效率，从而促进经济增长。

根据以上研究结论可得到以下几点政策启示：第一，政府应不断深化税制改革，特别是个人所得税改革，提高所得税在税收总额中的比例，完善税收征管制度和社会保障制度，完善转移支付，加大自动稳定器作用，减少相机抉择财政政策调整的必要性，从而减少财政政策波动性，减少收入差距对经济增长的不利影响。第二，政府应合理把握财政政策调控时机，降低财政政策调控的随意性，增加财政调控的规则性，改善财政政策调控效率效果，降低财政政策波动性及其带来的不利影响。同时，政府应在提高央行货币政策独立性基础上，让货币政策在宏观调控中发挥更大作用，以避免政府调控中的机会主义现象。

第二节　财政政策波动性的微观影响机制研究：基于 DSGE 模型的分析

梳理已有关于财政政策波动性的文献不难看出，已有的研究中存在较多不足和可改进空间：第一，目前对财政政策波动性的研究主要集中于经济增长领域，忽视宏观经济影响的微观基础研究，宏观影响背后的微观机制不清。[①] 庄和格雷德斯坦（2006）指出，宏观数据往往受到多种因素的综合作用，分离各变量影响的难度很大，波动性和增长可能均受到某些缺失变量的影响，影响研究结论的可信度和稳健性。虽然维拉维德等（2015）尝试性地将宏观影响与微观影响相结合，在 DSGE 框架下研究财政政策波动性的经济波动影响，但其研究仅在封闭条件下进行且未考虑金融摩擦机制，不符合客观经济事实，存在错误估计财政波动性冲击影响的可能（Aghion et al.，2010；Fatas and Mohiv，2007；Chong and Gradstein，2006）。此外，研究开放条件以及金融摩擦机制在财政政策波动性视角下的作用本身也是一个有意思的问题。第二，已有文献较多采用 OECD 和 EU 国家、美国数据为样本，较少对中国及转型国家的样本进行研究，相关经验证据较缺乏，与发达国家相比，这些国家有着不同的制度建设、财政体制、经济发展水平、金融发展程度等，根据法塔斯和米霍夫（2003，2007）及阿吉翁等（2010）等研究可知，来自发达国家的经验证据可能对中国和转型国家并不适用。特别是，理论层面的观点存在较大差异，我们难以借助已有理论进行一般性推理。安杰洛和苏萨（2009）认为，不同国家有着不同的政治、经济结构，根据一个国家的结论很难对另一个国家的情况进行推断，即使对于较为相似的 OECD 国家，也有着不同的选举法、集中度、预算、政治稳定性和社会极化现象。第三，在我国，关于财政政策波动性的研究较少，王立勇和纪尧（2015）对国外财政政策波动性文献进行了全面梳理与总结。

考虑到财政政策波动性对经济增长以及微观主体行为可能存在重要影响，我们应该重视财政政策波动性，应关注政策调控背后可能存在的代价。即使财政货币政策是有益的，我们仍会担忧政策频繁调控而带来的不利影响。基于此，本部分将构建 DSGE 模型分析财政政策波动性冲击的宏观影响，以及背后的微观机制。与已有文献相比，本部分的贡献主要体现在以下方面：第一，纳入政策波动性，构建适合中国现实的财政政策运动方程，定量估算中国季度平均税率，从而测度中国财政政策波动性，识别中国财政政策波动性

---

① 在复杂的现实经济系统中，要合理、精确地刻画财政政策的影响，就必须考虑到不同经济变量之间错综复杂的交互作用，尽可能完美地模拟经济系统的真实情况。

冲击；第二，考虑到不同经济变量之间错综复杂的交互作用，为了尽可能贴近现实地模拟经济系统的真实状况，本部分应用具有微观基础的动态一般均衡模型并且纳入开放条件以及金融摩擦①机制来研究中国财政政策波动性的宏观影响及微观机理，且考虑相应条件在财政波动性视角下的作用。与费尔南德斯等（2015）相比，本部分模型的优势在于：首先，结合中国经济现实背景，将封闭条件扩展到开放条件。李浩等（2007）对封闭与开放经济下的RBC模型进行比较发现，开放经济模型比封闭经济模型可以更好地解释中国经济现象；金中夏和洪浩（2013）认为出于以下两方面原因，小国开放经济模型更适用于描述中国宏观经济：一方面，中国进出口额所占GDP比重较高，说明中国经济对世界经济具有很强的依赖性；另一方面，出于金融的角度来看，中国金融市场规模与发达国家相比仍然较小，还不具备可以影响世界利率水平的定价权，国际资本流动还会给中国经济波动带来很大影响。其次，在DSGE模型框架下纳入金融摩擦等机制。在2008年国际金融危机前，主流宏观经济模型不包含金融中介，倾向于将金融机构看作储户与贷款者之间的桥梁，而不是追求利润、对整体经济具有影响力的企业。米什金（2010）指出，2008年国际金融危机后，金融摩擦应该被置于宏观经济分析的前沿和核心。金融摩擦具有放大负向经济冲击、使冲击具有持久性的作用。格特勒和卡拉季奇（Gertler and Karadi，2011）在包含金融摩擦的新凯恩斯模型框架下发现，经济中的外生冲击会对银行净资产产生作用，从而影响整个经济的信贷总量，最终将放大经济系统对于微小的负向冲击的反应。许伟和陈斌开（2009）通过模型的模拟结果和实际数据比较后发现，在模型中加入银行信贷决策过程对解释中国经济波动具有较好的效果。康立和龚六堂（2014）发现，当本国存在金融摩擦时，来自贸易部门的出口需求冲击能够更加显著地传到国内经济的非贸易部门，从而为国际经济危机的传导起到桥梁作用。康立等（2013）发现，金融摩擦具有放大行业间冲击的作用。虽然金融摩擦的一些经典性作用已经被大家熟知，但目前还未有文献研究金融摩

---

① 本部分的金融摩擦指的是资本管理中的金融摩擦。尽管也有文献研究了生产资本借贷中的金融摩擦，但这个方面的金融摩擦还不是主流，出于模型简洁性的考虑，本部分在建模时没有对此进行考虑。

擦在财政政策波动性冲击下的作用，因此这也将是本部分研究的重点之一。最后，本部分根据中国数据校准参数，能够更加合理和有效地模拟中国财政政策波动性的影响，提供来自中国的新经验证据。[①]

一、DSGE 模型构建

已有理论表明，将波动性引入 DSGE 模型能够提高数据拟合效果（Justiniano and Primiceri，2008；Arellano et al.，2012）。基于中国现实经济特征，本部分对维拉维德等（2015）等已有文献的模型进行了以下几方面的拓展：第一，根据克里斯滕森和帝布（Christensen and Dib，2008）等文献，引入金融摩擦机制，考察金融摩擦在财政政策波动性冲击下的作用。第二，将模型由封闭条件拓展到开放条件。梳理文献发现，中国的开放经济具有三个明显特征：首先，中国政府持有大量外国政府债券；其次，资本项目不够开放，中国居民投资外国资产受限制；再其次，考虑到人民币汇率主要盯住美元的事实，本部分假设政府的货币政策目标是维持固定的汇率（如梅冬州等，2015）；最后，考虑到中国经济规模庞大，小国开放模型不适合用以刻画中国经济，本部分相应地将构建一个与中国开放程度相符合的模型。下文中，H 国表示我国，F 国表示国外。第三，利用中国数据校准模型并进行均衡模拟。本部分构建的 DSGE 模型框架如下。

1. 家庭部门。

H 国家庭：本部分假定 H 国家庭的私人消费 c_t^p 由 H 国商品 $c_{H,t}$ 和 H 国进口的外国商品 $c_{F,t}$ 按照 CES 形式复合而成，即 $c_t^p = [\alpha_H^{\frac{1}{\rho}} c_{H,t}^{\frac{\rho-1}{\rho}} + (1-\alpha_H)^{\frac{1}{\rho}} c_{F,t}^{\frac{\rho-1}{\rho}}]^{\frac{\rho}{\rho-1}}$。其中，$c_{H,t}$ 表示 H 国居民消费的 H 国商品，$c_{F,t}$ 表示 H 国居民消费的外国商品。α_H 表示 H 国对本国商品的偏好系数，ρ 是 H 国商品和外国商品的替代弹性。消费者根据支出最小化决定本国商品与外国商品的消费比例，因

---

① 与西方发达国家相比，中国财政政策存在许多不同特征，也面临许多不同的环境，如明显的生产性、政府投资性支出与消费型支出差异显著、金融市场发展不完备等。国外研究结论无法为中国财政政策调控机制的完善提供精确的指导，国外文献的模型结果也不适用于中国。

此，$\dfrac{c_{H,t}}{c_{F,t}} = \dfrac{\alpha_H}{1 - \alpha_H}\left(\dfrac{P_{H,t}}{P_{F,t}}\right)^{-\rho}$，H 国家庭消费一单位复合商品的最小花费的表达式

为，$p_t = \left[\alpha_H p_{H,t}^{1-\rho} + (1 - \alpha_H) p_{F,t}^{1-\rho}\right]^{\frac{1}{1-\rho}}$。其中，$p_{H,t}$ 是本国的商品价格，本部分假设两国是自由贸易的，一价定律成立，这也是已有文献中普遍采用的假设，因此，$p_{F,t} = e_t p_{F,t}^*$，$p_{F,t}$ 是外国商品在本国的价格，e_t 为名义汇率，$p_{F,t}^*$ 为外国商品的外币价格，下文将 $p_{F,t}^*$ 标准化为 1。

本部分假设家庭生存无限期，家庭的收入来自上期购买的政府债券的收益，上期存入金融机构的存款利息以及当期的劳动收入。我们假设政府支出与消费者的私人消费合成消费者的总消费，因此消费者的总消费 $c_t^T = c_t^p G_t^g$，这样的设定考虑了政府支出与私人消费的不完全替代性（黄赜琳，2005）。H 国家庭向国内企业提供差异化的劳动 $l_{j,t}$，由打包者按照技术 $l_t = \left(\int l_{jt}^{\frac{\varepsilon_w - 1}{\varepsilon_w}} dj\right)^{\frac{\varepsilon_w}{\varepsilon_w - 1}}$ 合成无差异的劳动，ε_w 衡量了不同劳动之间的替代弹性。从而，根据成本最小化原则，打包者对第 j 种差异化劳动的需求函数为：$l_{j,t} = l_t\left(\dfrac{W_t}{W_{j,t}}\right)^{\varepsilon_w}$。这样设定的目的是引入工资粘性，费尔南德斯和利维等（2015）指出，不考虑工资粘性会低估波动性冲击对经济的影响。家庭的效用函数采用以下形式：

$$E_0 \sum_{t=0}^{+\infty} \beta^t d_t \left\{ \dfrac{(c_t^T - b_h c_{t-1}^T)^{1-\omega}}{1 - \omega} - \psi A_t^{1-\omega} \int_0^1 \dfrac{l_{j,t}^{1+v}}{1 + v} dj \right\} \tag{4.2}$$

式（4.2）中，E_0 为条件期望算子，β 为 H 国家庭的主观贴现因子，v 为 Frisch 劳动供给弹性的倒数，b_h 是消费者消费习惯参数，ψ 为休闲的效用比率。d_t 服从 $\log d_t = \rho_d \log d_{t-1} + \sigma_d \varepsilon_{d,t}$，度量了偏好受到的跨期冲击。$A_t$ 为劳动增进型技术进步，服从过程 $\log A_t = \rho_A \log A_{t-1} + \sigma_A \varepsilon_{A,t}$。家庭面临的预算约束为：

$$c_t^p + s_t + b_{HH,t} + e_t \dfrac{B_{HF,t}}{p_t} + \dfrac{\varphi_b}{2}(b_{HH,t} - \bar{b})^2 + \Omega_t + \dfrac{p_{H,t}}{p_t} \int_0^1 AC_{j,t}^w dj$$

$$\leq (1 - \tau_{l,t}) \int_0^1 w_{j,t} l_{j,t} dj + (b_{HH,t-1} + s_{t-1}) \dfrac{R_{H,t-1}}{\Pi_t} + e_t B_{HF,t-1} \dfrac{R_{F,t-1}}{p_t} + F_{H,t}$$

$$\tag{4.3}$$

其中，$\Pi_t = \dfrac{p_t}{p_{t-1}}$，$\tau_{l,t}$ 是本国的劳动税平均税率，Ω_t 为本国政府征收的总量税。$b_{HH,t}$ 是 H 国家庭购买的 H 国实际政府债券。$\dfrac{\varphi_b}{2}(b_{HH,t} - \bar{b})^2$ 表示政府债券的调整成本，引入债券调整成本的原因是为了区分政府债券与金融机构存款，从而区分二者的最优抉择条件。y_t 为 H 国的总产出，$AC_{j,t}^w$ 为工资的调整成本。为了考察波动性冲击对经济体的影响，考虑到一阶扰动法得到的政策函数近似中不包含波动性项，无法观察到波动性冲击对经济体的影响，而二阶扰动法所得的政策函数近似中，波动性项存在于与财政工具水平变量冲击的交叉项以及自身的二次项中（Schmitt and Uribe，2004），无法区分水平变量冲击与波动性冲击的影响，因此本部分使用三阶扰动法对政策方程近似求解。由于 Calvo 定价规则引入的价格粘性和工资粘性，在不进行一阶线性展开的情况下难以得到简洁的最优决策条件，因此为了最优决策条件的简洁以及近似的方便，本部分参照维拉维德等（2015）引入价格粘性和工资粘性，即假定 $AC_{j,t}^w = \dfrac{\varphi_p}{2}\left(\dfrac{w_{j,t}}{w_{j,t-1}} - g_A\right)^2 y_t$。$s_t$ 为家庭当期的金融机构存款。考虑到中国持有大量外国政府债券的现实，我们允许家庭持有以外国货币计价的政府债券，用 $B_{HF,t}$ 表示 H 国家庭购买的外国名义政府债券的数量。我们将债券的价格标准化为 1。根据康立和龚六堂（2014），设定国际债券利率满足加成方程：$R_{F,t} = R^* - \varphi_r \dfrac{B_{HF,t}}{p_{F,t}^*}$，$R^*$ 为均衡时的国际无风险利率。由于中国资本流通受限制，因此，我们假设 H 国居民只能向 H 国的金融机构存款并且只拥有 H 国企业的利润，$F_{H,t}$ 表示 H 国企业的利润。通过求解家庭最优化问题，可得 c_t^p，$c_{H,t}$，$c_{F,t}$，s_t，$b_{HH,t}$，$B_{HF,t}$，以及 $w_{j,t}$ 相应的一阶条件表达式（λ_t 为拉格朗日乘子）：

$$d_t G_t^g (c_t^T - b_h c_{t-1}^T)^{-\omega} - E_t \beta d_{t+1} b_h G_t^g (c_{t+1}^T - b_h c_t^T)^{-\omega} = \lambda_t \qquad (4.4)$$

$$c_{H,t} = \alpha_H \left(\frac{P_{H,t}}{P_t}\right)^{-\rho} c_t^p \qquad (4.5)$$

$$c_{F,t} = (1 - \alpha_H)\left(\frac{P_{F,t}}{P_t}\right)^{-\rho} c_t^p \qquad (4.6)$$

$$\lambda_t = E_t \beta \lambda_{t+1} \frac{R_{H,t}}{\Pi_{t+1}} \tag{4.7}$$

$$\lambda_t (1 + \varphi_b (b_{HH,t} - \bar{b}_{HH})) = E_t \beta \lambda_{t+1} \frac{R_{H,t}}{\Pi_{t+1}} \tag{4.8}$$

$$\lambda_t \frac{e_t}{P_t} = E_t \beta \lambda_{t+1} e_{t+1} \frac{R_{F,t}}{P_{t+1}} \tag{4.9}$$

$$d_t \psi A_t^{1-\omega} \varepsilon_w l_t^{1+\nu} + \lambda_t (1 - \tau_{l,t})(1 - \varepsilon_w) w_t l_t - \varphi_w \lambda_t \frac{p_{H,t}}{p_t} y_t \left(\frac{w_t}{w_{t-1}} - g_A \right) \frac{w_t}{w_{t-1}}$$

$$+ \beta \varphi_w E_t \lambda_{t+1} \frac{p_{H,t+1}}{p_{t+1}} y_{t+1} \left(\frac{w_{t+1}}{w_t} - g_A \right) \frac{w_{t+1}}{w_t} = 0 \tag{4.10}$$

2. 金融中介。

本部分借鉴克里斯滕森和帝布（2008）在基准模型的基础上引入金融摩擦。在现实生活中，家庭不负责积累资本，资本品生产商负责资本积累。伯南克等（Bernanke et al., 1999）假设企业的净资本永远小于需要购入的新资本价值。因此，为了从资本生产商购入新资本，企业需要向金融中介寻求外部融资。在 t 期末，H 国企业以价格 q_t 购入在下一期被中间产品生产厂商以实际租金率 $r_{k,t+1}$ 使用的资本 k_{t+1}。资本品购买的资金来自企业的净值 n_{t+1}，以及外部融资 $q_t k_{t+1} - n_{t+1}$。企业在每一期决定购入的资本品数量，期望利润为：

$$E_t profit_{t+1} = E_t (1 - \tau_{k,t+1}) r_{k,t+1} k_{t+1} + (1 - \delta) k_{t+1} q_{t+1} - f_{t+1} (q_t k_{t+1} - n_{t+1}) \tag{4.11}$$

式（4.11）右边的第一项是税后的资本租金，第二项是折旧后的资本价值，最后一项是资本中介的外部融资成本，其中，f_{t+1} 为外部融资的边际成本。最优资本 k_{t+1} 的一阶条件为：

$$E_t f_{t+1} = E_t \left[\frac{(1 - \tau_{k,t+1}) r_{k,t+1} + (1 - \delta) q_{t+1}}{q_t} \right] \tag{4.12}$$

式（4.12）表示企业的最优资本需求，等式左边为融资的期望边际成本，等式右边为资本的边际收益。最优条件要求，企业在购买资本时，要求资本预期的收益要与贷款的成本相等。金融中介从家庭以价格 $R_{H,t}$ 吸收存款 s_t，以价格 f_{t+1} 向企业提供外部融资。根据伯南克等（1999）的结论，由于生产企业与金融中介之间存在信息不对称，金融中介需要支付额外的"审计"成本去了解企业真实的生产经营状况，因此金融中介会根据企业的资本杠杆率在存款利率的基础上增加一个融资溢价，即企业的边际外部融资成本：

$$E_t f_{t+1} = E_t \left[\left(\frac{q_t k_{t+1}}{n_{t+1}} \right)^u \frac{R_{H,t}}{\Pi_{t+1}} \right] \tag{4.13}$$

根据克里斯滕森和帝布（2008）的假设，企业存活到下期的概率为 v，因此企业的净值服从以下运动方程：

$$n_{t+1} = v v_t + (1-v) d_t \tag{4.14}$$

$$v_t = \left[f_t q_{t-1} k_t - E_{t-1} f_t (q_{t-1} k_t - n_t) \right] \tag{4.15}$$

其中，v_t 表示幸存企业的净财富，d_t 是新进入的企业从上一期破产企业收到的转移支付。

3. 资本品生产商。

在从金融中介完成融资后，企业从资本生产商购入资本，资本生产商使用线性的生产技术，以 1 对 1 的比例将最终产品转化为资本品。在开放条件下，我们假设资本生产商使用 CES 形式的技术将本国的投资品和进口的外国投资品合成为生产资本所需要的投入品 i_t，即 $i_t = \left[\gamma_H^{\frac{1}{\eta}} i_{H,t}^{\frac{\eta-1}{\eta}} + (1-\gamma_H)^{\frac{1}{\eta}} i_{F,t}^{\frac{\eta-1}{\eta}} \right]^{\frac{\eta}{\eta-1}}$，$\gamma_H$ 表示 H 国资本生产商对本国商品的偏好程度。因此，根据成本最小化原则，资本生产商生产一单位复合资本品的最小成本 $p_{I,t}$ 为 $p_{I,t} = \left[\gamma_H p_{H,t}^{1-\eta} + (1-\gamma_H) p_{F,t}^{1-\eta} \right]^{\frac{1}{1-\eta}}$，则本国产品以及外国产品的最优投入量为 $i_{H,t} = \gamma_H \left(\frac{p_{H,t}}{p_{I,t}} \right)^{-\eta} i_t$、$i_{F,t} = (1-\gamma_H) \left(\frac{p_{F,t}}{p_{I,t}} \right)^{-\eta} i_t$。

资本生产商的最优化问题如下：

$$\max_{i_t} E_t \left[q_t i_t - \frac{p_{I,t}}{p_t} i_t - \frac{\chi}{2} \left(\frac{i_t}{k_t} - \delta \right)^2 k_t \right] \tag{4.16}$$

目标函数的最后一项是资本品生产商的调整成本，资本品生产商选择由本国投资品和外国投资品合成的投资品使用量。投资品使用量的一阶条件为：

$$E_t \left[q_t - \frac{p_{I,t}}{p_t} - \chi \left(\frac{i_t}{k_t} - \delta \right) \right] = 0 \tag{4.17}$$

其中，δ 为资本的折旧率，资本运动方程满足 $k_{t+1} = i_t + (1-\delta) k_t$。

4. 产品生产部门。

H 国的最终产品生产商从中间品生产商 i 手中以价格 $p_{i,H,t}$ 购买中间品 $y_{i,t}$，并以 CES 形式复合为最终产品 y_t，即 $y_t = \left(\int y_{i,t}^{\frac{\varepsilon-1}{\varepsilon}} di \right)^{\frac{\varepsilon}{\varepsilon-1}}$。因此，根据利润最大化原则，最终产品生产商对中间产品 $y_{i,t}$ 的需求为 $y_{i,t} = y_t \left(\dfrac{p_{H,t}}{p_{i,H,t}} \right)^{\varepsilon}$。将其带入 y_t 的生产函数中，可得国内最终品的定价规则为：$p_{H,t} = \left(\int p_{i,H,t}^{1-\varepsilon} di \right)^{\frac{1}{1-\varepsilon}}$。

中间产品厂商 i 生产第 i 种产品 $y_{i,t}$，每期雇佣劳动 $l_{i,t}$，用购买的资本品 $k_{i,t}$ 进行生产，生产函数为 $y_{i,t} = k_{i,t}^{\alpha} (A_t l_{i,t})^{1-\alpha}$。每个中间产品厂商具有市场势力，进行垄断定价。中间产品厂商 i 首先根据成本最小化原则选择劳动和资本的使用比例 $\dfrac{k_{i,t}}{l_{i,t}} = \dfrac{\alpha}{1-\alpha} \dfrac{w_t}{r_{k,t}}$，结合生产函数可得中间品生产商的边际成本为 $mc_{i,t} = \left(\dfrac{1}{1-\alpha} \right)^{1-\alpha} \left(\dfrac{1}{\alpha} \right)^{\alpha} \dfrac{w_t^{1-\alpha} r_{k,t}^{\alpha}}{A_t^{1-\alpha}}$。根据上文的解释，本部分使用调整成本引入价格粘性，中间厂商通过选择价格 $p_{i,H,t+s}$ 以最大化折现后的垄断利润。因此，中间厂商 i 的最优化问题如下：

$$\max E_t \sum_{s=0}^{+\infty} \beta^s \frac{\lambda_{t+s}}{\lambda_t} \left(\frac{p_{i,H,t+s}}{p_{t+s}} y_{i,t+s} - mc_{i,t+s} y_{i,t+s} - \frac{p_{i,H,t+s}}{p_{t+s}} AC^p_{i,t+s} \right) \tag{4.18}$$

$$\text{s. t. :} \ y_{i,t} = y_t \left(\frac{p_{H,t}}{p_{i,H,t}} \right)^{\varepsilon}, \ AC^p_{i,t} = \frac{\varphi_p}{2} \left(\frac{p_{i,H,t}}{p_{i,H,t-1}} - \Pi_H \right)^2 y_{i,t} \tag{4.19}$$

由于不考虑厂商的异质性，均衡时的一阶条件为：

$$(1-\varepsilon) + \varepsilon mc_t \frac{p_t}{p_{H,t}} - \frac{\varphi_p}{2} (1-\varepsilon) (\pi_{H,t} - \pi_H)^2 - \varphi_p \pi_{H,t} (\pi_{H,t} - \pi_H)$$

$$+ \beta \varphi_p E_t \frac{\lambda_{t+1}}{\lambda_t} \frac{y_{t+1}}{y_t} \pi_{H,t+1}^2 (\pi_{H,t+1} - \pi_H) \frac{1}{\pi_{t+1}} = 0 \tag{4.20}$$

式（4.20）即为扩展的菲利普斯曲线，式（4.20）拓展了维拉维德等（2015）的菲利普斯曲线。其中，$\pi_{H,t+1} = \dfrac{p_{H,t+1}}{p_{H,t}}$，$\pi_{t+1} = \dfrac{p_{t+1}}{p_t}$。

5. 出口。

根据格特勒等（2007），国外对本国商品的需求由上一期出口以及国内外商品相对价格决定，用 EX_t 表示出口，则 $EX_t = EX_{t-1}^\tau \left(\dfrac{p_{H,t}}{p_{F,t}} \right)^{-\gamma}$，$\tau$ 刻画了相对上一期出口的弹性，γ 刻画了出口的相对价格弹性。

6. 政府部门。

在 t 期期初，政府部门制定预算，政府的收入包括当期税收（包括劳动税、资本所得税）、本国国债收入。政府需要对上一期政府债券进行还本付息，同时也要为当期政府支出进行融资。政府的预算约束如下：

$$b_{HH,t} + \Omega_t + (w_t l_t \tau_{l,t} + r_{k,t} k_t \tau_{k,t}) = b_{HH,t-1} \frac{R_{H,t-1}}{\Pi_t} + \frac{P_{H,t} G_t^g}{P_t} \tag{4.21}$$

其中，$G_t^g = g_t y_t$。G_t^g 为政府支出水平量，g_t 为政府支出的总产出占比。

本部分假设政府采用 Leeper 式的总量税规则稳定债务/产出：

$$\Omega_t = A_t \left[\Omega + \varphi_{\Omega,b} \left(\frac{b_{HH,t-1}}{A_{t-1} y} - \frac{b_{HH}}{y} \right) \right] \tag{4.22}$$

根据梅冬州和龚六堂（2011）及默罕迪和卡劳（Mohanty and Klau, 2005）的研究，新兴市场经济国家的货币政策可以使用开放条件下的泰勒规则进行刻画，假定中央银行采用以下开放条件下的泰勒规则设定基准利率：

$$\frac{R_{H,t}}{R} = \left(\frac{R_{H,t-1}}{R} \right)^{\rho_R} \left(\frac{\pi_t}{\pi} \right)^{\rho_\pi} \left(\frac{\pi_{H,t}}{\pi_H} \right)^{\rho_{\pi H}} \left(\frac{y_t}{y} \right)^{\rho_y} \left(\frac{e_t}{e} \right)^{\rho_e} \exp(\varepsilon_t^R) \tag{4.23}$$

政府的税收规则及支出规则采用上文估计的形式。

结合中国汇率主要盯住美元的实际情况，本部分参照梅冬州等（2015）的设定，假设政府的汇率目标是维持固定的汇率，即：

$$e_t = e_{t-1} = e \tag{4.24}$$

国内市场的出清条件为：

$$EX_t + c_{H,t} + i_{H,t} + G_t^g + \frac{\varphi_p}{2} (\Pi_{H,t} - \Pi_H)^2 y_t + \frac{\varphi_w}{2} \left(\frac{w_t}{w_{t-1}} - g_A \right)^2 y_t$$

$$+ \frac{\varphi_b}{2} (b_{HH,t} - \bar{b})^2 \frac{p_t}{p_{H,t}} + \frac{\chi}{2} \left(\frac{i_t}{k_t} - \delta \right)^2 k_t \gamma_H \left(\frac{P_{H,t}}{P_{I,t}} \right)^{-\eta} = k_t^\alpha (A_t l_t)^{1-\alpha} = y_t \tag{4.25}$$

式（4.25）第一个等号的左边表示总需求。总需求包含出口、消费品和投资品中使用的国内产品部分、工资和价格的调整成本、政府债券的调整成本以及资本调整成本中来自国内产品的部分。本部分假定，政府支出只购买本国商品，因此总需求还包括政府支出。由于资本生产中的调整成本既包含进口部分也包括国内生产部分，而调整成本需要由当期资本品作为投入。因此总需求中资本调整成本一项只需要计算资本调整成本中来自国内产品的部分。

二、参数校准

上一部分给出了模型中各个部门进行决策的一阶条件，本部分将首先对各个参数进行赋值，接着使用三阶扰动法对模型的政策函数进行近似，最后得出模型中各个变量对财政政策波动性冲击的脉冲响应结果。[①]

在家庭部门，本部分根据康立和龚六堂（2014）的参数设定，将家庭的贴现因子取值设定为0.99；消费的习惯系数设定为0.75，这与阿尔蒂格等（Altig et al.，2011）给出的估计值近似；消费者风险规避系数设定为2；根据克里斯滕森和帝布（2008）将休闲的效用比率设定为1.315；劳动供给弹性倒数 v 一般取值 $1 \sim 2$ 之间，本部分设定为1.3。在生产函数方面，根据全冰（2010），将资本的收入份额 α 设定为0.40。对于粘性价格参数校准，为了保证本部分推导所得的菲利普斯曲线与由 Calvo 粘性定价规则所得的菲利普斯曲线具有相近的粘性，本部分借鉴维拉维德等（2015）将中间产品替代弹性 ε 和劳动替代弹性 ε_w 设置为21，将劳动定价的调整成本系数设定为2513，中间产品定价的调整成本系数设定为237.48。政府债券调整成本 φ_b 的取值借鉴斯科梅特和尤瑞彼（2003），设定为0.00074。在金融摩擦方面，取资本季度折旧率为0.025；参照克里斯滕森和帝布（2008），将参数 χ 设定为0.5882；借鉴伯南克等（1999）、格特勒等（2007）和克里斯滕森和帝布，企业风险溢价的杠杆率弹性系数 u 一般在 $0 \sim 0.4$ 之间，本部分将其设定为0.3，其中 $u = 0$ 的情况视为金融摩擦机制关闭。在开放条件中，将消费者对

---

① 本部分所用财政政策波动性的数据来自第三章第二节的测度结果。

本国商品的偏好 α_H 设定为 0.96；将资本生产商对本国产品的偏好 γ_H 设定为 0.4；参考格特勒等（2007），将消费品和资本品的替代弹性都设定为 1。参考梅冬州等（2015）将 τ、γ 设定为 0.59 和 1。对政府部门，参照龚六堂和梅冬州（2011），对货币政策规则中的参数 ρ_R、ρ_π、$\rho_{\pi H}$、ρ_y 和 ρ_e 分别校准为 0.8、0.4、0.4、0.1、0.05；参考康立和龚六堂（2014），将稳态时政府支出占总产出比重 g 和出口占总产出比重设定为 15% 和 35%；参考费尔南德斯等（2015）将总量税规则中的系数 $\varphi_{\Omega,b}$ 设定为 0.0005。取偏好冲击及技术冲击的一阶自相关系数为 0.9。稳态下，进出口占总产出的比例为 63%，消费占总产出的比例为 50%。消费品中的进口部分占总进口的比例为 6%，因此模型中的中国主要进口资本品，根据联合国 BEC 分类，中国的消费品进口占总进口的比例在 5% ～7% 之间，模型的稳态值基本与中国现实数据相吻合。

三、数值模拟

为了研究开放条件和金融摩擦机制在财政波动性发生冲击时的作用，本部分将比较封闭且无金融摩擦机制、开放且无金融摩擦机制、开放且含金融摩擦机制三种情况。图 4 - 3 给出了政府支出波动性发生一个标准差的正向冲击时，各个主要经济变量脉冲响应的数值模拟结果。

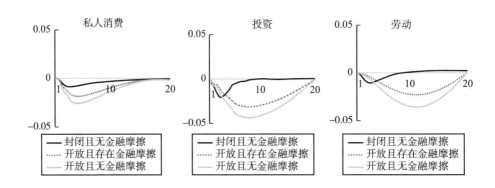

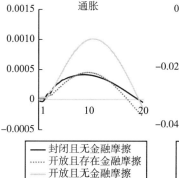

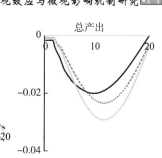

图 4 - 3　主要经济变量对财政支出波动性冲击的脉冲响应

图 4 - 3 结果显示，财政政策波动性冲击能够导致总产出下滑，且这一负面影响存在时滞性。财政政策波动性对总产出的负向影响主要是通过预期渠道影响消费和投资，进而向产出传导来实现。具体而言，本部分发现，财政政策波动性对投资的负向影响要比对消费的负向影响更大，说明消费者存在关于消费平滑的强烈意愿。

当财政支出波动性受到正向冲击后，家庭和企业预期更高水平的财政支出以及政府之后使用更高水平的税率来保持预算平衡的发生概率提高，财政波动性通过预期渠道对经济产生实际效应。在不考虑金融摩擦及开放条件的模型中，财政支出波动性受到一个标准差的冲击后，家庭的预期财政支出水平提高，财政支出波动性分别通过两个渠道对经济产生实际效应。第一，由于政府支出进入家庭的效用函数，在更高水平的政府支出预期下，家庭可以在降低私人消费的情况下保持期望边际效用的不变，进行平滑消费。在财政支出波动性冲击后，尽管财政支出的水平量没有发生变化，家庭依然会减小私人消费。第二，家庭预期政府通过提高税率来保持预算平衡的概率增大，因而，家庭将预期未来收入降低的可能性增大，财富效应导致家庭进一步降低私人消费水平，同时为了避免税率上升的风险，家庭会降低劳动供给以及投资。相应地导致工资水平的上升以及厂商边际成本的上升，从而推高价格水平。由于利率对产出缺口进行反应，货币当局降低利率，最后经济回归稳态水平。

在开放但不包含金融摩擦机制的模型中，我们观察到各个变量对财政支出波动性冲击的反应要比封闭且不包含金融摩擦机制的情况更大，延续期数更长。原因在于，财政波动性推高了国内的物价水平，国内产品的价格相对于国外商品上升，一方面会造成外国对本国产品需求减少，即出口减少，另一方面会导致本国居民消费和资本生产商对国外产品的需求比例增加，即对本国产品需求减少，综上所述，开放条件扩大了本国产品需求量的减少。因此，封闭模型低估了财政波动性的负面影响。

在引入金融摩擦的开放模型中，我们可以看到，当财政支出波动性受到冲击时，相对于不含金融摩擦的开放模型，经济波动幅度减小，但波动幅度仍然大于封闭条件下的情况。因此，不考虑开放条件会低估财政支出波动性冲击的负面效应，而金融摩擦会降低财政支出波动性冲击的影响。如前所述，当财政波动性冲击上升后，家庭基于避险和平滑消费的考虑，会首先降低劳动供给和私人消费，从而导致总需求下降以及政府的财政收入下降。基于政府预算平衡，财政支出波动性的提高增加了资本税等税率上升的可能，而根据式（4.15），资本税增加将导致企业净值下降，在考虑金融摩擦的情境中，根据式（4.13）所示的外部融资溢价方程，企业净值减少将导致企业外部融资溢价上升，从而提高企业的融资成本，降低投资需求。这是含有金融摩擦的模型中，财政波动性冲击导致投资和总产出下降的机制。因此，如果货币当局不对产出缺口及时做出反应，企业净值降低、企业外部融资溢价提高，从而会进一步降低投资需求和企业净值，如此循环将放大财政波动性冲击，金融摩擦下的经济波动将大于不包含金融摩擦的情形。但是，我们观察到，在我们的模型中，由于货币当局采用泰勒规则（式（4.23））设定基准利率，财政波动性冲击发生后，产出一旦向下偏离稳态水平，货币当局立刻通过宽松的货币政策来稳定经济。因此，由于货币当局的介入，金融摩擦并没有放大财政波动性冲击的负面效应。此时，金融摩擦机制扩张经济的作用得到发挥，使得金融摩擦机制下的经济收缩更小。第一，由于资本中介的边际融资成本是在无风险利率上的加成，相比无金融摩擦的情况，无风险利率的降低更大幅度地降低了企业的外部融资溢价，因此企业的融资成本降低得更快，企业将需求相对更多的资本，导致总产出的萎缩程度更小。第二，根据式

（4.15），外部融资溢价的降低将提高企业的净值，根据式（4.13），企业的外部融资溢价由于企业净值的提高又会进一步下降[①]。已有文献普遍认同，由于外部融资溢价是在无风险利率上的加成，金融摩擦的存在将显著放大需求端的冲击对投资的影响，如货币政策冲击、偏好冲击及货币需求冲击等；同时，金融摩擦的存在将平抑由供给端的冲击对投资造成的影响，如技术冲击及投资效率冲击等（Christensen and Dib，2008）。在财政波动性冲击视角下，金融摩擦的存在主要作用于财政支出波动性冲击发生后的投资运动路径，从而导致总产出更小程度地收缩以及更快地收敛至稳态，这一逻辑与经典的金融摩擦作用机制是一致的。

为了提高研究的稳健性，本部分也研究了税收波动性冲击的经济影响。图4－4给出了劳动税率和资本税率发生一单位波动性冲击后的各经济变量脉冲响应路径。产出、消费、投资、边际成本、通胀等变量的反应与财政支出波动性的情况基本相似，但是波动幅度更小，更快回归稳态，这与维拉维德等（2015）的研究结果不同。这说明，在中国，财政支出波动性对经济波动造成的影响最大。

图4－4结果显示，当资本税波动性发生一单位标准差的正向冲击后，期望资本税率提高。因此，企业的预期收益降低，导致企业降低融资水平和资本需求水平。投资的大幅度降低导致了总产出的降低，同时减少了生产部门对劳动的需求以及金融中介对存款的需求，从而导致家庭的收入下降，挤出家庭的私人消费。此后，货币当局通过降低利率刺激经济，使经济回归稳态水平。

当劳动税波动性发生一个标准差的正向冲击后，由于劳动税波动性增加，家庭的预期劳动税率提高，为了规避劳动税率提高的风险，家庭会增加储蓄、降低劳动供给，从而推高工资水平，提高厂商的边际成本以及价格水平。此外，家庭预期未来收入降低的可能性增加，财富效应导致家庭降低私人消费。在供给端，边际成本的提高导致厂商生产更少的产品，资本品需求减少，从而导致投资及产出的进一步降低。货币当局及财政当局观察到总产出向下偏

---

① 该机制对资本借贷中的金融摩擦依然成立。由此可见，只考虑资本管理中的金融摩擦并不会造成结论的不稳健。感谢审稿专家的建议。

离稳态水平，从而通过降低利率和提高财政支出水平提升需求，最终导致经济回归到稳态水平。开放条件和金融摩擦的作用机制与财政支出波动性冲击的情况类似。

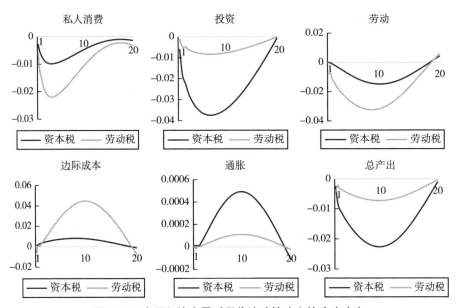

图4-4   主要经济变量对税收波动性冲击的脉冲响应

模拟结果显示，财政政策波动性对主要经济变量存在不利影响，但这并不能说明财政政策本身有害，而说明财政政策波动性是财政政策调控的一种潜在成本，它会降低财政政策的有效性。假如我们要根据经济环境调整财政支出、税收水平或结构等，应采取一种成本最低、代价最小的方式，即平稳、连续的财政政策。

四、结论与政策建议

本部分根据中国现实构建财政政策运动方程，定量估算中国季度劳动税和资本税平均税率，并测度了中国财政政策波动性，进而构建 DSGE 模型分析财政政策波动性冲击的影响与影响机制。本节得到以下结论：第一，本节构建纳入财政政策波动性的财政政策运动方程，区分财政政策波动性冲击及财政政策冲击之间的差异，有效测度中国财政政策波动性。波动性测度结果表明，中国财政政策存在较大波动性，波峰出现在 2003 年、2009 年与 2012 年，主要源于"非典"、次贷危机、希腊债务危机及近年来欧债危机的影响。第二，DSGE 模型的模拟结果表明：首先，财政政策波动性冲击能够导致总产出下滑。无论是政府支出波动性，还是税收的波动性都会对总产出带来显著的负面影响。财政政策波动性对总产出的负向影响主要是通过预期渠道影响消费和投资，进而影响产出。由于消费者存在平滑消费的意愿，因此财政政策波动性对消费的负向影响小于对投资的负向影响。其次，虽然不同来源的财政政策波动性冲击皆具有负面影响，但在影响程度和影响渠道方面存在差异。最后，财政政策波动性提高了企业的边际成本。第三，通过对比开放条件和封闭条件下财政政策波动性的影响发现，封闭条件会低估财政政策波动性的影响，即开放条件下的财政政策波动性或不确定性的负向影响更大。第四，本部分讨论了金融摩擦机制在财政波动性冲击视角下的作用。当货币当局通过降低利率水平来抵消由财政政策波动性带来的负面影响时，外部融资溢价的存在会大大降低企业的融资成本，提高企业的投资需求，使得经济收缩的幅度变小，即金融摩擦会降低财政政策波动性冲击的负面影响。

根据以上研究结论，得到政策启示如下：第一，应继续完善宏观调控体系，不仅应关注财政政策水平的影响，更应关注财政政策波动性的影响，应关注政策调控的正向作用背后可能潜伏着的代价或不利影响。第二，新常态下，应科学处理政府与市场的关系，发挥市场在资源配置中的决定性作用，并且要更好地发挥政府作用，加强政策的预期引导功效，赋予微观主体更大自主权、发展空间和活力，避免"强刺激""强干预"。第三，重视政策的预期传导渠道，政策应以规则为基础，遵循一定的政策规则，以规则为基础兼顾灵活性，融合相机抉择和规则。具体而言，财政政策不仅应根据经济景气循环相机而动、实时调控，保持政策的灵活性，也要强调政策的稳定性和持续性，与此同时，应保证财政政策的可持续性。

第三节　财政政策波动性的微观异质性影响研究：基于 DSGE 模型的分析

上文借助 DSGE 模型分析了财政政策波动性的微观影响机制，为了进一步分析财政政策波动性的微观异质性影响，即不同类型财政支出的波动性对经济体的影响是否具有差异，本部分借助第三章关于政府消费性支出及政府投资性支出的波动性测度结果，通过构建符合中国现实经济特征的 DSGE 理论模型框架，并将上文构建的包含时变波动性特征的政府消费性支出规则及政府投资性支出规则纳入到 DSGE 模型中，以此考察政府消费性支出波动性冲击与政府投资性支出波动性冲击对中国经济体影响效应的差异性。需要注意的是，维拉维德等（2015）指出，忽略工资粘性和价格粘性会低估波动性冲击对经济体的影响效应，因此为了尽可能准确地反映中国财政支出波动性冲击对经济体的影响，在本节的模型构建中，同时引入了工资粘性和价格粘性。由于卡尔沃（Calvo，1983）定价规则所表示的价格粘性和工资粘性，其最优条件的求解通常需要借助一阶线性求解方法，然而一阶线性求解得到的政策函数近似中只包含水平冲击项而不包含波动性冲击项，即无法体现波动性冲击对经济体的影响，而二阶扰动法求解得到的政策函数近似中波动性冲击项出现在水平冲击与波动性冲击的交叉项中，无法区分两者对经济体的影响，且当水平变量不发生变化（水平冲击 =0）时，波动性冲击对经济体的影响将会被忽略，因此只有对政策函数进行三阶或更高阶的近似求解时，波动性冲击项才会独立地出现在政策函数近似中（Schmitt–Grohé and Uribe，2004；Villaverde et al.，2011）。鉴于此，本节使用三阶扰动法对构建的 DSGE 模型进行求解，并借鉴维拉维德等（2015），通过价格调整成本和工资调整成本分别在模型中引入价格粘性和工资粘性。

一、DSGE 模型构建

根据研究需要，本部分将构建包含时变波动性特征的政府消费性支出规则及政府投资性支出规则的 DSGE 模型，以此考察政府消费性支出波动性冲击与政府投资性支出波动性冲击对我国经济体影响效应的差异性。

1. 家庭。

假设代表性家庭同质连续，其最优化问题是在满足实际预算约束平衡的条件下最大化其期望终身效用：

$$\max E_t \sum_{t=0}^{\infty} \beta^t d_t \left\{ \frac{(c_t - hc_{t-1})^{1-\sigma}}{1-\sigma} - \psi A_t^{1-\sigma} \int_0^1 \frac{L_t(j)^{1+\eta}}{1+\eta} dj + \frac{(M_t/P_t)^{1-\sigma_M}}{1-\sigma_M} \right\}$$

$$(4.26)$$

$$\text{s. t. } c_t^p + I_t + T_t + \frac{M_t}{P_t} + \frac{B_t}{P_t} + \int_0^1 AC_t^w(j) dj$$

$$(4.27)$$

$$\leqslant \int_0^1 w_t(j) L_t(j) dj + r_t^k u_t k_t + \frac{M_{t-1}}{P_t} + \frac{R_{t-1}B_{t-1}}{P_t} + F_t$$

家庭效用由三部分组成，一部分是由消费和现金持有产生的正效用，另一部分是劳动产生的负效用。其中，β 为贴现因子，d_t 为跨期偏好冲击，假设总消费 c_t 是私人消费 c_t^p 和政府消费 c_t^g 的线性组合，即消费 $c_t = c_t^p + \alpha_{cg} c_t^g$，当 $\alpha_{cg} > 0$ 时，私人消费和政府消费为替代关系，当 $\alpha_{cg} < 0$ 时，私人消费和政府消费为互补关系。σ 表示风险的厌恶系数，ψ 为休闲的效用比率，$1/\eta$ 表示劳动跨期替代弹性。A_t 为劳动增进型技术进步。为了引入工资粘性，假设劳动力市场为垄断竞争市场，家庭提供差异化的劳动力 $L_t(j)$，对应的工资为 $w_t(j)$，由劳动力打包者将差异化的劳动力 $L_t(j)$ 合成同质劳动力 L_t，并以 w_t 的实际价格将同质劳动 L_t 出售给生产企业。劳动力合成技术为：

$$L_t = \left(\int_0^1 L_t(j)^{\frac{\varepsilon_w-1}{\varepsilon_w}} dj \right)^{\frac{\varepsilon_w}{\varepsilon_w-1}}$$

$$(4.28)$$

其中，ε_w 表示不同劳动力之间的替代弹性，劳动力打包者基于成本最小化选择第 j 种劳动力 $L_t(j)$ 的需求量，由此可得 $L_t(j)$ 的需求函数为：

$$L_t(j) = \left(\frac{w_t(j)}{w_t}\right)^{-\varepsilon_w} L_t \tag{4.29}$$

实际预算约束等式左边为家庭当期支出，家庭当期支出主要用于私人消费 c_t^p、私人投资 I_t、购买政府债券 B_t/P_t、持有现金 M_t/P_t、一次性总量税 T_t 以及工资调整成本 $AC_t^w(j)$，其中 $AC_t^w(j)$ 的具体表达式为：

$$AC_t^w(j) = \frac{\varphi_w}{2}\left(\frac{w_t(j)}{w_{t-1}(j)} - g_A\right)^2 y_t \tag{4.30}$$

式（4.30）中，g_A 为经济体稳态增长率。实际预算约束等式右边为家庭当期收入，收入来源于劳动报酬、资本报酬、企业利润以及上一期的政府债券收益，其中 r_t^k 为有效资本边际回报，u_t 为资本利用率，k_t 表示当期私人资本存量，R_t 为名义无风险利率，P_t 为总体价格水平，F_t 为家庭从公司获取的利润。

假设私人资本存量的演化过程服从以下形式：

$$k_{t+1} - [1 - \delta(u_t)]k_t + z_t I_t \left[1 - \frac{\kappa}{2}\left(\frac{I_t}{I_{t-1}} - g_A\right)^2\right] \tag{4.31}$$

式（4.31）中，$[1 - \delta(u_t)]k_t$ 为当期折旧后的剩余资本，I_t 为当期实际私人投资，投资转化为资本的过程中受到投资专有技术冲击 z_t 以及投资调整成本的约束。其中资本折旧率 $\delta(u_t)$ 表示资本的动态折旧率，是资本利用率 u_t 的函数，服从二次型函数形式，即 $\delta(u_t) = \delta_0 + \delta_1(u_t - 1) + \delta_2(u_t - 1)^2/2$，式中，$\delta_0$、$\delta_1$ 和 δ_2 均为大于 0 的参数，δ_0 为稳态时的私人资本折旧率。

假设家庭可调节资本利用率，将上述家庭效用最优化问题分别关于 $w_t(j)$、c_t^p、B_t、u_t、k_{t+1}、I_t 和 M_t 进行一阶求导，得到如下一阶条件的表达式：

$$\varphi_w\left(\frac{w_t}{w_{t-1}} - g_A\right)\frac{w_t}{w_{t-1}}y_t = \beta\varphi_w E_t \frac{\lambda_{t+1}}{\lambda_t}\left(\frac{w_{t+1}}{w_t} - g_A\right)\frac{w_{t+1}}{w_t}y_{t+1}$$
$$+ \psi\varepsilon_w \frac{d_t}{\lambda_t} A_t^{1-\sigma} L_t^{1+\eta} + (1-\varepsilon_w)w_t L_t \tag{4.32}$$

$$\frac{d_t}{(c_t - hc_{t-1})^\sigma} - \beta h E_t \frac{d_{t+1}}{(c_{t+1} - hc_t)^\sigma} = \lambda_t \tag{4.33}$$

$$\lambda_t = \beta E_t \frac{R_t \lambda_{t+1}}{\pi_{t+1}} \tag{4.34}$$

$$r_t^k = q_t \left[\delta_1 + \delta_2 (u_t - 1) \right] \tag{4.35}$$

$$q_t = \beta E_t \frac{\lambda_{t+1}}{\lambda_t} \left[r_{t+1}^k u_{t+1} + q_{t+1} \left(1 - \delta_0 - \delta_1 (u_{t+1} - 1) - \frac{1}{2} \delta_2 (u_{t+1} - 1)^2 \right) \right] \tag{4.36}$$

$$1 = q_t \left[1 - \kappa \left(\frac{I_t}{I_{t-1}} - g_A \right) \frac{I_t}{I_{t-1}} - \frac{\kappa}{2} \left(\frac{I_t}{I_{t-1}} - g_A \right)^2 \right]$$

$$+ \beta \kappa E_t \frac{\lambda_{t+1}}{\lambda_t} q_{t+1} \left(\frac{I_{t+1}}{I_t} - g_A \right) \left(\frac{I_{t+1}}{I_t} \right)^2 \tag{4.37}$$

$$E_t m_t^{-\sigma_M} \pi_{t+1} - E_t \lambda_t \pi_{t+1} + \beta E_t \lambda_{t+1} = 0 \tag{4.38}$$

式（4.38）一阶条件中，$m_t = M_t / P_t$ 为实际货币余额，$\pi_t = P_t / P_{t-1}$ 为通货膨胀水平，λ_t 表示家庭预算约束的拉格朗日乘子，$\lambda_t q_t$ 表示资本演化过程中的拉格朗日乘子。

2. 最终品生产企业。

假设最终品生产企业处于完全竞争市场，最终品生产企业以价格 $P_t(i)$ 从中间品生产企业处购买第 i 种中间产品 $y_t(i)$，无成本地对中间产品进行加工组合得到最终产品 y_t，并以价格 P_t 出售给家庭部门。假设最终品生产企业的生产技术为：

$$y_t = \left(\int_0^1 y_t(i)^{\frac{\varepsilon-1}{\varepsilon}} di \right)^{\frac{\varepsilon}{\varepsilon-1}} \tag{4.39}$$

ε 表示中间产品的替代弹性，最终品生产企业根据利润最大化选择中间产品 $y_t(i)$ 的投入量，即最终品生产企业的最优化问题可表述为如下形式：

$$\max_{y_t(i)} P_t y_t - \int_0^1 P_t(i) y_t(i) di \tag{4.40}$$

$$\text{s. t. } y_t = \left(\int_0^1 y_t(i)^{\frac{\varepsilon-1}{\varepsilon}} di \right)^{\frac{\varepsilon}{\varepsilon-1}} \tag{4.41}$$

求解上述利润最大化问题，可得中间产品 $y_t(i)$ 的需求函数为：

$$y_t(i) = \left(\frac{P_t(i)}{P_t} \right)^{-\varepsilon} y_t \tag{4.42}$$

3. 中间品生产企业。

假设中间品生产企业处于垄断竞争市场，利用资本品和劳动力生产中间

产品 $y_t(i)$。其中资本品包括两种类型，一种是以价格 r_t^k 从家庭部门获取有效私人资本 $u_t k_t(i)$，另一种是由政府部门提供的公共资本品 k_t^g，由于公共资本品是公共基础设施，对企业生产活动具有正的外部性（Aschauer，1989）。由此，将中间品生产企业的生产函数设置为如下形式：

$$y_t(i) = (k_t^g)^{\alpha_g}(u_t k_t(i))^{\alpha}(A_t L_t(i))^{1-\alpha} \tag{4.43}$$

其中，α_g 为公共资本品的产出弹性，α 为私人资本品的产出弹性，A_t 为劳动增进型技术进步。中间品生产企业根据生产成本最小化选择私人资本品投入水平和劳动力投入水平，即中间品生产企业的最优化问题为：

$$\min_{k_t(i),L_t(i)} r_t^k u_t k_t(i) + w_t L_t(i) \tag{4.44}$$

$$\text{s. t. } y_t(i) = (k_t^g)^{\alpha_g}(u_t k_t(i))^{\alpha}(A_t L_t(i))^{1-\alpha} \tag{4.45}$$

通过上述最优化问题，可得私人资本品和劳动力的最优投入比为：

$$\frac{u_t k_t(i)}{L_t(i)} = \frac{\alpha w_t}{(1-\alpha)r_t^k} \tag{4.46}$$

由于家庭是同质的，假设存在一个单位的家庭，因此当经济体达到均衡状态时满足 $k_t(i) = k_t$，$L_t(i) = L_t$，则私人资本品和劳动力的最优投入比可重新表述为：

$$\frac{u_t k_t}{L_t} = \frac{\alpha w_t}{(1-\alpha)r_t^k} \tag{4.47}$$

基于私人生产要素最优投入比并结合中间品生产函数，可求解得到中间品生产企业的实际边际成本 mc_t：

$$mc_t = \left(\frac{1}{1-\alpha}\right)^{1-\alpha}\left(\frac{1}{\alpha}\right)^{\alpha}\frac{w_t^{1-\alpha}(r_t^k)^{\alpha}}{A_t^{1-\alpha}(k_t^g)^{\alpha_t}} \tag{4.48}$$

中间品生产企业处于垄断竞争市场，具有一定的定价权。给定中间品需求函数，中间品生产企业通过调整中间品价格最大化企业利润，在此过程中受到二次型价格调整成本的约束，即中间品生产企业通过求解下述最优化问题设定中间产品的价格：

$$\min_{P_{t+s}(i)} E_t \sum_{s=0}^{\infty} \beta^s \frac{\lambda_{t+s}}{\lambda_t}\left(\frac{P_{t+s}(i)}{P_{t+s}}y_{t+s}(i) - mc_{t+s}y_{t+s}(i) - AC_{t+s}^p(i)\right) \tag{4.49}$$

$$\text{s. t. } y_{t+s}(i) = \left(\frac{P_{t+s}(i)}{P_{t+s}}\right)^{-\varepsilon} y_{t+s} \tag{4.50}$$

其中，$AC_t^p(i)$ 表示价格调整成本，服从二次型函数形式，具体形式为：

$$AC_t^p(i) = \frac{\varphi_p}{2}\left(\frac{P_t(i)}{P_{t-1}(i)} - \pi\right)^2 y_t(i) \tag{4.51}$$

通过求解上述最优化问题，可得如下价格运动方程：

$$(1-\varepsilon) + \varepsilon mc_t - \phi_p(\pi_t - \pi)\pi_t + \frac{\varphi_p}{2}\varepsilon(\pi_t - \pi)^2$$
$$+ \beta\varphi_p E_t \frac{\lambda_{t+1}}{\lambda_t} \frac{\lambda_{t+1}}{y_t} \pi_{t+1}(\pi_{t+1} - \pi) = 0 \tag{4.52}$$

式（4.52）即为扩展的菲利普斯曲线，中间品生产企业的利润为：

$$F_t = y_t - w_t L_t - r_t^k u_t k_t - \frac{\varphi_p}{2}(\pi_t - \pi)^2 y_t \tag{4.53}$$

4. 政府部门。

政府部门通过税收和发行债券取得收入，并将收入用于消费性财政支出 c_t^g 和投资性财政支出 I_t^g，其面临的实际预算约束为：

$$b_t + T_t = b_{t-1}\frac{R_{t-1}}{\pi_t} + c_t^g + I_t^g \tag{4.54}$$

根据上文可得 c_t^g 和 I_t^g 的计算式为：

$$c_t^g = s_t^{cg} y_t \tag{4.55}$$

$$I_t^g = s_t^{ig} y_t \tag{4.56}$$

假设公共资本品 k_t^g 的折旧率为 δ^g，则公共资本品的积累过程为：

$$k_{t+1}^g = I_t^g + (1-\delta^g)k_t^g \tag{4.57}$$

政府部门通过制定财政政策规则和货币政策规则调控经济活动。对于政府消费性支出和政府投资性支出，遵循式（3.1）至式（3.2）所示的规则形式。对于税收规则，假定一次性总量税主要基于产出和政府债务水平进行调整，即：

$$T_t = T\left(\frac{y_t}{y}\right)^{\varphi_y^T}\left(\frac{b_{t-1}}{b}\right)^{\varphi_b^T} \tag{4.58}$$

对于货币政策规则，与上文一致，采用价格型货币政策规则，即假定政府部门主要根据产出和通货膨胀调节无风险名义利率，货币政策规则遵循如下形式：

$$\frac{R_t}{R} = \left(\frac{R_{t-1}}{R}\right)^{\rho_R} \left(\frac{\pi_t}{\pi}\right)^{(1-\rho_R)\varphi_\pi} \left(\frac{y_t}{y}\right)^{(1-\rho_R)\varphi_y} \exp(\sigma_R \varepsilon_t^R) \tag{4.59}$$

5. 市场出清条件。

在均衡经济系统中，市场出清条件为：

$$y_t = c_t^p + I_t + c_t^g + I_t^g + \frac{\varphi_p}{2}(\pi_t - \pi)^2 y_t + \frac{\varphi_w}{2}\left(\frac{w_t}{w_{t-1}} - g_A\right)^2 y_t \tag{4.60}$$

6. 冲击过程。

本节构建的模型中一共包含跨期偏好冲击 d_t、劳动增进型技术进步冲击 A_t、私人资本品投资专有技术冲击 z_t、利率冲击 ε_t^R、政府消费性支出冲击 ε_t^{cg}、政府投资性支出冲击 ε_t^{ig}、政府消费性支出波动性冲击 u_t^{cg} 和政府投资性支出波动性冲击 u_t^{ig} 八个冲击。对于利率冲击 ε_t^R、政府消费性支出冲击 ε_t^{cg}、政府投资性支出冲击 ε_t^{ig}、政府消费性支出波动性冲击 u_t^{cg} 和政府投资性支出波动性冲击 u_t^{ig}，假设这些冲击服从均值为 0 的白噪声过程。对于跨期偏好冲击 d_t 和私人资本品投资专有技术冲击 z_t，假设其服从对数一阶自回归过程：

$$\log d_t = \rho_d \log d_{t-1} + \sigma_d \varepsilon_t^d \tag{4.61}$$

$$\log z_t = \rho_z \log z_{t-1} + \sigma_z \varepsilon_t^z \tag{4.62}$$

对于劳动增进性技术冲击 A_t，参照维拉维德等（2015）的设定，假设其遵循如下运动过程：

$$\log A_t = g_A + \log A_{t-1} + \sigma_A \varepsilon_t^A \tag{4.63}$$

上述 27 个行为方程和等式 $c_t = c_t^p + \alpha_{cg} c_t^g$ 即为本节所构建的 DSGE 模型。其中，内生变量包括 w_t、c_t^p、λ_t、u_t、q_t、I_t、k_t、c_t、m_t、y_t、L_t、mc_t、π_t、F_t、R_t、T_t、b_t、c_t^g、I_t^g、k_t^g、s_t^{cg}、s_t^{ig}、σ_t^{cg}、σ_t^{ig}、r_t^k、d_t、A_t 和 z_t 等 27 个内生变量。结合方程的均衡稳态解和参数值，可求解上述基准模型。

二、模型参数求解

本节 DSGE 模型中涉及的参数主要有 σ、σ_M、β、η、ε、ε_ω、η、δ_0、δ_1、δ_2、δ^g、κ、α、α^g、α_{cg}、g_A、ψ、φ_p、φ_w、ρ_R、φ_π、φ_y、$\varphi_{t,b}$、s_b（稳态政府债务占总产值比重）、s_{cg}（稳态政府消费性支出占总产值比重）、s_{ig}（稳态政

府投资性支出占总产值比重）、L（稳态劳动力水平）、π（稳态通胀水平）、u（稳态资本利用率）、ρ_d、ρ_z、σ_R、σ_A、σ_d、σ_z、η_{cg}、ρ_{cg}、$\varphi_{cg,y}$、$\varphi_{cg,b}$、$\rho_{\sigma_{cg}}$、σ_{cg}、η_{ig}、ρ_{ig}、$\varphi_{ig,y}$、$\varphi_{ig,b}$、$\rho_{\sigma_{ig}}$、σ_{ig}。其中，对于政府消费性支出规则以及政府投资性支出规则中的相关参数，根据表 4 – 3 中的参数估计值进行赋值。对于参数 η、κ、h，货币政策相关参数 ρ_R、φ_y、φ_π，以及私人资本品生产率冲击参数 ρ_z 和 σ_z，在上文构建的两个不同的单部门 DSGE 模型中所得参数估计值接近，表明参数估计结果稳健，因此直接使用上文所得的参数估计值校准；对于其他参数，利用样本数据和已有经典文献对其赋值校准。

1. 数据。

鉴于数据可得性，本节选用的数据为 1992 年第 1 季度至 2016 年第 4 季度的总产出、国家财政支出、国家财政收入、固定资产投资资金（源于国家预算内资金），以上数据均来源中经网统计数据库。与上文一致，使用固定资产投资资金中源于国家预算内资金的这一部分代替政府投资性支出，政府消费性支出为财政总支出减去政府投资性支出的剩余部分，并使用财政支出与财政收入之间的差值衡量政府债务水平。

2. 参数校准。

根据样本数据可知，政府消费性支出占总产值比重的样本均值为 15.31%，政府投资性支出占总产值比重的样本均值为 2.17%，政府债务占总产值比重的样本均值为 13.65%，因此分别将政府消费性支出比重 s_{cg}、稳态政府投资支出比重 s_{ig} 以及稳态政府债务比重 s_b 设置为 0.1531、0.0217 和 0.1365；参照大多数文献，将贴现因子 β 校准为 0.99；风险厌恶系数 σ 的取值源于陈晓光和张宇麟（2010），赋值为 3.5；参照王国静和田国强（2014），将有效资本产出弹性 α 赋值为 0.5。考虑到中国劳动力工作时间平均为每天 8 小时，因此将稳态劳动力 L 校准为 1/3；由于本部分所构建的模型不包含变量的趋势项，因此将稳态通胀水平校准为 $\pi = 1$，参照大多数文献的赋值，将稳态资本利用率 u 赋值为 1。假设稳态时生产企业和劳动力打包者的成本加成率为 20%，从而可将中间品替代弹性 ε 和劳动力替代弹性 ε_u 设置为 6；大部分文献将中国私人资本品的年折旧率设定为 0.1（陈昆亭和龚六堂，2006；

王国静和田国强，2016），因此本部分将私人资本品的稳态季度折旧率 δ_0 设置为 0.025，参照王国静和田国强（2016）将 δ^g 赋值为 0.025；借鉴维拉维德等（2015）中的取值，将动态资本折旧率参数 δ_2 赋值为 0.01，将跨期偏好冲击的持续性 ρ_d 和标准差分别赋值为 0.18 和 0.08，将技术进步冲击的标准差 σ_A 赋值为 0.01。由上文可知，由于财政支出波动性冲击的存在，只能使用高阶扰动法求解政策函数，因此本节使用工资调整成本和价格调整成本在 DSGE 模型中引入工资粘性和价格粘性，而非传统的 Calvo（1983）粘性定价规则，为了确保该方法推导所得的工资粘性和价格粘性与 Calvo（1983）粘性定价规则相一致，在此，参照维拉维德等（2015）中关于定价调整成本系数的计算方法，分别对劳动力定价调整成本系数 φ_w 和中间品定价调整成本系数 φ_p 进行求解，由此得到两者的取值分别为 499.4349 和 59.3687；对于参数 η、κ、h，货币政策相关参数 ρ_R、φ_y、φ_π，税收规则参数 φ_y^T 和 φ_b^T，以及私人资本品生产率冲击参数 ρ_z 和 σ_z，将使用贝叶斯参数估计法求解；根据上述参数校准值以及模型的稳态均衡条件，可求解得到私人资本折旧率参数 δ_1 以及休闲效用比率 ψ 这两个参数的具体数值。为了直观展示以上参数校准值，表 4 - 3 列示了上述部分重要参数的校准结果。

表 4 - 3 模型部分参数的校准

参数	参数说明	校准值
s_{cg}	稳态政府消费性支出占总产值比重	0.1531
s_{ig}	稳态政府投资性支出占总产值比重	0.0217
s_b	稳态政府债务占总产值比重	0.1365
β	贴现因子	0.99
σ	风险厌恶系数	3.5
α	私人资本品产出弹性	0.5
α_g	公共资本品产出弹性	0.0423

续表

参数	参数说明	校准值
α_{cg}	私人消费与政府消费之间的关系系数	0.2448
h	消费惯性	0.4142
κ	投资调整成本参数	4.549
η	劳动供给弹性的倒数	2.0683
L	稳态劳动力水平	1/3
u	稳态资本利用率	1
π	稳态通货膨胀水平	1
g_A	经济体稳态增长率	1.005
ε	中间产品的替代弹性	6
ε_w	劳动力的替代弹性	6
φ_w	劳动力定价调整成本系数	499.4349
φ_p	中间产品定价调整成本系数	59.3687
δ_0	私人资本品稳态季度折旧率	0.025
δ_2	私人资本品折旧率参数	0.01
δ^g	公共资本品稳态季度折旧率	0.0250
ρ_R	货币政策规则持续性系数	0.7483
φ_π	货币政策规则通胀缺口反应系数	1.5083
φ_y	货币政策规则产出缺口反应系数	0.2240
σ_R	货币政策规则冲击标准差	0.1355
ρ_d	跨期偏好冲击持续性系数	0.1800
σ_d	跨期偏好冲击标准差	0.0800
ρ_z	私人资本品生产率冲击持续性系数	0.6273
σ_z	私人资本品生产率冲击标准差	0.1540
σ_A	劳动增进型技术进步冲击标准差	0.001

三、模型模拟

根据中国政府消费性支出规则和政府投资性支出规则的参数估计结果，结合表4-3中的模型参数校准值，本节将基于上文构建的DSGE模型对比分析政府消费性支出波动性冲击和政府投资性支出波动性冲击对中国经济体的影响效应和动态传导机制，并在此基础上进一步考察两种财政支出波动性对相应的财政支出乘数的影响效应。

为了直观分析和解释政府消费性支出以及政府投资性支出这两种财政支出波动性冲击对中国宏观经济体的动态影响和传导机制，下文分别对政府消费性支出波动性和政府投资性支出波动性施加一个单位的冲击，模拟总产出、私人消费、私人投资、劳动力、实际工资、通货膨胀等主要经济变量在这两种政府支出波动性冲击下偏离稳态水平的脉冲响应图，如图4-5和图4-6所示。

图4-5结果显示，政府消费性支出波动性冲击对经济体具有明显的消极影响，会造成经济下滑，且这种消极影响具有一定的持续性。当对经济体施加一个单位的政府消费性支出波动性冲击后，总产出、私人消费、私人投资、私人资本品、劳动力、实际边际成本、实际工资以及资本边际回报等经济变量均表现为下降趋势，而通货膨胀和无风险名义利率表现为上升趋势，由此可见，政府消费性支出波动性冲击对实际经济变量具有紧缩效应，而对名义经济变量具有放大效应。

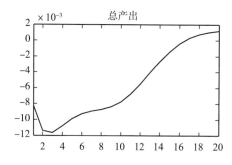
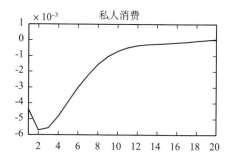

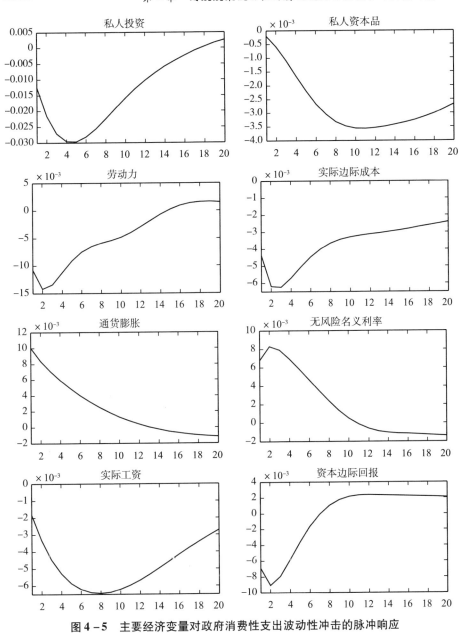

图4-5 主要经济变量对政府消费性支出波动性冲击的脉冲响应

由上文可知，总产出主要由私人消费、私人投资和政府支出构成，从图4-5中也可以观察到，在受到政府消费性支出波动性冲击后，产出的下降主要源于私人投资和私人消费的减少，且私人投资的减少大于私人消费的减少。其中，对于私人投资，家庭部门减少投资主要是因为加价（mark-up）的上升。根据本章所构建的模型可知，当经济体处于均衡状态时，实际边际成本 $(\varepsilon-1)/\varepsilon$ 是中间品生产企业加价（mark-up）稳态值的倒数。由图可知，政府消费性支出波动性冲击会造成实际边际成本下降，从而表明中间品生产企业的加价上升，由于中间品生产企业处于垄断竞争市场，加价的上升意味着中间品生产企业在保持利润不变的情况下可以减少产量，而产量的减少使得生产企业对生产要素的需求减少，即中间品生产企业对私人资本品和劳动力需求减少，私人资本品需求减少导致资本边际回报下降，因此家庭会减少私人投资。劳动力需求的减少导致实际工资降低，而资本边际回报下降和实际工资的下降也进一步解释了图中实际边际成本的减少。对于私人消费，当施加政府消费性支出波动性冲击后，政府消费性支出波动性增加，意味着政府消费性支出的不确定性提高，出于平滑消费意愿和预防性储蓄行为，家庭部门会增加储蓄，减少消费。

对于通货膨胀和无风险名义利率这两种名义变量，与实际经济变量不同，当受到政府消费性支出波动性冲击之后，两者均表现为上升趋势。其中通货膨胀的上升源于加价的上升，随着中间品生产企业对中间产品定价的提高，导致经济体总体价格水平上升，从而通货膨胀上升。对于无风险名义利率，根据货币政策规则，无风险名义利率主要根据通货膨胀和产出缺口进行调整，总产出增长越快，通货膨胀越高，则无风险名义利率越高。虽然政府消费性支出冲击导致总产出下降，然而由于通货膨胀上升，且无风险名义利率对通货膨胀的反应系数大于对产出的反应系数，因此无风险名义利率总体表现为上升趋势。需要注意的是，虽然通货膨胀和无风险名义利率均上升，但是无风险名义利率的上升幅度小于通货膨胀，即实际利率是下降的，这也符合上文分析所得的家庭部门储蓄增加，私人投资减少该结论。

根据以上分析，在受到政府消费性支出波动性冲击后，会造成总产出、私人投资等实际经济变量下降，而通货膨胀等名义经济变量上升，这主要源于加价的上升，即加价的上升在政府消费性支出波动性冲击对经济体产生影响时具有关键作用，为什么在受到政府消费性支出波动性冲击后，中间品生产企业的加价会上升呢？维拉维德等（2015）指出，加价的上升主要通过两种渠道：家庭部门的总需求渠道以及生产部门向上定价偏好渠道。其中，对于总需求渠道，正如上文所解释的，当对政府消费性支出波动性施加冲击后，政府消费性支出波动性提高，意味着经济不确定性提高，家庭部门出于平滑消费和预防性储蓄行为，会增加储蓄，减少消费，即家庭部门对产品的需求减少，若在灵活价格经济环境中，生产企业可通过降低产品价格防止需求进一步减少，家庭部门需求的减少会相对小一些，然而由于价格粘性的存在，产品价格不能随着需求变化及时调整，与需求相比，价格偏高，即生产企业加价上升，从而导致家庭部门对产品的需求进一步减少，总产出下降。加价上升的另一个渠道是生产部门的向上定价偏好渠道，当经济体的不确定性提高时，生产部门会调整价格以应对经济环境变化，在 Rotemberg 价格调整成本情境中，由于利润函数是非对称的，与竞争者定价相比，生产企业选择较高的定价时企业成本相对较低，因此中间品生产企业会偏好向上调整价格和减少产量，因此生产部门的加价上升。

图 4-6 呈现了主要经济变量在受到政府投资性支出波动性冲击后的脉冲响应，由图可知，与政府消费性支出波动性冲击相似，政府投资性支出波动性冲击同样对经济体具有消极影响，导致经济体在较长时期内表现为下滑趋势。当对经济体施加一个单位的政府投资性支出波动性冲击后，总产出、私人消费、私人投资、私人资本品、劳动力、实际工资和资本边际回报等实际经济变量呈下降趋势，而通货膨胀和无风险名义利率等名义经济变量呈上升趋势。

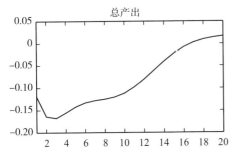
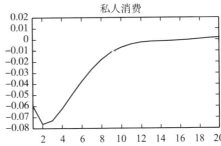

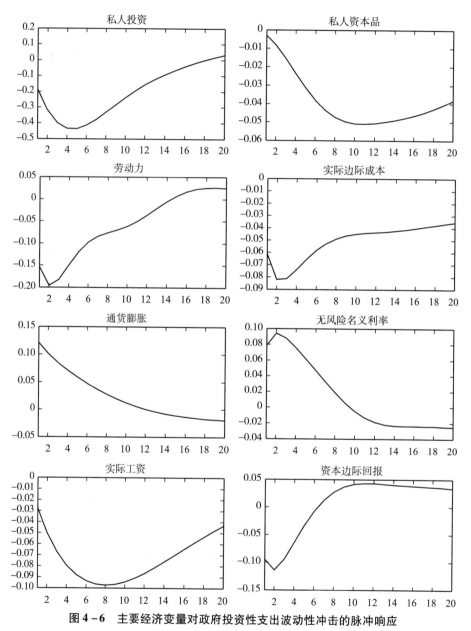

图4-6　主要经济变量对政府投资性支出波动性冲击的脉冲响应

从图中可以观察到，政府投资性支出波动性冲击作用于经济体的传导机制与政府消费性支出波动性冲击相似，主要通过家庭部门的总需求渠道以及生产部门的向上定价偏好渠道使得生产部门的加价上升，最终导致经济体总产出下降，且通货膨胀上升。具体而言，当政府投资性支出波动性受到冲击后，政府投资性支出波动性提高，经济环境的不确定性提高，出于平滑消费的意愿和预防性储蓄行为，家庭部门增加储蓄，减少当期消费，对产品的需求减少，由于价格粘性的存在，产品价格不能根据需求变化灵活调整，与需求相比，产品价格偏高，加价上升，从而造成总需求进一步减少。对于生产部门，由于中间品生产企业处于垄断竞争市场，具有一定的定价权，随着经济环境不确定性提高，生产企业会偏好向上调整价格并减少产量，从而导致生产部门对私人资本品和劳动力这两种生产要素的需求减少，私人资本品需求的减少使得资本边际回报下降，家庭部门随之减少私人投资，而劳动力需求的减少使得实际工资水平下降，资本边际回报和实际工资的下降使得企业生产的实际边际成本降低。

值得注意的是，虽然政府投资性支出波动性冲击对经济体的影响效应和传导机制与政府消费性支出波动性冲击相似，但两者对经济体的影响程度具有明显差异，与政府消费性支出波动性冲击相比，政府投资性支出波动性冲击对总产出、私人消费、私人投资、劳动力等实际经济变量的紧缩效应更大，对通货膨胀、无风险名义利率等名义经济变量的扩大效应也更大，由此表明，政府投资性支出波动性冲击对经济体的消极影响大于消费性支出波动性对经济体的消极影响。

四、结论与政策建议

本节构建 DSGE 模型，研究分析政府消费性支出和政府投资性支出这两种财政支出波动性对我国宏观经济体的影响效应和作用机制，研究结果表明：第一，财政支出的波动性测算结果表明，虽然两种不同财政支出的波动性幅度有所差异，但均存在明显的波动性，波动性随时间发生变化的趋势相似。两种财政支出的波动性幅度主要在 2008 年、2009 年以及 2012 年这三个时间段明显增大，分别反映了次贷危机、近年来欧洲债务危机对我国财政政策的影响。从总体波动性幅度看，财政总支出的波动性最小，而政府消费性支出的波动性最大。第二，财政政策波动性对宏观经济体具有消极影响，会造成总体经济下滑，且这种消极影响具有一定的持续性。无论是政府消费性支出波动性还是政府投资性支出波动性，波动性冲击对实际经济变量具有紧缩效应，而对名义经济变量具有放大效应。具体而言，当经济体受到财政政策波动性冲击后，总产出、私人消费、私人投资、劳动力、实际利率、实际工资和资本边际回报等实际经济变量呈下降趋势，而通货膨胀和名义利率等名义变量呈上升趋势。政府投资性支出波动性对经济体的消极影响大于政府消费性支出对经济体的影响。第三，政府消费性支出冲击和政府投资性支出冲击对经济体的影响机制相似，主要通过家庭部门的总需求渠道以及生产部门的向上定价偏好渠道使得生产部门的加价上升，加价的上升导致家庭减少需求，生产企业减少产量，最终导致总体经济下滑，而通货膨胀上升。

基于上述结论，本节得到如下政策启示：政府在实施财政政策调控宏观经济时，不仅要关注财政政策水平的影响，同时也要关注财政政策波动性对财政政策调控所带来的成本，财政政策的实施不仅要根据经济环境灵活调整，同时也要保证政策的平稳性和可持续性，尽可能降低财政政策波动性，避免随意的政策变动。

第四节　纳入政策波动性的财政支出乘数估算

上文研究表明，财政政策波动性对主要经济变量存在不利影响，但这并不能说明财政政策本身有害，而在于说明财政政策波动性是财政政策调控的一种潜在成本，它会降低财政政策的有效性。假如我们要根据经济环境调整财政支出、税收水平或结构等，应采取一种成本最低、代价最小的方式，即平稳、连续的财政政策。在考虑财政政策波动性的背景下，为了全面、准确评估财政政策的影响，本部分将研究财政政策波动性对政府支出乘数的影响。

一、方法选择与模型构建

西姆斯（Sims，2003）首先提出理性疏忽（rational inattention）理论，并将其运用于政府财政支出乘数的研究。其指出，当家庭在密切关注着财政政策时，扩张性财政政策的效果将大大降低，当家庭相对疏忽财政政策时，扩张性的财政政策将拥有更好的效果。RI理论放松了家庭拥有无限的能力可用以获取并处理信息的假设，其认为，在信息极大丰富的时代，家庭为了获得信息必须付出诸如搜集、甄别、筛选等方面的成本，因而在家庭通过动态选择他们各自的消费、闲暇、储蓄来最大化他们的期望效用的过程中，拥有有限能力的家庭必须通过比较各个信号的熵（entropy）以及潜在的收益来分配有限的信息搜集以及处理能力。马克威和维德霍尔特（2010）构建的基于理性疏忽的宏观经济模型表明，当家庭作出最优决策时，面对一个较稳定的信号，家庭会把较低的注意力分配在搜集以及处理这个信号上，反之则相反。我们不难得到这样的推论，当财政支出存在波动性时，相比财政支出不存在波动性的情况，家庭会将更多的注意力分配给对财政政策信息的搜集以及处理上，当政府暂时性地提高财政支出水平时，家庭会迅速地预期到潜在的税收水平的提高，因而会迅速提高储蓄水平，降低消费水平，最终导致财政支出乘数的降低，这个结论首先由德沃夏克（2011）给出。上述文献主要从理论角度分析了政策波动性对财政政策效应的影响，施文（2015）基于动态面板模型，使用多组面板数据从实证角度研究了财政政策波动性对财政支出乘数的影响，但是作者使用的是财政支出的标准差来度量财政政策波动性，无法准确度量财政政策波动性。维拉维德等（2015）使用随机波动模型（SVM），在政策反应函数中引入时变财政政策波动性，测算了财政总支出、劳动税、资本税和消费税等财政工具的时变波动性，进一步地，作者基于DSGE模型分析了以资本税为代表的财政政策波动性对主要经济变量的传导机制。然而，作者在测算财政支出波动性时使用的是财政总支出数据，并没有测算不同类型的财政支出的波动性，且作者在研究过程中并未考察财政支出波动性对经济体的影响效应。众所周知，资本税属于收入型财政政策工具，而财政支出属于支出型财政政策工具，两者对经济体的调控机制和影响效应截然不同，因此仅根据资本税波动性分析财政政策波动性对经济体的影响效应比较片面，且作者并未对财政政策波动性对财政政策的效应及有效性做进一步研究。

目前关于政府支出乘数的研究文献主要包括：王国静、田国强（2016）在 DSGE 模型的框架下讨论了政府投资支出的外部性以及政府消费支出的互补性（替代性）对财政支出乘数的影响；高铁梅等（2002）运用状态空间模型在凯恩斯 IS－LM 框架下估算了从 1992 年到 2000 年的政府支出乘数；王妍（2015）运用 STVAR 模型讨论了金融摩擦对政府财政支出乘数的影响；王立勇和徐晓莉（2018）构建 DSGE 模型在考虑金融摩擦和企业异质性等特征基础上研究政府消费性支出和政府投资性支出对国有经济与非国有经济影响的差异性，并重新估算中国政府消费性支出乘数和政府投资性支出乘数。目前还没有文献讨论财政政策波动性对中国政府支出乘数的影响。基于已有研究不足，本节根据财政支出功能，将财政政策细分为政府消费性支出和政府投资性支出，建立模型分析中国财政政策波动性对中国政府支出乘数的影响，并且估算纳入考虑财政政策波动性影响下的政府支出乘数。

为了得到财政政策波动性对财政支出乘数的动态影响，本节主要借鉴施文（2015）构建的动态模型进行研究。施文（2015）从理性疏忽理论出发，构建了动态模型，研究美国等西方国家财政政策波动性对财政支出乘数的影响，然而其在研究过程中使用政府购买支出的样本标准差作为财政政策波动性的衡量指标。正如上文所指出的，使用政府支出样本标准差得到的财政政策波动性，同时包含了政策波动性因素和经济周期因素，会放大财政政策波动性，并不能准确反映财政政策真实的波动性，从而造成研究结果的偏误。鉴于此，本部分采用上文通过随机波动模型测度得到的波动性进行研究。本节建立如下的动态模型以研究财政支出波动性对财政支出乘数的影响：

$$\Delta Y_t = \sum_{j=1}^{J} \alpha_j \Delta Y_{t-j} + \sum_{j=0}^{J} m_j \Delta g_{t-j} + \sum_{j=0}^{J} m_j^{\sigma} v_{g,t-j} \Delta g_{t-j} + u_t \qquad (4.64)$$

式（4.64）中，ΔY_{t-j} 为各期的总产出实际量的增加值、Δg_{t-j} 为各期的财政实际支出的增加值、$v_{g,t-j}$ 为各期的财政支出波动性指数，其由第三章第二节的式（3.1）及式（3.2）给出，总滞后阶数为 J。根据模型结构和变量的经济含义可知，参数 m_j 衡量了第 $t-j$ 期财政支出变化对总产值的影响，m_j^{σ} 衡量了第 $t-j$ 期财政支出对产出的影响效应会受到财政支出波动性的影响，该系数反映了财政支出波动性对财政支出乘数的作用效应：当 m_j^{σ} 大于零时，说明财政支出波动性对财政支出乘数具有正向影响，财政支出波动性越高，则财政支出乘数越大；当 m_j^{σ} 小于零时，表明财政支出波动性会抑制财政支出乘数；当 m_j^{σ} 等于零时，表明财政支出波动性与财政支出乘数无关。由此，借鉴施文（2015）关于财政支出乘数的定义方法，为了反映出财政支出波动性对支出乘数的影响，本节将短期支出乘数定义为 $m_j + m_j^{\sigma} v_{g,t-j}$，仅反映即期财政支出冲击对总产值的影响，并未考虑持续性影响。短期财政支出乘数由两部分构成，前者表示不考虑财政支出波动性时的短期乘数效应，后者表示财政支出波动性对短期乘数效应的影响大小。同样，本节将长期支出乘数定义为：

$$\sum_{J=0}^{J} m_j + \sum_{j=0}^{J} m_j^{\sigma} v_{g,t-j} / \left(1 - \sum_{j=1}^{J} \alpha_j\right) \tag{4.65}$$

由长期财政支出乘数的计算公式可知，长期财政支出乘数考虑了政府支出冲击的持续影响，反映的是政府支出冲击对总产值的累积性影响效应。与短期财政支出乘数相似，长期财政支出乘数也可以分解为两部分，分别为 $\sum_{J=0}^{J} m_j / \left(1 - \sum_{j=0}^{J} \alpha_j\right)$ 及 $\sum_{j=0}^{J} m_j^{\sigma} v_{g,t-1} / \left(1 - \sum_{j=0}^{J} \alpha_j\right)$。前者为不考虑财政支出波动性的长期支出乘数，后者为长期支出乘数中的财政支出波动因素，如果后式为负值并且 m_j^{σ} 显著不为零的话，则我们可以得出结论：财政支出波动性显著降低了政府支出乘数。

二、估 计 结 果

本节运用马尔科夫链蒙特卡洛方法得到财政支出波动性冲击 $\sigma_{g,t-j}$ 的样本抽样，取中位数作为参数的估计值，计算财政支出波动性指标。整个估计过程采用 Metropolis – Hastings 算法实现。

本节根据 AIC 信息准则选取动态模型中的最大滞后阶数 J，当 $J = 1$ 时，AIC 最小，因此本节最后选取滞后阶数 $J = 1$。表 4 – 4 所示的估计结果表明，系数 α_1、m_0、m_1、m_0^σ 以及 m_1^σ 均显著不为 0，这充分说明，财政政策波动性对政府支出乘数存在显著的影响。根据式（4 – 50）进行计算得到，在不考虑财政政策波动性的情况下，政府支出乘数约为 1.3035；考虑财政政策波动性后，历年的财政支出乘数为 1.0994 左右，这充分说明财政政策波动性的存在明显削弱了政府支出的长期乘数效应。长期乘数效应损失度高达 15.7%。高铁梅等（2002）测算得到中国政府支出乘数在 1.4 至 1.9 之间，王国静等（2015）测算的中国政府投资乘数为 6.1130。王立勇和徐晓莉（2018）测算的长期政府投资性支出乘数为 4.1214（同时考虑金融摩擦和企业异质性）、5.3434（只考虑金融摩擦而不考虑企业异质性特征）、6.1760（不包含金融摩擦和企业异质性）。从而可以得到结论，财政政策的波动性降低了政府支出乘数，财政政策波动性是财政政策调控的潜在成本。

表 4 – 4 参数估计结果

变量	参数估计结果	伴随概率
$Y(-1)$	0.1565	0.03133
g	1.1990	8.34E – 12
$g(-1)$	– 0.099	0.0707
$v_{g,t}\Delta g_t$	– 3.46E – 05	0.0044
$v_{g,t-1}\Delta g_{t-1}$	3.90E – 05	0.0005

三、基本结论

本节借鉴施文（2015）构建的动态模型分析中国财政政策波动性对中国政府支出乘数的影响，并且估算纳入考虑财政政策波动性影响下的政府支出乘数。研究结果表明，财政政策波动性会削弱财政政策有效性，财政支出波动性对财政支出乘数具有显著的负向效应，财政支出波动性越高，则长短期财政支出乘数越小。在不考虑财政政策波动性的情况下，政府支出乘数约为1.3035；考虑财政政策波动性后，历年的财政支出乘数为1.0994左右，财政政策波动性的存在明显削弱了政府支出的长期乘数效应，长期乘数效应损失度高达15.7%。财政政策波动性是财政政策调控的潜在成本。

第五章

财政政策波动性的决定因素研究

如前所述，关于财政政策波动性的研究主要集中于研究财政政策波动性的影响，相关文献如巴赫曼等（Bachmann et al.，2017）、维拉维德等（2015）、巴苏和帮迪克（Basu and Bundick，2012）、布鲁姆等（Bloom et al.，2008）、巴赫曼和贝尔（Bachmann and Bayer，2009）、多安拉尔（2002）、博格和法格伦（2010）、艾泽曼和马里恩（1993）、伦辛克等（1999）、贝克等（2012）、布鲁内蒂等（1998）、法塔斯和米霍夫（2007，2013）、王立勇和纪尧（2019）等。然而，关于财政政策波动性决定因素的研究则相对比较缺乏：（1）部分文献强调了政治因素与制度建设的作用，如法塔斯和米霍夫（2006，2007，2013）、吴（2009）、安杰洛和苏萨（2009）、阿方索等（2010）、阿尔伯克基（2011）等。其中，阿尔伯克基（2011）利用23个EU国家1980~2007年的面板数据为样本研究发现，政治因素似乎并不产生影响（选举竞争性、选举体制、代理指数等变量皆不显著），但赫芬达尔指数除外，表明在一些政党中议会席位的高度集中会提高公共支出的波动性，这与吴（2011）等文献的研究观点不同。赫尼什（2004）、约戈（2015）研究发现，民主总是与更加稳定的财政政策联系在一起。在较为民主的政治环境下，由于控制、平衡和否决权等的存在，约束了政策制定者，从而使得政策具有稳定性（Tsebelis，1995）。（2）部分文献强调了财政规则对财政政策波动性的影响，如法塔斯和米霍夫（2006）、阿尔伯克基（2011）、布尔佐夫斯基和约兰塔－戈泽拉克（2010）、王立勇和纪尧（2019）等。（3）部分文献强调社会极化现象对财政政策波动性的影响。吴（2011）

认为，社会极化程度会通过影响机会主义的政策制定者的行为而对财政政策波动性产生影响。（4）另有文献强调了经济发展水平对财政政策波动性的影响。吴（2011）、富尔切里和卡拉斯（2007，2008）、约戈（2015）指出，经济发展水平高的国家的财政政策波动性较低，小国的财政政策波动性较大。与此观点不同的是，德克西特和韦伯（2007）、费尔南德斯和利维（2008）、林克维斯特和奥斯特林（2008）则指出，在较大的国家或经济体中，个体异质性变化更加明显，进而会因为对公共物品的种类和数量偏好的差异导致社会极化现象加重，从而会由于当权者轮流执政而加剧政府支出的波动性。

立足中国现实重大问题，基于已有文献的不足，本章将重点研究财政政策波动性的决定因素，在分析中会重点考察收入差距、贸易开放、预算约束、财政透明度等因素对财政政策波动性的影响。本部分的主要内容包括：（1）收入差距与财政政策波动性。本部分主要分析收入差距对财政政策波动性的因果效应，与吴再俊（2011）不同，本部分重点考察财政政策周期性波动，而非政府随意调整导致的财政政策波动性，而且本部分提供了来自中国的经验证据和理论解释。与此同时，本章借助中国的省际面板数据模型进一步分析收入差距对财政政策波动性影响的区域异质性和非对称性。（2）贸易开放与财政政策波动性。本部分主要采用 42 个国家（36 个 OECD 国家与 6 个非 OECD 国家）与中国的财政政策波动性，借助肖等（2012）的反事实框架，以中国 2001 年底正式加入 WTO 这一事件作为准自然实验来推断贸易开放对财政政策波动性的因果效应，并借助肖等（2012）反事实框架和面板数据模型进行机制分析与检验。（3）强化预算约束与财政政策波动性。本部分借鉴了维拉维德等（2015）的测度方法，采用增加了特殊设定的方差时变模型，有效识别财政政策波动性，定量估测包括中国在内的 36 个国家的财政政策波动性，将中国 2014 年深化预算管理制度改革作为一项准自然实验，借助合成控制法来推断强化预算约束对财政政策波动性的因果效应。（4）财政透明度与财政政策波动性。本部分借助中国 2006～2016 年的省际面板数据，推断财政透明度对财政政策波动的因果效应。

第一节　收入差距与财政政策波动性

观察近几年中国经济发展，似乎呈现出两个"典型事实"：收入不平等或收入差距不断拉大，包括居民之间、城乡之间和地区之间，严重影响了居民消费水平的提高和经济增长质量的改善。Wind 数据显示，中国居民收入的基尼系数自 2000 年首次超过警戒线 0.4 以来，总体呈现出先攀升后稳定的态势。2003~2019 年，基尼系数从未低于 0.46，2017~2019 年，基尼系数有所增大且稳定在较高水平，2017 年为 0.467，2018 年为 0.468，2019 年为 0.465。与此同时，财政政策波动性有所增加，特别是 2008 年次贷危机、2009 年的希腊债务危机以及 2012 年欧洲债务危机的爆发，使得财政政策波动性达到顶峰，随后政策波动性有所降低，但随着近年来中美贸易摩擦和新冠肺炎疫情的冲击，中国财政政策波动性有所提升。然而，这二者之间是否存在联系，即收入差距对财政政策波动性是否存在因果效应，这是本节所关注的问题。针对已有研究的不足，本节将深入分析收入差距对财政政策波动性的影响，并分析这一影响的内在机理，提供相应的理论解释。与已有文献不同的是，本部分重点研究了收入差距对中国财政政策周期性波动的影响，而非政府随意调整导致的波动性，且本部分提供了来自中国的经验证据和理论解释。与此同时，本章借助省际面板数据模型进一步分析收入差距对财政政策波动性影响的区域异质性和非对称性。

一、模型设定

根据需要，本部分所构建的计量模型如式（5.1）所示：

$$volatility = \alpha + \gamma \times inequality + \beta \times X + \varepsilon \tag{5.1}$$

其中，$volatility$ 是被解释变量，表示财政政策波动性。核心解释变量是收入差距，用 $inequality$ 表示。为了缓解由于遗漏变量偏差导致的内生性，模型中增加了一系列控制变量，包括政府消费占 GDP 比例（GOV）、人均 GDP

（RGGDP）及经济开放程度指标（TRADE）等。同时，本部分实证分析中也加入了通货膨胀等其他变量作为控制变量，但回归结果不显著，所以表5－1未给出这些变量的回归结果。ε 为随机扰动项。

二、数据与指标

本部分将对实证研究所用到的数据及具体指标进行阐述，具体内容如下。

财政政策波动性。根据研究目的，本着简单易用及误差较小的原则，本部分借鉴阿方索和富尔切里（2010）和富尔切里（2007，2009，2010），采用 BK 滤波及标准差方法来提取财政支出中的非系统变动作为财政政策波动性的衡量指标。

收入差距（inequality）。已有文献通常采用泰尔指数和基尼系数来衡量收入差距。泰尔指数能够衡量组间差异，主要用来衡量城乡收入差距。因为基尼系数能够对总体收入差距进行度量，所以此处对中国收入差距状况的度量采用基尼系数。①

政府规模（gov）。用政府消费在 GDP 中所占比重来度量，与郭月梅和孙群力（2009）一致。

经济开放程度（trade）。用贸易依存度来表示经济开放程度。

市场化进程（market）。市场化进程的定量测定是一项比较复杂的工作。出于研究目的和对数据的要求，我们未直接采用樊纲教授等调查得到的市场化指数，本部分 1980～2007 年数据来源于董晓宇和郝灵艳（2010），为保持数据可比性和连续性，采用其方法计算 2008 年后的数据。这一数据与樊纲教授等所计算的市场化指数密切相关。

三、统计分析

图5－1是收入差距和财政政策波动性之间的散点图。需要说明的是，为

---

① 其中，1980～2007 年数据来源于李树培、高连水、魏下海（2009），为保持数据连续性和可比性，2008 年后的基尼系数根据其所采用方法进行计算。原始数据来源于历年《中国统计年鉴》。

了能够反映收入差距与财政政策波动性之间的净关系①，即在控制其他解释变量基础上来反映收入差距与财政政策波动性之间的关系，我们首先将财政政策波动性与收入差距数据中有关其他解释变量的信息剔除掉，然后再看二者的关系，图5－1中的数据即是做过如此处理。

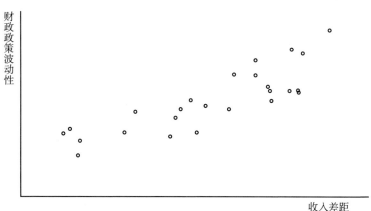

图5－1　财政政策波动性与收入差距的散点图（剔除其他变量的影响）

从图5－1中能够明显看出，财政政策波动性与收入差距之间存在明显的正相关关系，而且基本呈现线性关系。换言之，随着收入差距变大，在其他因素不变的情况下，财政政策波动性将变大。

图5－2是财政政策波动性与收入差距二者之间原始数据的散点图，纵轴表示财政政策波动性，横轴表示收入差距。从中也能够明显看出二者之间的正相关关系，但与图5－1不同的是，在图5－2所示的散点图中，在基尼系数超过0.4的情况下，财政政策波动性与收入差距之间的关系虽仍保持线性关系，但这一段的线性关系比0.4水平之前似乎要更加陡峭。似乎预示着，当收入差距扩大到一定程度，收入差距对财政政策波动性的影响更加剧烈。

① 此处的净关系即是财政政策波动性与收入差距之间偏相关关系。

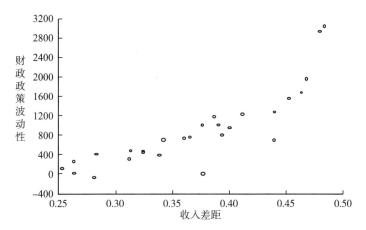

图 5 - 2 财政政策波动性与收入差距的散点图（原始数据）

这里采取两种方式来刻画这种关系：首先，建立反映财政政策波动性与收入差距间 U 型关系或倒 U 型关系的模型。其次，为了反映收入差距对财政政策波动性可能存在门限效应，本部分采用样条回归（spline regression），回归模型如式（5.2）所示：

$$volatility = \alpha + \gamma_1 \times inequality + \gamma_2 d(inequality - \tau) + \beta \times X + \varepsilon \quad (5.2)$$

其中，τ 表示收入差距的门限值，在这里我们尝试 0.4、0.42、0.43、0.44、0.45 几个数字[①]，d 是一个虚拟变量，当收入差距大于 τ 时，其取值为 1，否则，取值为 0。为了充分分析收入差距对财政政策波动性的影响，下文将进行更为严格的计量分析和假设检验。

四、实证分析

对式（5 -1）所示模型进行估计，[②] 估计结果见表 5 -1。[③]

表5-1   估计结果

解释变量	(1) OLS	(2) OLS	(3) OLS	(4) GMM	(5) GMM	(6) GMM
收入差距	1190.06 ** (0.0032)	969.56 * (0.042)	1451.24 * (0.0219)	958.65 ** (0.0000)	1057.13 ** (0.0000)	1451.61 ** (0.0000)
人均 GDP	-0.04 * (0.043)	-0.034 ** (0.0000)	-0.029 ** (0.0029)	-0.044 ** (0.0000)	-0.038 ** (0.0000)	-0.031 ** (0.0000)
政府规模	—	-5347 ** (0.0092)	-4873.5 * (0.0308)	—	-7677.18 ** (0.0000)	-3696.15 ** (0.0000)
贸易开放	—	—	-565.4 * (0.04)	—	—	-488.95 ** (0.0000)
调整 R^2	0.72	0.87	0.91	0.76	0.85	0.92
F/J	24.44 **	28.23 **	21.88 **	0.29	0.26	0.27

注：** 表示在1%水平上显著，* 表示在5%水平上显著；括号内为伴随概率值。

在表5-1中，列（1）至列（3）是借助 OLS 进行回归得到的估计结果，而列（4）至列（6）是借助 GMM 进行估计得到的结果，这部分结果考虑了模型中可能存在的内生性问题。检验结果表明，GMM 估计中所使用的工具变量有效，矩条件成立。

表5-1中的结果表明，收入差距扩大能够加剧财政政策波动性，二者存在正相关关系。人均 GDP 的系数估计结果显著为负，这表明随着收入水平的提高，财政政策更加稳定，波动性降低。经济开放度变量的系数估计结果显著，这说明，一个经济体越开放，其财政政策波动性越小，高度开放的经济能够降低财政政策波动性。

五、稳健性检验

本部分从模型形式设定、样本数据变换和改换测度方式、分区域考察等角度进行稳健性检验，具体内容如下。

1. 模型形式设定。

我们在式（5.1）所示模型中增加了基尼系数的平方项，并且为了减少基尼系数与其平方项的较高相关性给估计结果带来的影响，我们也对中心化以后的数据进行了回归分析，但该项的回归结果并不显著，说明基尼系数对财政政策波动性并不存在 U 型或倒 U 型影响关系。紧接着，我们对式（5.2）所示的模型进行回归，并使结点 τ 分别取值为 0.4、0.41、0.42、0.43、0.44 等几个数字，结果 γ_2 的回归结果不显著，一方面，说明收入差距对财政政策波动性的影响路径并没有在收入差距不断拉大过程中出现较大不同；另一方面，也说明剔除其他变量影响后的收入差距与财政政策波动性散点图更加可靠，而原始变量间的散点图有时候并不能反映变量之间的净关系，如同相关系数无法准确反映变量之间净关系的道理相似。限于篇幅，我们在实证结果中并没有列出相关的回归结果。

2. 样本数据变换和改换测度方式。

上文实证结果表明，收入差距、收入水平、政府规模和经济开放度是影响财政政策波动性的重要因素。其中，收入差距越大，财政政策波动性越大，即收入差距扩大会使得财政政策波动加剧。为了进一步分析收入差距与财政政策波动性的关系，本部分借助中国省际面板数据重点分析收入差距对财政政策波动性的影响。本部分样本是 1985 ~ 2016 年 30 个（西藏除外）省、市和自治区的面板数据。本部分采用模型如下：

$$volatility_{it} = \alpha + \beta inequality_{it} + \gamma X_{it} + \varepsilon_{it} \qquad (5.3)$$

在式（5.3）所示的模型中，$volatility_{it}$ 是被解释变量，代表财政政策波动性；$inequality_{it}$ 为核心解释变量，表示收入差距；为了缓解由于遗漏变量偏差导致的内生性问题，我们在模型中增加了一系列控制变量，用 X_{it} 表示，包括贸易开放（$trade_{it}$）、教育水平（edu_{it}）、政府规模（gov_{it}）和经济发展水平（$agdp_{it}$）。式（5.3）所示模型主要用来推断收入差距如何影响财政政策波动性。表 5-2 给出各个指标含义与数据来源。

表5-2   变量说明

	变量	计算方法与说明
被解释变量	财政政策波动性	财政变量（财政支出）增长率标准差
核心解释变量	收入差距	城镇居民人均可支配收入/农村居民人均纯收入
	收入差距变动方向（d）	（虚拟变量）收入差距的当期值减去上一期的值
控制变量	政府规模（gov）	政府消费/地区生产总值
	对外贸易开放度（trade）	进出口总额/地区生产总值
	教育水平（edu）	高等学校数目
	经济发展水平（agdp）	人均地区生产总值

首先，借助 F 检验结果发现，本部分所用面板数据模型不是混合回归模型，而是变截距模型；其次，借助 Hausman 检验结果发现，本部分所用模型为固定效应模型。具体检验结果见表 5-3。

表5-3   模型设定的检验结果

地区	检验方法	统计量	p 值	检验结论
全国	F 检验	5.694	0.000	非混合模型
	Hausman 检验	36.715	0.000	个体固定效应模型
东部	F 检验	10.541	0.000	非混合模型
	Hausman 检验	44.977	0.000	个体固定效应模型
中部	F 检验	6.830	0.000	非混合模型
	Hausman 检验	33.142	0.000	个体固定效应模型
西部	F 检验	2.637	0.000	非混合模型
	Hausman 检验	16.168	0.006	个体随机效应模型

为了避免和解决模型中可能存在的内生性问题，我们在回归中采用两阶段最小二乘法进行估计，所用工具变量均为相应变量的滞后值。

3. 区域异质性分析。

本部分分别借助全国、东、中、西部数据对式（5.3）所示模型进行回归，得到回归结果如表 5 - 4 所示。

表 5 - 4　　　　　　　　　　　模型回归结果

被解释变量	$volatility_{it}$			
解释变量	全国	东部	中部	西部
常数项	0. 082 ***	0. 062 ***	0. 184 ***	0. 126 ***
收入差距	0. 014 ***	0. 013 **	0. 038 *	0. 011 **
政府规模	− 0. 186 ***	− 0. 240 ***	− 0. 246 **	− 0. 164 **
贸易开放	− 0. 019 ***	− 0. 019 ***	0. 145	− 0. 017 ***
教育水平	0. 013 **	0. 034 ***	− 0. 034 **	− 0. 021 ***
经济发展水平	− 0. 021 ***	− 0. 032 ***	− 0. 063 *	− 0. 002
R^2	0. 295	0. 393	0. 189	0. 094
F 值	9. 457 ***	12. 290 ***	7. 874 ***	4. 937 ***

注：*** 、** 、* 分别表示在 1% 、5% 、10% 的水平下显著。

从表 5 - 4 所示的回归结果可以看出，全国数据回归结果显示，收入差距变量的系数估计结果显著为正，表明收入差距变大会使得财政政策波动性也变大。从区域比较视角看，在各个地区里，收入差距对财政政策波动性的影响依然为正，但在不同区域，影响程度具有差异性，中部地区最强劲。

六、收入差距的非对称性影响分析

为了深入分析收入差距影响的非对称性，本部分借助全国和三个地区的样本对式 （5.4） 进行估计：

$$volatility_{it} = \alpha + \beta\, inequality_{it} + \theta d_{it} \times inequality_{it} + \gamma\, X_{it} + \varepsilon_{it} \qquad (5.4)$$

在式 （5.4） 所示的模型中，$volatility_{it}$ 是被解释变量，代表财政政策波动性；$inequality_{it}$ 为核心解释变量，表示收入差距；d_{it} 为刻画收入差距是否扩大的虚拟变量，若收入差距变大，则 d_{it} 取值为 1，相反，若收入差距缩小，则 d_{it} 取值为 0；式 （5.4） 所示模型主要用来分析收入差距影响的非对称性。得

到估计结果见表5-5。

表5-5　　　　　　　　　　　模型回归结果

被解释变量	$volatility_{it}$			
解释变量	全国	东部	中部	西部
常数项	0.075 ***	0.038	0.185 ***	0.088 ***
Inequality	0.017 ***	0.021 **	0.032 **	0.014 ***
$d \times inequality$	0.017 **	0.015 ***	0.020 ***	0.018 **
政府规模	- 0.226 ***	- 0.326 ***	- 0.415 ***	- 0.192 ***
贸易开放度	- 0.022 ***	- 0.026 ***	- 0.017 **	- 0.024 ***
教育水平	0.006	0.032 ***	- 0.033 ***	- 0.024 ***
经济发展水平	- 0.013 ***	- 0.027 ***	- 0.0219 *	0.007
R^2	0.270	0.341	0.311	0.028
F 值	9.126 ***	11.602 ***	7.993 ***	6.582 ***

注：*** 、** 、* 分别表示在1%、5%、10%的水平下显著。

根据表5-5所示结果可以看出，不管采用全国数据还是区域性数据，收入差距与刻画收入差距变动虚拟变量的系数估计结果均显著为正，充分表明收入差距存在非对称影响。相比而言，收入差距扩大带来的影响程度大于收入差距缩小的影响程度。

七、内在机理分析

上文研究表明，收入差距变大，在其他因素不变的情况下，财政政策波动性将变大。根据经济理论和经济行为，收入差距对财政政策波动性产生正向影响可从以下几方面来理解。

首先，收入差距会通过放松政府资金预算约束引致财政政策周期性波动。在我国经济高速增长的背景下，收入差距逐渐扩大，政府受到的支出资金预算约束放松，刺激政府的投资或支出冲动，从而增加了财政政策波动性。此外，腐败的存在通常会放大收入差距对财政政策波动性的这一影响。显而易见的是，一个腐败部门的支出政策会偏离中央政府的政策目标，往往会在调控经济过程中成倍放大财政支出规模，造成财政政策波动性。为了侧面说明这一问题，我们给出财政支出与收入差距的散点图，如图 5 – 3 所示。其中，纵轴表示实际财政支出，横轴表示收入差距。同时，我们采用非参数模拟方法中局部多项式的局部线性逼近方法给出二者关系的模拟曲线（模拟窗口大小 h 为 0.3）。从中可以明显看出，随着收入差距的拉大，政府支出变化速率在不断提高，从而财政政策波动性在增强。

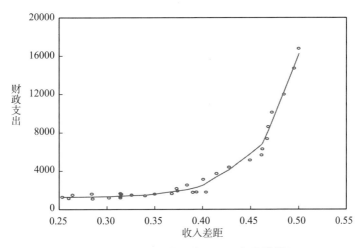

图 5 – 3　财政支出与收入差距的散点图（局部线性模拟，$h=0.3$）

　　其次，随着收入差距拉大，收入会不断向高收入群体集中，引起社会整体消费倾向降低，导致消费波动。而且，这种波动会使得经济不确定性加大，微观经济主体预见性降低，风险中性的投资者会降低投资以减少损失，消费者也会因此而降低当期消费，引起更大波动。政府宏观经济政策，特别是财政政策就会进行一些逆周期操作，频繁相机调整财政支出和收入。同时，由于政府对经济形势判断不准，往往会超调财政支出，造成更大波动。收入差距的这一影响在社会信贷资金和人们的借贷渠道受到约束的情况下会更加明显，因为这将限制人们的平滑消费决策，导致消费波动及产出波动加大，由此引起财政政策的相应波动加大。从这一点来看，金融市场和资本市场的不断完善，将减少收入差距的这一影响。[①]

最后，当一个经济体的收入差距较大时，各个群体有自己的政策偏好，不同群体的政策偏好可能存在较大差异，这会使得政策协调尤为困难，出现协调失灵。在制度约束弱化的情况下，不同经济政策制定者都会尽可能满足某些经济群体的利益，在资源有限的情况下，这会导致财政赤字，一般而言，利益分化越大，财政赤字越大。与此同时，如果一个社会的利益分化严重，微弱财政收入也会使得政府支出变动变大，且贫富分化越严重，政府支出变动（财政政策的波动性）越大。在中国，政府宏观调控，特别是政府财政政策却时常会根据政府目标对不同阶层利益做出反应，相机抉择导致的波动性较大，自动稳定波动成分极小，政府调整相关支出或收入的动作较为频繁。同时，当收入差距不断扩大，特别是当收入差距极度严重时，不同群体之间的矛盾有可能会激化，社会不稳定因素增加，政府为了维持社会稳定，可能做出的财政支出调整是非常规的，从而导致财政政策波动性加剧。

第二节　贸易开放与财政政策波动性

改革开放以来，中国对外开放程度不断提高。特别是，2001 年 12 月 11 日正式加入世界贸易组织，标志着中国更进一步融入了国际分工与国际生产贸易链。经过近几十年的开放实践，2013 年中国快速发展为超越英美传统强国的世界第一出口大国，随后中国货物与服务出口规模仍保持不断增长势头。2010 年，中国超过德国成为世界第二进口大国，随后进口规模虽有波动，但总体保持快速增长态势。2020 年由于新冠肺炎疫情的冲击，进口规模有所回落。2020 年进出口总额、出口总额双双创新高，国际市场份额亦创历史最好纪录，成为全球唯一实现货物贸易正增长的主要经济体。据海关总署统计，2020 年中国货物贸易进出口总值 32.16 万亿元人民币，同比增长 1.9%。其

---

① Aghion, P., G. - M. Angeletos, et al. (2010), "Volatility and growth: Credit constraints and the composition of investment", *Journal of Monetary Economics*, 57 (3): 246 - 265.

中，出口 17.93 万亿元，增长 4%；进口 14.23 万亿元，下降 0.7%；贸易顺差 3.7 万亿元，增加 27.4%。随着中国开放程度和全球化进程的逐步推进，财政政策特征不仅受到内部环境的影响，且与外界因素息息相关，即贸易开放能够影响财政政策及其相关特征。例如，艾格特松等（Eggertsson et al.，2016a，2016b）强调贸易开放对一国财政政策实施的冲击和影响。罗德里克（1998）、莱恩（2003）、兰姆（Ram，2009）、郭月梅和孙群力（2009）、高凌云和毛日昇（2011）、梅冬州和龚六堂（2012）、毛捷等（2015）等研究表明，贸易开放对财政支出规模有重要影响；陈诗一和张军（2008）等则表明，贸易开放对政府支出效率有一定的影响。可见，随着全球经济开放程度的逐步加大，外部环境的不确定性等对国内政策实施带来的影响不容忽视，财政政策实施的稳定性与效果同样受其影响。财政政策波动性作为与财政政策持久性和财政政策周期性一起被经济学者和政策界关注的三大政策特征之一（Fatas and Mohiv，2007；Afonso et al.，2010），是否会受到贸易开放进程的影响？或者存在何种程度或方向的影响？这是本节所关注的问题。对该问题的研究，不仅有利于开放经济背景下的财政调控政策的选择和制定，而且是评价中国财政政策实施效果的重要方面，更是规避财政政策调控背后潜在成本的重要依据。① 特别是在党的十九大报告明确指出，"推动形成全面开放新格局""拓展对外贸易，培育贸易新业态新模式，推进贸易强国建设""着力构建市场机制有效、微观主体有活力、宏观调控有度的经济体制"的背景下，厘清贸易开放对财政政策波动性的影响方向和影响机理显得尤为重要。从实际经济行为看，贸易开放与财政政策波动性的确可能存在较强的相关性，为了直观显示贸易开放度与财政政策波动性之间的关系，本部分给出各个国家二者关系的散点图，如图 5-4 所示。从图中能够看出，贸易开放度与财政政策波动性呈现负相关关系，即贸易开放程度越高，财政政策波动性会越小。②

---

① 已有文献普遍认为，财政政策波动性是政策调控的重要代价或潜在成本，如费尔南德斯等（2015）、阿方索和雅莱斯（2012）、法塔斯和米霍夫等（2013）等。

② 此处的贸易开放度用进出口额占 GDP 的比重来表示；关于财政政策波动性的具体测度，见下文。

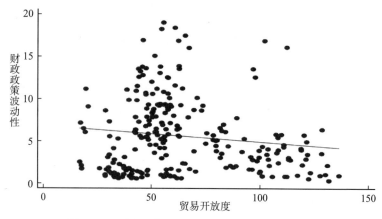

图 5-4 财政政策波动性与贸易开放度的散点图

然而，以上关系是否真的成立？贸易开放对财政政策波动性是否真的存在因果效应？贸易开放度对财政政策波动性的因果效应究竟如何？这需要进行科学严谨的分析和研究。在此背景下，本部分首先借鉴费尔南德斯等（2015）的测度方法，引入方差时变模型测度财政政策波动性，测度了42个国家（36个 OECD 国家与6个非 OECD 国家）与中国的财政政策波动性，并借助肖等（2012）的反事实框架，利用42个国家与中国的个体相关性，以中国2001年底正式加入 WTO 这一事件作为准自然实验进行反事实分析，以此推断贸易开放对财政政策波动性的因果效应，并借助肖等（2012）反事实框架和面板数据模型等进行机制分析与检验。与已有研究相比，本部分的主要贡献在于：第一，本部分比较分析并采用合理、适用的方法估算各国财政政策波动性，识别了36个 OECD 国家、6个非 OECD 国家及中国的财政政策波动性，有效区分财政冲击及财政波动性冲击，为相关研究提供了数据基础和指标基础。第二，本部分从新的视角分析了贸易开放的效应及财政政策波动性的影响因素，即分析了贸易开放对财政政策波动性的影响，且为了更加准确推断贸易开放对财政政策波动性的因果效应，本部分以2001年底中国加入 WTO 作为一项准自然试验，借助准自然实验分析方法，即考虑时变混杂因素的回归合成法来进行研究，并采用阿西等（Athey et al.，2018）提出的"Matrix Completion"机器学习方法等进行了一系列稳健性分析，提供了新的且更加稳健的经验证据。第三，本部分不仅分析了贸易开放对财政政策波动性的因果效应，而且探讨了这一因果效应的理论机制，并借助回归合成法及面板数据模型等对贸易开放的影响机理与传导机制进行验证。第四，本部分的研究能够为贸易开放对经济增长的影响提供新的机理解释，即从政策波动性视角来理解贸易开放对经济增长的影响。

本节其他部分安排如下：第一部分，阐述本节研究所用的主体模型、说明数据来源等；第二部分，借助肖等（2012）的反事实框架推断贸易开放对财政政策波动性的因果效应，并进行相应的稳健性检验；第三部分，分析贸易开放影响财政政策波动性的内在机制和机理；第四部分是基本结论和相应政策建议。

一、模型设定和数据说明

本部分主要是描述和介绍实证研究所用模型及具体指标。具体内容如下：

1. 反事实模型框架设定。

本部分基于肖等（2012）的反事实框架，利用 42 个国家（36 个 OECD 国家与 6 个非 OECD 国家）与中国的个体相关性，以中国 2001 年底正式加入 WTO 这一事件作为准自然实验进行反事实分析，以此推断贸易开放对财政政策波动性的因果效应。

具体而言，用 Y_{it}^{N} 表示 42 个国家的财政政策波动性（控制组），用 Y_{it}^{I} 表示中国的财政政策波动性（实验组）。设 T_0 是 2001 年，$i = 1$ 表示中国，则中国加入 WTO 这一事件对财政政策波动性的影响可以表示为：

$$\tau_{1t} = Y_{1t}^{I} - Y_{1t}^{N} \quad t = T_0 + 1, \cdots, T \tag{5.5}$$

其中，Y_{1t}^{N} 是中国没有加入 WTO 的潜在结果，不可观测。假设所有国家的潜在结果服从下列共同因子模型：

$$Y_{it}^{N} = \mu_i + b'f_t + \varepsilon_{it} \quad i = 1, \cdots, 36, \quad t = 1, \cdots, T \tag{5.6}$$

其中，μ_i 是固定效应，f_t 是 $K \times 1$ 维的不可观测的时变共同因子，b_i 是不随时间变化但随个体变化的常数，ε_{it} 是误差项，满足 $E[\varepsilon_{it}] = 0$，将式（5.6）写成矩阵形式 $Y_t^{N} = \mu + Bf_t + \varepsilon_t$，并引入下列假设：对于所有个体

i，$\|b_i\| = c < \infty$；ε_t 服从 $I(0)$，$E[\varepsilon_{it}] = 0$，$E[\varepsilon_t \varepsilon'_t] = V$，其中 V 是对角常数矩阵；$E[\varepsilon_t f'_t] = 0$；$Rank(B) = K$；$E[\varepsilon_{js} | d_{it}] = 0$，$j \neq i$ 其中 d_{it} 是表示国家 i 在第 t 期干预状态的虚拟变量。在上述假设下，如果数据的截面个体数量和时间跨度都足够大，可以利用白和吴（Bai and Ng，2002）的方法估计共同因子。但通常情况下数据不满足该要求，根据肖等（2012），可以利用 $Y_t = (Y^N_{2t}, \cdots, Y^N_{36,t})$ 代替共同因子 f_t 估计 Y^N_{1t}。令 a 是零空间 B 中的向量，$a = (1, -\lambda')'$，$\lambda = (\lambda_2, \cdots, \lambda_{36})$，则 $a'B = 0$。此时式（5.6）两边同时乘以 a'，则共同因子 f_t 被消除。因此 $Y^N_{1t} = \lambda_1 + \lambda' Y_t + \varepsilon^*_{1t}$，$\lambda_1 = a'\mu$，$\varepsilon^*_{1t} = a' \varepsilon_t = \varepsilon_{1t} - \lambda' \varepsilon_t$，$\varepsilon_t = (\varepsilon_{2t}, \cdots, \varepsilon_{36,t})'$。因为 ε^*_{1t} 依赖于包括中国在内的 43 个截面个体的误差项 ε_t，因此 ε^*_{1t} 和 Y_t 是相关的。将 ε^*_{1t} 分解，$\varepsilon^*_{1t} = E[\varepsilon^*_{1t} | Y_t] + v_{1t}$，因为 $v_{1t} = \varepsilon^*_{1t} - E[\varepsilon^*_{1t} | Y_t]$，因此 $E[v_{1t} | Y_t] = 0$。式（5.6）可以改写成如下形式：

$$Y^N_{1t} = \lambda_1 + \lambda' Y_t + E[\varepsilon^*_{1t} | Y_t] + v_{1t} \qquad (5.7)$$

根据肖等（2012）中的假设 $E[\varepsilon^*_{1t} | Y_t] = \theta + \varphi' Y_t$，因为 $E[v_{1t} | Y_t] = 0$，故将式（5.7）写成：

$$Y^N_{1t} = \delta_1 + \delta' Y_t + v_{1t} \qquad (5.8)$$

其中，$\delta_1 = \lambda_1 + \theta$，$\delta = \lambda + \varphi$。此时 OLS 估计是一致的，可以利用式（5.8）的系数 OLS 估计结果预测潜在结果 $\hat{Y}^N_{1t} = \hat{\delta}_1 + \hat{\delta}' Y_t$。因此，我国加入 WTO 这一事件对财政政策波动性的影响可由式（5.9）计算出来：

$$\hat{\tau}_{1t} = Y^I_{1t} - \hat{Y}^N_{1t} \quad t = T_0 + 1, \cdots, T \qquad (5.9)$$

2. 数据说明。

与第三章第五节类似，本部分所使用的数据来源于 OECD 数据库、世界银行数据库和 BVD 宏观数据库。由于部分非 OECD 国家存在大量缺失值，因此本部分选取了数据较完整的 6 个非 OECD 国家，分别是巴西、哥伦比亚、哥斯达黎加、南非、印度、印度尼西亚。我国的数据来源于国家统计局、世界银行数据库以及亚特兰大联邦储备银行的中国宏观经济数据库。考虑到 2007 年的金融危机以及之后中国的"四万亿"财政刺激，可能会对财政政策波动性产生重要影响，从而会高估和混淆贸易开放的因果效应，同时考虑到数据的可获得性和满足因果效应推断的需要，本部分所用样本区间为 1999 年第 1 季度到 2006 年第 4 季度，所用数据已进行季节调整及相应处理。

　　财政政策波动性的国别面板数据采用第三章的测度结果，具体测度过程和测度结果见第三章第三节的分析。

二、实证结果

　　本部分将借助上文反事实分析方法来推断贸易开放对财政政策波动性的因果效应，换言之，本部分借鉴肖等（2012）的回归合成法思路，利用 42 个国家作为控制组构建中国加入 WTO 之后财政政策波动性的反事实状态。考虑到我国正式加入 WTO 的时间是 2001 年底，因此本部分在拟合时设置政策发生时间点为 2002 年第一季度。模型拟合结果如表 5 - 6 所示。

表 5 - 6　　　　　　　　　　回归合成权重估计结果

国家	权重	标准误
法国	1.473 ***	0.06
韩国	0.312 ***	0.018
新西兰	0.068 **	0.021
意大利	- 1.284 ***	0.145

　　注：*** 、** 分别表示变量在 1%、5% 的水平上显著。

　　表 5 - 6 所示的拟合结果说明，用来拟合我国财政政策波动性反事实状态的国家有法国、韩国、新西兰、意大利，权重分别为 1.473、0.312、0.068 和 - 1.284。模型的调整 R^2 达到 0.994，F 统计量在 1% 的水平上显著，这充分证明了本部分所用模型和数据的稳健性与合理性。图 5 - 5 给出中国加入 WTO 后财政政策波动性的反事实状态结果。

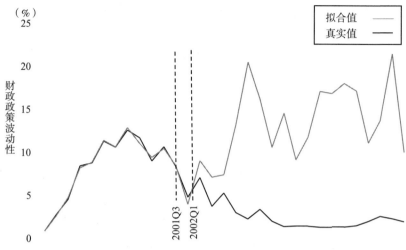

图 5-5　中国加入 WTO 之后财政政策波动性的反事实情形

从图 5-5 中可以看到，在 2002 年第 1 季度之前，中国财政政策波动性与加权合成的反事实状态的财政政策波动性呈现高拟合度，两条线几乎重合，说明本部分加权合成的反事实状态具有很好的效果。随后在 2002 年第 1 季度之后，真实的中国财政政策波动性与拟合的反事实状态的财政政策波动性出现分离，分离的趋势非常显著且平稳，充分说明贸易开放对财政政策波动性确实存在显著影响。从图 5-5 中两条线的位置可以看出，中国财政政策波动性位于加权合成的反事实状态下的财政政策波动性之下，表示处理效应为负，即相比较于反事实情形，2001 年底加入 WTO 这一事实确实使得中国的财政政策波动性出现下降。因此，本部分认为，贸易开放度的扩大有利于降低财政政策波动性。这一效应存在一定的滞后性，滞后期约为两个季度。

三、稳健性检验

本部分将从六个方面进行稳健性检验，即改变政策发生时点的稳健性检验、改变政策发生地区的稳健性检验、用税收政策波动性衡量财政政策波动性的稳健性检验、改变波动性测度方法的稳健性检验，以及利用阿西等

（2018）提出的"Matrix Completion"方法进行稳健性检验。且为了研究结论的可信性，本部分还给出国别面板数据的回归结果。

1. 改变政策发生时点的稳健性检验。

为保证以上研究结果的稳健性，本部分首先借鉴阿巴迪等（Abadie et al. , 2015）的做法，进行改变政策发生时点的稳健性检验，即将政策发生时点提前至2001年第3季度。如果从虚拟的政策冲击发生时间点到真实的政策冲击发生时间点之间，加权合成的财政政策波动性反事实情况与其真实值接近，则可以说明模型结果具有稳健性，否则若加权合成的财政政策波动性的反事实情况与其真实值相差较大，则说明上述研究结论不具有稳健性。本部分以新的虚拟政策冲击发生时点进行模型估计，得到结果如图5-6所示。

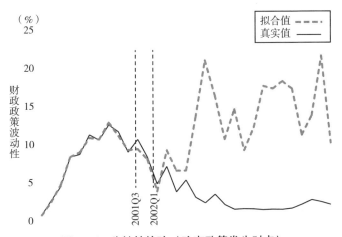

图5-6 稳健性检验（改变政策发生时点）

从图5-6所示的模型拟合结果可以看出，在2001年第3季度政策发生之后，一直持续到2002年第1季度，加权合成的财政政策波动性反事实状态和真实值非常接近，具有高度拟合性，波动态势不存在明显差异，直到2002年第1季度之后才出现明显分离，与图5-5的结论完全一致。这充分说明，上文合成的财政政策波动性的反事实状态是合理的，以上研究结论具有稳健性。

2. 改变政策发生地区的稳健性检验。

除了上述改变政策发生时间点的稳健性检验之外，本部分还借鉴阿巴迪等（2010），通过改变政策发生地区来验证结果的稳健性。假定除中国以外的其余42个国家分别在同样的时间点受到政策冲击，分别拟合这些国家财政政策波动性的反事实情形，来验证结论的稳健性。在本部分中，各个国家财政政策波动性的真实值与加权合成的反事实状态之间的差距，可以体现出贸易开放的政策效果，如图5-7所示。其中加粗的折线代表中国。

从图5-7所示的估计结果可以明显看出，在加入WTO冲击发生时间点（2002年第1季度）之后，在滞后约两个季度后，中国呈现出的政策效果几乎全部为负值，且在所有样本国家中，中国的政策效果非常显著，与图5-5所示的结论相一致，说明以上研究结论具有稳健性。

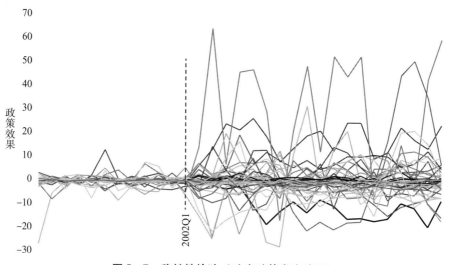

图5-7 稳健性检验（改变政策发生地区）

3. 基于Matrix Completion方法的稳健性检验。

除上述稳健性检验之外，本部分接下来利用阿西等（2018）提出的"Matrix Completion"方法再次检验模型结果的稳健性，重新验证中国加入WTO对国内财政政策波动性造成的冲击。"Matrix Completion"方法是基于机

器学习中的矩阵填充算法，将未知的预测变量包含在一个低秩矩阵 L 中（假设所有的数据分布在一个低维线性子空间），得到一个"核范数最小化矩阵填充估计量"进而实现变量的反事实预测。基本原理如下：假设 Y 是全部样本地区（包括所有的实验组地区和控制组地区）的财政政策波动性构成的矩阵，包含全部的已知数据和反事实的未知缺失值数据，Y_{it} 是其中的一个元素。L 是用来预测 Y 中所包含的缺失值的低秩矩阵，L_{it} 是其中的一个元素。不失一般性，当不存在协变量时，$Y_{it} = L_{it} + \varepsilon_{it}$。因此当低秩矩阵 L 可以估计时，可得到 Y_{it}。低秩矩阵 L 的估计值可以表示为 $\hat{L} = \arg\min_L \dfrac{1}{\#\text{Controls}} \sum_{D_{it}=0} (Y_{it} - L_{it})^2 + \lambda_L \|L\|$，其中 D_{it} 表示样本地区受到政策干预的虚拟变量，当样本地区受到政策干预时取值为 1，其余情况下取值为 0。"#Controls"表示控制组地区的样本个数。$\lambda_L \|L\|_*$ 表示优化求解时的惩罚项，λ_L 是惩罚因子，$\|L\|_*$ 表示低秩矩阵 L 的核范数。$\|L\|_* = \sum_i \sigma_i(L)$，$\sigma_i(L)$ 是矩阵 L 的奇异值。上式通过奇异值分解（singular value decomposition）和交叉验证（cross-validation）可进行求解（Mazumder et al.，2010；Athey et al.，2018）。当存在协变量时，比如时间固定效应 δ_t、地区固定效应 γ_i、随个体而变的固定协变量 X_i（待估计系数是时变的）、时间协变量 Z_t（待估计系数是随个体而变的），以及其他随个体—时间变化的协变量 V_{it} 时，目标式可以写为如下形式：$Y_{it} = L_{it}^* + \sum_{p=1}^P \sum_{q=1}^Q X_{ip} H_{pq}^* Z_{qt} + \gamma_i^* + \delta_i^* + V_{it}^\top \beta^* + \varepsilon_{it}$。求解如下的凸规划问题：

$$\min_{H,L,\delta,\gamma,\beta} \Big[\sum_{D_{it}=0} \frac{1}{\#\text{Controls}} \big(Y_{it} - L_{it} - \sum_{p=1}^P \sum_{q=1}^Q X_{ip} H_{pq} Z_{qt} - \gamma_i - \delta_t - V_{it}\beta\big)^2 + \lambda_L \|L\|_* + \lambda_H \|H\|_{1,e} \Big]$$

，其中 $\|H\|_{1,e}$ 是对位（element-wise）L_1 范数，λ_L 和 λ_H 是交叉验证得到的惩罚因子，通过范数正则化和奇异值分解的方法对低秩矩阵 L 和相关参数求解，可以得到 Y_{it} 的估计值，即 2002 年第 1 季度之后的反事实的财政政策波动性。为得到更稳健的结果，本部分使用了 1996～2006 年的季度数据测算的财政政策波动性，结果如图 5-8 所示（受到政策冲击的时间点仍然设置为 2002 年第 1 季度）：

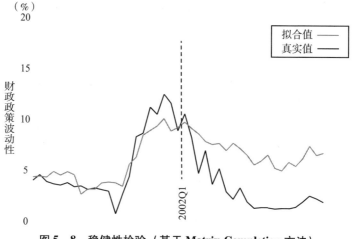

图 5 – 8　稳健性检验（基于 Matrix Completion 方法）

图 5 – 8 所示结果表明，在 2002 年第 1 季度之前，拟合的财政政策波动性与中国财政政策波动性真实值的走势基本一致，两条曲线没有出现趋势分离。然而，在 2002 年第 1 季度后，拟合的财政政策波动性与中国财政政策波动性真实值的走势出现明显分离，合成的财政政策波动性反事实状态一直高于中国财政政策波动性真实值，说明加入 WTO 这一冲击显著降低了中国的财政政策波动性，这与图 5 – 5 的结论仍然是一致的。

4. 改变财政政策波动性测度指标的稳健性检验。

为了增强研究结论的稳健性和可信度，本部分将改变财政政策波动性测度指标进行稳健性检验。具体地，本部分从税收角度测算了各个样本国家的财政政策波动性，将其作为新的财政政策波动性测度指标，[①] 并利用肖等（2012）分析方法重新检验贸易开放对财政政策波动性的因果效应，在分析中将 2002 年设置为政策冲击发生时点。通过模型估计，本部分得到中国加入 WTO 后财政政策波动性的反事实情形如图 5 – 9 所示。

---

　　① 在平均税率测算方面，OECD 国家的平均税率测算借鉴 Mendoza 方法所得。Mendoza 方法是现今使用最广泛的一种平均税率的估算方法，其基本思路是基于 OECD 国家的国民账户（OECD National Accounts）以及税收统计（OECD Revenue Statistics）平均税率进行测算。中国平均税率的测算借鉴吕冰洋和陈志刚（2015）方法，其根据 Mendoza 公式的思想结合我国的统计口径提出了适合中国国情的平均税率计算公式。限于篇幅，平均税率及财政政策波动性的测度结果略，可向作者索要。

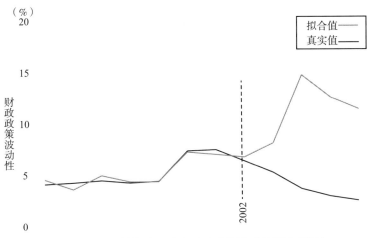

图 5 - 9 稳健性检验（改变财政政策波动性测度指标）

与图 5 - 6 类似，图 5 - 9 所示的回归合成法拟合结果充分表明，在中国加入 WTO 之前，中国财政政策波动性与加权合成的反事实状态的财政政策波动性呈现高拟合度，两条线几乎重合。然而，在中国加入 WTO 之后，真实的中国财政政策波动性与拟合的反事实状态的财政政策波动性出现明显分离，且中国财政政策波动性位于加权合成的反事实状态下的财政政策波动性之下，说明比较于反事实情形，中国加入 WTO 这一事实确实使得中国的财政政策波动性下降。由此可见，即使改变财政政策波动性的测度指标，上文结论依然成立，即研究结论具有稳健性和可信性。

5. 改变波动性测度方法的稳健性检验。

如上文所述，为了保证财政政策波动性测度的准确性，借鉴费尔南德斯等（2015），本部分在模型中引入方差时变性来测度财政政策波动性。然而，财政政策波动性并非直接指标，而是测算出的指标。为了说明以上研究结论并不依赖于测度方法，本部分通过改变财政政策波动性的测度方法进行稳健性检验。具体而言，本部分参考萨赫和戈亚尔（2006）、安杰洛和苏萨（2009），以经过滤波后的政府支出周期性波动成分的标准差作为财政政策波动性测度指标进行稳健性检验，利用回归合成法得到中国加入 WTO 后财政政策波动性的反事实情形，如图 5 - 10 所示。

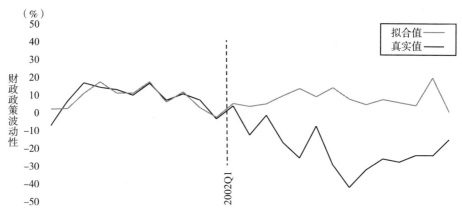

图 5 – 10　稳健性检验（改变财政政策波动性测度方法）

图 5 – 10 所示的模拟结果显示，在改变财政政策波动性的测度方法后，贸易开放降低财政政策波动性的结论依然具有稳健性，与上文研究结论完全一致。

6. 国别面板数据的回归结果。

为了进一步保证上文研究结论的稳健性和一般性，本部分给出国别面板数据的回归结果，以对上文研究结论提供进一步佐证。根据研究需要，本部分构建面板数据模型如下：

$$\ln vo_{it} = \alpha_0 + \alpha_1 \ln op_{it} + \gamma X_{it} + \vartheta_i + \mu_t + \varepsilon_{it} \qquad (5.10)$$

式（5.10）中，$\ln vo_{it}$ 表示财政政策波动性的对数形式。$\ln op_{it}$ 是以对数形式表达的贸易开放度，其中贸易开放度采用贸易依存度来衡量。考虑到贸易开放对财政政策波动性的影响可能存在滞后性，且为了解决模型中存在的内生性问题，本部分在回归中采用贸易开放度变量的滞后 1 期和滞后 2 期值。同时，为了进一步解决模型由于遗漏变量偏差导致的内生性问题，在模型（5.10）中增加了控制变量，用 X_{it} 表示，包括老年抚养比、通货膨胀率、固定资产总额占 GDP 比重、金融发展水平。其中，老年抚养比是指 15 岁以下和 64 岁以上人口与适龄劳动人口（15 ~ 64 岁）之比；金融发展水平指标采用金融部门国内信贷占国内生产总值比重来衡量。ϑ_i 和 μ_t 分别表示时间固定效应和个体固定效应，用来控制各个国家或地区、各个时点存在的不可观测的差异。本部分回归采用的样本数据是上述 43 个国家 1999～2006 的年度数据。对式（5.10）进行回归，得到估计结果如表 5－7 所示。

表 5－7　　　　　　　　　　国别面板数据模型估计结果

变量	（1）	（2）	（3）
$\ln op_{i,t}$	− 0.458 ** （0.189）	—	—
$\ln op_{i,t-1}$	—	− 0.808 ** （0.388）	—
$\ln op_{i,t-2}$	—	—	− 0.821 ** （0.345）
控制变量	控制	控制	控制
个体固定效应	控制	控制	控制
时间固定效应	控制	控制	控制
R^2	0.318	0.433	0.402
样本量	344	301	258

注：** 表示在 5% 的水平下显著；括号内为伴随概率值。

由表 5－7 的回归结果可知，无论是采用贸易开放度指标的当期值，还是滞后 1 期、滞后 2 期值进行回归，参数估计结果均显著为负，说明贸易开放度的提高显著降低了财政政策波动性，这进一步佐证了上文研究结论的稳健性，也表明这一结论具有一般性。

四、机制解释

上文借鉴肖等（2012）的反事实分析方法，拟合了中国在加入 WTO 之后财政政策波动性的反事实状态，拟合结果显示，贸易开放对财政政策波动性产生负向的因果效应，即贸易开放度越高，一国财政政策波动性则越低。然而，为何会产生该种结果？其理论机制或内在机理是什么？需要我们进一步探究。借鉴已有文献和理论，本部分认为政府规模可能是贸易开放影响财政政策波动性的内在机制或影响渠道。具体而言，贸易开放度的提高，加深了各个国家的经济往来，扩大了各国面临的市场范围和物品的交易范围，面对市场范围的扩大和国际合作的强化，国家之间的分工变得更加细化，且扩大了劳动要素流动范围，促进了要素流动，从而使得国家规模倾向于变小。由于一国政府的目标是通过提供公共品以提高家庭福利，从资源约束的角度来看，由于公共品提供有一定的固定成本，不同规模国家政府公共品支出差异相对不大，但由于范围经济的存在，大型国家的政府在提供公共品时可以更好地分摊成本，因而小型国家的政府提供公共品的成本更高。此外，小型国家的总产出更低，且总产出对国家规模的弹性远大于公共品价格对国家规模的弹性，从而政府规模相对较大。同时，对一个国家或地区而言，贸易开放程度的提高，增加了其所面临的外部风险，使一国或地区受到外来冲击的可能性变大，为了应对外部风险和外部不利冲击，一国政府通常会采取增加社会保障支出等手段，致使该国政府规模变大。一方面，随着政府规模的提高，财政政策自身的"自动稳定功能"得到进一步发挥，逆周期财政政策的调控效率也得以提高，有助于降低经济波动。经济波动的降低使得政府偏离财政规则进行财政调控的需求、机会和可能性降低，且在经济不确定性下降的背景下财政政策调控的前瞻性、精准性和有效性将提高，从而降低财政政策波动性。另一方面，随着政府规模的提高，政府财政制度性建设的激励和需求变大，制度性建设加快，制度约束得以强化，有助于降低财政政策波动性。接下来，本部分将从理论分析与经验验证两个角度来论证这一机制。

1. 贸易开放与政府规模。

借助已有理论和文献不难发现，贸易开放对政府规模的主要影响在两个方面。

第一，贸易开放影响一国国家规模，从而影响政府规模，即贸易开放通过扩大市场范围，促进了国家的分工以及劳动要素流动，贸易开放使得国家规模变小，而国家规模越小，政府规模越大，因而，贸易开放对政府规模存在正向影响，这便是所谓的"中介效应"。艾莱斯纳和瓦西扎格（Alesina and Wacziarg，1998）研究发现，第二次世界大战后的贸易自由化进程使得全球的国家数量由 1946 年的 74 个增长到 1995 年的 192，且国家规模存在小型化趋势。在 1995 年，居民数量少于 500 万人的国家有 87 个，居民数量少于 250 万人的国家有 58 个，居民数量少于 50 万人的国家有 35 个。而越小型的国家，政府规模相对越大。为了能够说明这一点，在这里通过构建一个简化的理论模型来说明：

对于社会计划者而言，个体的福利可以由以下的效用函数来衡量：$U = (C^a + G^a)^{\frac{1}{a}}$，其中 C 是每个个体的私人消费，G 是政府提供的非竞争性公共品。由于公共品的非竞争性，个体可以在分摊公共品成本的前提下消费公共品，因而个体的资源约束为：$C + \frac{1}{N}G = Y$，N 为国家的居民数量，Y 为个体收入。我们可以将 $\frac{1}{N}$ 看作社会计划者福利最大化问题中公共品 G 的相对价格，那么公共品的价格将随着人口递减。通过简单的比较静态分析可知，虽然公共品价格的下降将引致更多的公共品消费 G，但是只要私人消费和公共品消费不具有过高的替代性，个体承担的公共品成本在个体收入中的占比将下降，即，$\frac{\partial G/YN}{\partial N} < 0$。$\frac{G}{YN}$ 同时也是政府支出在总产出中的占比，这等价于说，随着国家规模下降，政府规模将上升。

第二，贸易开放度的提高，不可避免会带来一些外部冲击和外部风险，为了应对这些冲击和风险，政府会选择增加社会保障支出等，这导致政府规模增加，即所谓的"补偿效应"（Rodrik，1998；高凌云和毛日昇，2011）。关于贸易开放对政府规模的这一影响，已有较多文献提供了支持性证据，如卡梅伦（Cameron，1978）发现，贸易开放度的提高，能够增加政府支出，致使政府规模变大。罗德里克（1998）同样发现这一关系，即贸易开放与政府规模之间的显著正相关关系，即支持"补偿效应"假说。基马纳（Kimakova，2009）、莱恩（2003）、兰姆（2009）以及众多国内文献如杨灿明和孙群力（2008）、郭月梅和孙群力（2009）、毛捷等（2015）等也提供了类似证据。郭月梅和孙群力（2009）利用中国 1978～2006 年 28 个省份数据，检验了贸易开放与地方政府规模之间的关系。研究发现，贸易开放与全国各地区的政府规模显著正相关，即随着外贸依存度的提高，地方政府规模随之扩大。毛捷等（2015）指出，随着第二次世界大战后政府的社会职能从"守夜人"

转向"保育员"，政府参与了更多的社会保障工作，经济开放促使政府规模显著扩张。梅冬州和龚六堂（2012）指出，对于中国来说，贸易开放在一定程度上提升了地区的市场化程度，而较高的市场化程度降低了政府规模，但是开放所带来的外部风险在力量上更加占据主导，使得贸易开放后，政府对经济的干预程度上升，政府规模变大。

需要指出，以上的经验研究在本质上讨论的是贸易开放和政府规模的关联性，研究结论受到样本选择偏误等内生性问题的干扰。为了更有效地识别贸易开放对政府规模的因果效应，接下来本部分将借助 2001 年中国加入 WTO 这一事件作为准实验，采用回归合成法进行研究。图 5－11 给出了贸易开放度和政府规模（政府消费支出占 GDP 的比重）之间的散点图。从图中可以看出，二者之间呈正相关关系，随着贸易开放度的提高，政府规模在不断提高。

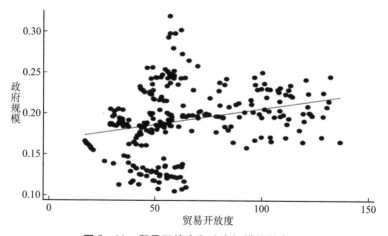

图 5－11　贸易开放度和政府规模的散点图

为了进一步分析贸易开放对政府规模的因果效应，本部分同样借鉴肖等（2012）方法构建了我国加入 WTO 这一事件对政府规模造成冲击的反事实状态，回归合成的权重估计结果如表 5－8 所示。

表5-8		权重估计结果	
国家	权重		标准误
捷克	0.341 ***		0.015
挪威	-0.389 ***		0.022
日本	-0.252 ***		0.018
瑞士	-1.071 ***		0.072
西班牙	-1.38 ***		0.079

注：*** 表示在1%的水平下显著。

表5-8估计结果表明，用来回归合成中国政府规模反事实状态的国家有捷克、挪威、日本、瑞士，西班牙，其权重分别为0.341、-0.389、-0.252、-1.071，-1.38。模型的调整拟合优度达到0.996，F统计量在1%的水平下显著，说明合成效果理想。图5-12更直观地显现出中国加入WTO之后政府规模的反事实状态。

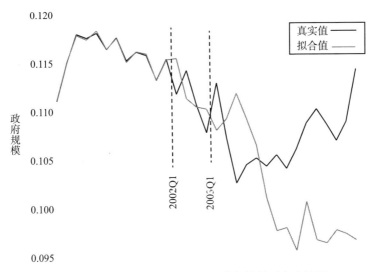

图5-12　中国加入WTO之后政府规模的反事实情形

从图5-12可以看到，在2002年第1季度之前，中国真实政府规模的趋势与加权合成的政府规模反事实状态趋势基本一致，呈现出很强的相关性，说明模型拟合效果很好。贸易开放的影响存在时滞性，在加入 WTO 之后，二者趋势开始有所分化，特别是在 2003 年第 1 季度之后，真实的中国政府规模与回归合成的政府规模反事实状态出现明显分离，且真实的中国政府规模曲线在回归合成的反事实状态之上，说明贸易开放的因果效应为正，且有不断扩大的态势。这充分表明，相对于中国没有加入 WTO 的反事实情形，加入 WTO 之后中国的政府规模明显提高，即贸易开放有扩大政府规模的效果，这进一步验证了上文提及的结论。

本部分仍然通过改变政策发生时点、改变政策发生地区，以及借用阿西等（2018）提出的"Matrix Completion"方法进行稳健性检验。

第一，改变政策发生时点的稳健性检验。本部分进行改变政策冲击的发生时间点的稳健性检验，即将政策发生时点提前至 2001 年第 3 季度，得到的回归合成法估计结果如图 5 – 13 所示。从图 5 – 13 可以明显看出，回归合成的政府规模反事实状态在 2001 年第 3 季度到 2002 年第 1 季度之间与中国真实的政府规模值高度一致，之后二者开始出现明显的分离，在 2003 年 1 季度之后中国真实的政府规模值明显高于回归合成的反事实状态，结论与图 5 – 12 保持一致，验证了上文拟合的政府规模反事实情形的稳健性。

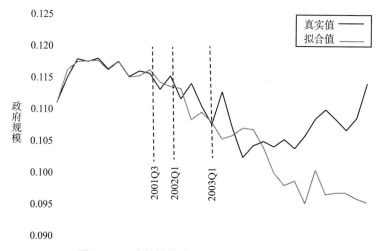

图 5 – 13 稳健性检验（改变政策发生时点）

第二，改变政策发生地区的稳健性检验。紧接着本部分进行改变政策冲击的发生地区的稳健性检验，即假设除中国以外的其余 42 个国家分别在同样的时间点受到政策冲击，分别拟合这些国家政府规模变化的反事实情形，来验证上文结论的稳健性。各个国家政府规模的真实值与回归合成的反事实状态之间的差距，可以充分体现政策冲击效果，如图 5 - 14 所示。其中黑色加粗的折线代表中国。图中结果显示，在政策冲击发生时间点（2002 年第 1 季度）之后，政策效果几乎全部是正值，而且在全部的样本国家中，中国的政策效果是非常显著的。这与图 5 - 12 得到的结论是一致的，再次证明以上估计结果的稳健性。

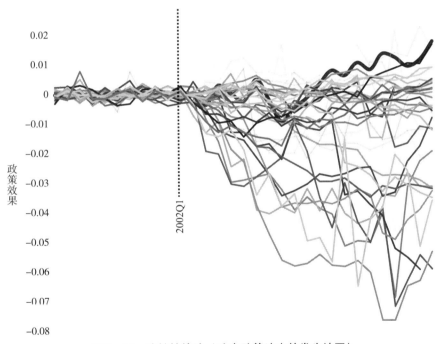

图 5 - 14 稳健性检验（改变政策冲击的发生地区）

第三，基于 Matrix Completion 机器学习方法的稳健性检验。除上述稳健性检验之外，本部分接下来利用阿西等（2018）提出的 "Matrix Completion" 机器学习方法再次检验模型结果的稳健性，拟合中国加入 WTO 之后的政府规模反事实情形。模型估计结果如图 5 – 15 所示：

图 5 – 15 结果显示，在 2002 年第 1 季度之前，即加入 WTO 前，中国真实的政府规模与合成的反事实状态之间高度重合，模型拟合效果理想。但在中国加入 WTO 之后，政府规模的真实值与合成的反事实状态出现明显分离，且政府规模的真实值明显在合成的反事实情形的上方，说明中国加入 WTO，确实提高了政府规模。换言之，贸易开放度对政府规模存在正向的因果效应，上文研究结论具有稳健性。

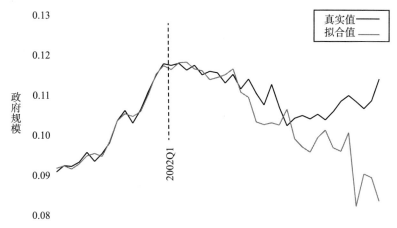

图 5 – 15　稳健性检验（基于 Matrix Completion 方法）

2. 政府规模与财政政策波动性。

借鉴已有相关理论和文献，政府规模对财政政策波动性的影响机制可从以下两方面来理解。一方面，财政支出工具对经济具有"自动稳定器"功能，如社会保障支出、转移支付等，有助于稳定可支配收入，从而降低经济波动。而且，政府规模本身便可以充当"自动稳定器"，起到平抑经济波动的作用。主要原因有二：第一，政府部门是经济系统中提供保险的安全部门，政府规模增加自然能降低经济波动（Rodrik，1998）；第二，政府规模与财政政策工具的周期弹性正相关，政府规模的扩大有助于提高逆周期财政政策的调控效率，从而能够降低经济波动（Van den Noord，2000）。加里（1994）在 RBC 模型框架下从理论角度证实政府规模的扩大能降低经济波动。罗德里克（1998）提供经验证据表明，政府规模扩大有助于降低经济波动。法塔斯和米霍夫（2001）通过使用美国州级层面数据解决了政府规模与经济波动的反向因果问题，研究表明，对于美国各州而言，州政府规模扩大1%，所在州经济波动性将降低 13~40 个基点。其采用国际样本的研究发现，各国政府规模扩大1%，经济波动性将降低 8 个基点。此外，多利斯等（Dolls et al.，2012）对欧洲各国基于微观数据的实证研究也支持了法塔斯和米霍夫（2001）的发现。随着经济波动降低，政府偏离财政规则进行宏观调控的需求、机会和可能性也随之降低。同时，政府进行财政政策调控所面临的经济不确定性下降，财政政策调控的前瞻性、精准性和有效性将得以提高，从而财政政策波动性将降低，即政府规模扩大会降低财政政策波动性。

另一方面，对于政府运作而言，财政制度一方面能够提高财政运行的规范性，产生一定的约束力和规则要求，而另一方面也可能提高财政运行成本。从而，对于小规模政府而言，财政制度性建设成本可能大于收益，从而通过财政制度性建设来提高财政运行的规范性的激励较小；相对而言，对于一个大规模政府而言，通过财政制度性建设提高财政运行的规范性更有必要，由此带来的收益更大，政府自身的激励更大。换言之，政府规模扩大，财政制度性建设加快，制度约束得以强化，这有利于降低财政政策波动性（Albuquerque，2011）。

为了准确推断政府规模对财政政策波动性的因果效应，验证以上理论猜想，本部分将借助国别面板数据和中国省际面板数据进行论证。

根据研究需要，本部分构建回归模型如下：

$$\ln vo_{it} = \beta_0 + \beta_1 \times \ln gov_{it} + \beta_2 \times X_{it} + \alpha_i + \delta_t + \varepsilon_{it} \tag{5.11}$$

其中，下标 i、t 分别代表第 i 个国家和第 t 年的数据。$\ln vo$ 是财政政策波动性的对数形式，$\ln gov$ 是政府规模的对数形式。为了减少遗漏变量偏差导致的内生性问题，模型（5.11）中增加了一系列控制变量，用 X 表示，包括老年抚养比、年度通胀率和金融发展水平；α_i 和 δ_t 分别代表个体固定效应和时间固定效应，β_0 是常数项，β_1 和 β_2 是参数，ε_{it} 是随机扰动项。考虑到数据的可获得性，本部分利用上述共计 43 个国家的 1999~2006 年的年度面板数据为样本。数据均来自世界银行 WDI 数据库。

主要变量说明：（1）政府规模（lngov）：本部分采用已有文献中常见的测度指标，即采用政府消费支出占 GDP 的比重刻画政府规模，并做取对数处理。（2）财政政策波动性（lnvo）：其中各国的年度财政政策波动率来自于上文计算的该国季度财政政策波动率的平均值，取对数处理。（3）老年抚养比：指 15 岁以下和 64 岁以上人口与适龄劳动人口（15～64 岁）之比。该变量反应社会养老负担程度，而提供社会养老保障是政府财政的重要职能。（4）金融发展水平：指金融部门国内信贷占国内生产总值比重。社会消费水平和信贷水平紧密相关（Auerbach and Feenberg，2000；Dolls et al.，2012），而信贷发展水平会通过金融市场等途径影响政府的财政政策（郭长林，2016）。（5）通货膨胀率：用消费者价格指数衡量的年通货膨胀率表示。通货膨胀率水平会影响货币和财政政策的实施，通过扭曲价格影响社会资源配置，影响政府财政功能（解瑶姝和刘金全，2017；桑百川，2016）。以上变量的描述性统计结果见表 5－9。

表 5－9 变量的描述性统计

变量名	观察次数	平均值	标准差	最小值	最大值
财政政策波动性（对数）	344	1.44	1.01	－1.07	3.41
政府规模（对数）	344	－1.67	0.21	－2.18	－1.33
老年抚养比	344	48.8	4.97	38.04	65.56
通货膨胀率	344	3.98	7.03	－1.4	64.87
金融发展水平	344	82.1	43.89	0.2	312.1

表 5－10 报告了模型的实证结果。需要说明的是，为了避免模型存在的内生性问题，借鉴梅冬州和龚六堂（2012）等做法，本部分采用政府规模的滞后一期作为核心解释变量，以缓解估计误差。

表5-10 政府规模对财政政策波动性影响的估计结果

变量	(1) OLS	(2) FE	(3) OLS	(4) FE	(5) FE	(6) GMM
政府规模	-0.35 * (0.142)	-1.36 ** (0.464)	-0.395 ** (0.181)	-1.74 *** (0.79)	-1.06 *** (0.224)	-1.408 ** (0.579)
财政政策波动性滞后一期	—	—	—	—	—	0.306 ** (0.118)
老年抚养比	—	—	控制	控制	控制	控制
通货膨胀率	—	—	控制	控制	控制	控制
金融发展水平	—	—	控制	控制	控制	控制
常数项	0.85 (0.539)	-0.763 (1.263)	1.053 (0.992)	-6.91 (2.552)	-3.33 (2.768)	-0.078 (1.687)
时间固定效应	—	控制	—	控制	控制	控制
个体固定效应	—	控制	—	控制	控制	控制
Hausman 检验	—	20.11 ***	—	21.07 ***	20.33 **	—
R^2	0.053	0.182	0.135	0.199	0.198	—
样本量	301	301	301	301	301	301

注：固定效应模型中的 R^2 为组内 R 方；***、**、* 分别表示在1%、5%、10%的水平下显著；括号内为伴随概率值。

表5-10回归结果的第（1）列和第（3）列是 OLS 估计结果，第（3）列在第（1）列的基础上加入了所有控制变量。第（2）列和第（4）列是双向固定效应模型的估计结果，第（4）列在第（2）列的基础上加入了所有控制变量，且 Hausman 检验结果显示，应当选择固定效应而不是随机效应。具体地，根据第（4）列的估计结果，政府规模对财政政策波动性存在显著的负向影响。政府规模每上升1%，财政政策波动性下降约1.74%。

需要特别说明的是，近年来，随着中国经济进入新常态后，减税降费成为中国财政政策的重要调控手段。因而，为了进一步确保研究结论的稳健性和可信度，本部分改变模型（5.9）中财政政策波动性的测度指标，即将税率波动性作为财政政策波动性的测度指标进行稳健性检验。基于税率测算出财政政策波动性指标以后，本部分重新估计表5-10中第（4）列所对应的模型，得到估计结果见第（5）列。从第（5）列所示估计结果可以看出，政府规模的

系数估计结果为 -1.06，且在 1% 的水平下显著，说明政府规模对以税收工具测度的财政政策波动性仍然具有负向影响，从而证明上文结论的稳健性。

为了提高模型估计结果的稳健性，克服模型存在的内生性问题，本部分也利用系统 GMM 方法估计动态面板数据模型，重新检验了政府规模对财政政策波动性的影响。第（6）列是 GMM 估计结果，其中财政政策波动性的滞后 1 期的估计系数在 5% 水平下显著，即财政政策波动性的变化的确存在惯性，说明引入动态面板模型是合理的；此外，虽然政府规模的系数有所变化，但依然显著且符号不变，而且 Hansen 检验和 AR 检验结果表明 GMM 模型的设置是合理的。可见，政府规模扩大，财政政策波动性会下降。

作为一项稳健性检验，除了以上估计之外，本部分还测算了中国 31 个省份 2004~2018 年的财政政策波动性，然后借助中国的省际面板数据来验证政府规模对财政政策波动性的影响，为上文结论提供进一步佐证。估计结果如表 5 - 11 所示。

表 5 - 11 中国省际面板数据估计结果

变量	(1) OLS	(2) FE	(3) 2STS	(4) 2STS	(5) GMM	(6) 高波动组	(7) 低波动组
政府规模	-1.218 *** (0.081)	-2.291 *** (0.239)	-3.692 *** (0.308)	-3.067 *** (0.388)	-1.417 *** (0.110)	-3.265 *** (0.659)	-3.662 *** (0.718)
财政政策波动性滞后一期	—	—	—	—	0.536 *** (0.030)	—	—
控制变量	控制	控制	控制	控制	控制	控制	控制
常数项	2.261 *** (0.589)	1.599 (1.342)	6.103 *** (2.074)	6.8917 *** (2.162)	-1.73 (1.583)	6.683 (4.113)	1.959 * (1.05)
时间固定效应	—	控制	控制	控制	控制	控制	控制
个体固定效应	—	控制	控制	控制	控制	控制	控制
R^2	0.359	0.614	0.504	0.766	0.493	0.569	0.431
观测值	465	465	434	406	434	112	322

注：*** 和 * 分别表示在 1% 和 10% 的水平下显著；括号内为伴随概率值。
资料来源：根据历年《中国统计年鉴》《中国财政年鉴》以及国家统计局官网整理。

表 5-11 中第（1）列是 OLS 估计结果，第（2）列是双向固定效应模型的估计结果，从这两列结果中可以看出，政府规模对财政政策波动性存在负向影响，即政府规模提高有助于降低财政政策波动性；虽然模型（5.9）已经控制了个体固定效应和时间固定效应，且增加了控制变量，在一定程度上缓解了由于遗漏变量偏差等导致的内生性问题，但为了保证研究结论的稳健性，第（3）列给出两阶段最小二乘法的参数估计结果，采用的工具变量为政府规模的滞后项，估计结果仍然表明政府规模对财政政策波动性存在负向影响。由于新疆和西藏的经济社会发展状况等存在特殊性，本部分为了克服样本偏误可能带来的影响，参考已有文献，使用剔除新疆和西藏之后的子样本重新进行两阶段最小二乘估计，估计结果如第（4）列所示。结果显示，政府规模的系数估计结果依然显著为负，充分证明上文研究结论的稳健性。

为了进一步提高模型估计结果的稳健性，本部分也利用系统 GMM 方法估计动态面板数据模型，重新检验了政府规模对财政政策波动性的影响，第（5）列是 GMM 估计结果，结果表明，政府规模的系数依然显著为负。可见，政府规模扩大，财政政策波动性会下降，这一结论是稳健的。同时，表 5-11 第（6）列和第（7）列分别给出了财政政策波动性较大地区和波动性较小地区政府规模的影响，结果显示，不管一个地区的财政政策波动性是大是小，政府规模的因果效应均显著为负，进一步证明了上文研究结论的稳健性。

五、结论与政策建议

财政政策波动性是宏观政策调控背后的重要代价，是宏观调控的长期潜在成本。较大的政策波动性意味着较大的政策不确定性，不利于引导市场行为和社会心理预期，对经济产生较大的负面影响。随着全球经济开放程度的不断提高，一国财政政策实施所受到的影响不容忽视。特别的，财政政策波动性作为被经济学者和政策界关注的三大政策特征之一，是否会受到贸易开放进程的影响，以及存在何种程度或方向的影响，是事关开放经济背景下财政调控政策的选择和制定、财政政策实施效果评价的重要问题，更是规避财政政策调控背后潜在成本的重要依据。党的十九大报告明确指出，"推动形成全面开放新格局""拓展对外贸易，培育贸易新业态新模式，推进贸易强国建设""着力构建市场机制有效、微观主体有活力、宏观调控有度的经济体制"，在此背景下，厘清贸易开放对财政政策波动性的影响方向和机理具有重要意义。本部分正是基于此，针对已有研究的不足，借鉴维拉维德等（2015）的测度方法，引入方差时变模型测度财政政策波动性，测度42个国家（36个OECD国家与6个非OECD国家）与中国的财政政策波动性，并借助肖等（2012）的反事实框架，利用42个国家（36个OECD国家和6个非OECD国家）与中国的个体相关性，以中国2001年底正式加入WTO这一事件作为准自然实验进行反事实分析，以此推断贸易开放对财政政策波动性的因果效应，并借助肖等（2012）反事实框架和面板数据模型等进行机制分析与检验。本部分得到的基本结论包括：第一，中国的政府支出存在较大的波动性，但中国在2001年底加入WTO以后，其财政政策波动性有明显的降低，波动幅度明显减弱。第二，贸易开放对财政政策波动性具有显著的因果效应，一国贸易开放度的提高，会使得该国的财政政策波动性明显降低，运用机器学习等一系列稳健性检验均证明该结论的可信度和稳健性。第三，贸易开放度对财政政策波动性的影响机制在于：贸易开放度的提高，会通过"中介效应"和"补偿效应"扩大政府规模，而政府规模的提高会使得财政政策波动性明显降低。估计结果显示，政府规模每提高1%，会使财政政策波动性降低约1.74%。同样，本部分以中国省际面板数据回归及相应稳健性检验也提供了支持性证据。

根据以上研究结论，本部分认为：第一，应当坚定不移实施对外开放的基本国策、实行更加积极主动的开放战略，提高开放型经济水平，引进外资和外来技术，完善对外开放体制机制，为经济发展注入新动力、增添新活力、拓展新空间。第二，政府应不断深化财税体制改革，加快建立现代财政制度，强化制度约束，提高政策制定和执行的机制化水平，重视规则与相机抉择的协同，降低财政政策的波动性。第三，随着贸易开放程度的不断提高和国内外风险程度不断加大，调控政策的制定需要更加细化的考量，政府应重视政策的双向跨国外溢效应和关联效应，应积极主动参与国际宏观经济政策沟通协调，坚定捍卫国家经济主权，提高应对复杂变局的能力，努力营造有利的外部经济环境。第四，在当前中国加快完善社会主义市场经济体制的大环境下，应进一步有效处理政府与市场的关系，使市场在资源配置中起决定性作用，更好发挥政府的作用，积极做到"市场机制有效、微观主体有活力"和"宏观调控有度"。

第三节 强化预算约束与财政政策波动性

在 2019 年 5 月 29 日中央全面深化改革委员会第八次会议上，习近平总书记强调，中国改革发展形势正处于深刻变化之中，外部不确定、不稳定因素增多，改革发展面临许多新情况新问题。平稳解决外部不确定因素所引发问题的前提是，中国自身具备较强的抗风险能力，这就要求减少内部不确定因素，财政政策的不确定性或波动性恰是其中的重要一项。从现实角度看，中国财政政策波动性有所增加，特别是 2008 年次贷危机、2009 年的希腊债务危机以及 2012 年欧洲债务危机的爆发，使得财政政策波动性达到顶峰，随后财政政策波动性有所降低，但随着近年来中美贸易摩擦和新冠肺炎疫情的冲击，中国财政政策波动性有所提升，并在近几年维持在较高水平。较高水平的财政政策波动性意味着较大的政策不确定性，对家庭消费、企业投资及经济增长等均会产生不利影响，降低财政政策的有效性，不利于推动中国经济高质量发展。

与此同时，在全球财政风险上升的国际背景下，各国政府纷纷采取推动财政制度改革的策略来降低财政政策波动性。芬兰、加拿大、澳大利亚等国家在施行绩效预算的基础上进一步将风险管理思想引入预算领域，以稳定此次危机带来的财政不确定性因素，产生良好效果（马蔡琛和苗珊，2018）。澳大利亚的经济与财政在金融危机前后均呈现较高的稳定性，这显著区别于大多数国家，王宏武（2015）认为，这一情况与其一直推行财政预算改革密切相关。同样，为了约束地方政府债务规模，[①] 降低财政风险，中国政府近年来不断推动财政预算改革，强化财政预算约束。2014 年 8 月 31 日，第十二届全国人民代表大会常务委员会第十次会议通过了《全国人民代表大会常务委员会关于修改〈中华人民共和国预算法〉的决定》，对《预算法》进行第一次修正，同年 10 月《国务院关于深化预算管理制度改革的决定》要求"充分认识深化预算管理制度改革的重要性和紧迫性"。2018 年 12 月 29 日，第十三届全国人民代表大会常务委员会第七次会议通过了《全国人民代表大会常务委员会关于修改〈中华人民共和国产品质量法〉等五部法律的决定》，对《预算法》进行第二次修正，以新《预算法》颁布为标志的新一轮预算管理制度改革自此展开帷幕。

然而，预算约束的强化是否能够有效降低财政政策波动性呢？已有文献对此并未进行定量评估。基于已有文献的不足，且立足于降低财政政策不确定性的现实重大问题，本部分将 2014 年深化预算管理制度改革作为一项准自然实验，借助准自然实验分析方法即合成控制法来推断强化预算约束对财政政策波动性的因果效应。

与已有文献相比，本部分的创造性工作主要包括：第一，本部分借鉴了维拉维德等（2015）的测度方法，采用增加了特殊设定的方差时变模型，有效识别财政政策波动性，定量估测包括中国在内的 36 个国家的财政政策波动性，为相关研究提供数据基础。第二，本部分从制度约束角度，首次探讨了强化预算约束对财政政策波动性的影响，这也是从财政政策波动性角度对深化预算管理制度改革的政策效果的定量评估。第三，借助合成控制方法估计强化预算约束对财政政策波动性的影响，该方法在充分考虑了实验组和控制组特征因素的前提下，使用控制组国家的财政政策波动信息构造反事实，即没有经过深化预算管理制度改革的中国财政政策波动情况，借助反事实状态与中国真实差异来解释这一预算改革的影响效果，能够准确推断强化预算约束的因果效应。

---

① 经清理核查，2014 年末全国地方政府债务（即审计口径中政府负有偿还责任的债务）余额15.4 万亿元。信息来源：《国务院关于提请审议批准 2015 年地方政府债务限额的议案》。

一、理论分析与理论假说

本部分结合深化预算管理制度改革的具体内容，从理论层面分析强化预算约束对财政政策波动性的影响机制，据此提出研究假说。

全口径预算体系的建立与预算透明度的提高。预算公开作为人民群众监督政府的重要路径，能够将政府权力放入人民群众监督的"笼子"。全口径预算体系的建立标志着政府必须将全部收支纳入预算，实现了预算的全面性，有助于提升财政透明度。预算透明度的提高意味着公共部门为了澄清资金用途以及预算调整，会加强对预算资金使用规范性的监管，从而强化了预算管理制度约束。预算透明度的提高往往伴随着问责机制的完善，会促使公共部门更加审慎地制定预算的同时，谨慎对待财政支出。阿尔特和莱森（Alt and Lassen，2006）对 OECD 国家的研究发现，透明度的提高有助于约束不合理的财政支出。从这个角度看，预算透明度的提高强化了预算约束，可能会使财政支出更加理性，有助于降低财政政策波动性。

预算管理和监督的加强。1995 年，中国首部《预算法》实施，其制度设计的重心是收入，强调"预算的分配"职能，由于没有关注支出责任，实质上弱化了预算的管理和监督职能，这一制度缺陷间接地促使了 2008 年后地方政府债务的扩张。2014 年，国务院要求深化预算管理制度改革，积极推进预算公开与监督，以完善预算管理模式。不仅明确指出预算的目标是"规范政府收支行为"，规定将"政府的全部收入和支出"纳入预算管理，强调人大要"加强对预算的管理和监督"，预算权力由最初的政府主导，逐渐转变为现在的人大、政府和公众相互制约、监督的局面。加强对预算的管理和监督，有助于规范财政支出，从而降低财政政策波动性。

对预算实施绩效管理。2014 年修正后的《预算法》六次提到"绩效"，在预算中推进绩效管理，让绩效信息融入预算全过程。以结果为导向的绩效生成预算管理机制，使得预算的各个环节都在向可测评、可考核和可问责转变，保证了审查、监督和问责可以有序进行，公共部门更加审慎地制定预算，谨慎对待财政支出。另外，绩效信息的有效使用能够提高资金配置效率，提高公共资金的使用效率，在一定的预算管理制度约束和政府提供公共服务的数量和质量约束下，加强对预算的绩效管理强化了预算约束，有助于减少不合理的财政支出，从而降低财政政策波动性。

跨年度预算平衡机制。《国务院关于实行中期财政规划管理的意见》提出实施"中期财政规划管理"，制定了"三年滚动财政规划"，目的是通过分析和预测"未来三年重大财政收支情况"，达到财政政策相对稳定，实现财政可持续发展。由短期预算平衡向中长期预算平衡的转变，强化了预算约束，有助于减少各级政府的短视支出行为，建立稳定、可控的预算管理环境，提升财政资源的使用效率，实现其有序配置。从这些方面看，跨年度预算平衡机制可能有助于降低财政政策波动性。

综合上述分析，本部分提出主要假设：强化预算约束能够有效降低财政政策波动性。

二、研究设计、指标测度与数据说明

本部分将对下文实证研究所用到的主体模型及具体指标进行描述和介绍。

1. 研究设计。

为了准确推断预算约束对财政政策波动性的因果效应，本部分将借助准自然实验方法——合成控制法进行研究，其中本部分借助 2014 年深化预算管理制度改革为准实验。接下来，本部分将详细阐述这一准实验设计及具体模型。

第一，准自然实验设计。2014 年 10 月印发的《国务院关于深化预算管理制度改革的决定》，强调"预算约束力不够"，要"全面推进深化预算管理制度改革的各项工作"，2014 年修正后的《预算法》总则第一章将原有的"强化预算的分配和监督职能"改为"规范政府收支行为，强化预算约束，加强对预算的管理和监督"。可见，2014 年《预算法》的修正，预示着预算约束的力度将得到极大提高。

为了进一步说明以 2014 年《预算法》修正为标志的深化预算管理制度改革确实强化了预算约束，选取预算偏离度（超支在一般公共预算支出中所占比重）为指标，以反映政府预算监督制约的效果，是预算管理制度约束可视化的重要指标。为了说明预算偏离度在 2014 年后相对稳定，比较其在 2014 年前后的变化情况，以三年为期测算其标准差以衡量其稳定性，绘制图 5 – 16，相关数据由《中国财政年鉴》中的原始数据计算而来。

由图 5 – 16 可以看出，就整个研究时间段而言，2014 年后预算偏离度处于较低水平，并且较为稳定，这可能是预算约束加强导致的结果，说明本部分以 2014 年《预算法》的修正作为预算约束的准实验是合理的。

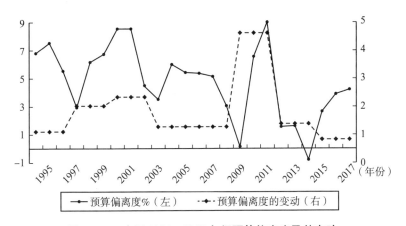

图 5 – 16　中国 1994 ~ 2017 年间预算偏离度及其变动

第二，模型设计。要评估预算约束对中国财政政策波动性的影响，结合自然实验的思想，只需要比较预算管理制度在发生变化和不发生变化两种情形下中国财政政策波动性的变化情况即可。然而，这将面临一项难题：在这项准实验中，实验组的结果是已知的，但控制组的潜在结果却不可知。在鲁宾（Rubin）的反事实框架下，基于合成控制方法，以数据为导向为若干个体（本部分是不同国家）赋予最优权重，对这些国家的财政政策波动性做线性组合，以构造一个更合理的控制组，也称为"合成中国"，能有效避免主观选择控制组所造成的偏误。真实中国与合成中国之差即为预算约束的处理效应，或者说强化预算约束对财政政策波动性的影响。

在本部分，研究对象是包含中国在内的 36 个国家，研究时间段为 2014

年第 2 季度到 2017 年第 4 季度。对第 i 个国家而言，预算管理制度改革在第 t 期的因果效应反映在该国在第 t 期实施改革的潜在结果与未实施改革的潜在结果之间的差异上。令 y_{it}^1 表示第 i 个国家在第 t 期实施改革情况下的财政政策波动性，y_{it}^0 表示其没有实施改革情况下的财政政策波动性，则这一时期第 i 个国家深化预算管理制度改革的处理效应是：

$$\Delta_{it} = y_{it}^1 - y_{it}^0, \quad i = 1, 2, \cdots, 36, \quad t = 1, 2, \cdots, 55 \qquad (5.12)$$

选择 2014 年第 4 季度（$t = T_0 + 1 = 43$）作为初始干预时点，$T_0 + 1$ 期后中国（$i = 1$）深化预算管理制度改革继续推进，其影响仍将持续，即 $y_{1t} = y_{1t}^1$，其中 $t = 43, 44, \cdots, 55$。假设中国的改革效果不会对其他国家产生影响，则其他国家的财政政策波动性描述为 $y_{it} = y_{it}^0$，其中 $i = 2, \cdots, 36$。2014 年第 4 季度后的 y_{1t}^0 作为待构造的反事实，是未知的。以下借鉴阿巴迪等（2010）采用因子模型来构造 y_{it}^0：

$$y_{it}^0 = \delta_t + \theta_t Z_i + \lambda_t \mu_i + \varepsilon_{it} \qquad (5.13)$$

式（5.13）为潜在财政政策波动性的决定方程。Z_i 是影响财政政策波动性的可观测协变量向量，θ_t 反映协变量的影响是时变的，$Z_i \theta_t$ 表征可观测的互动固定效应，λ_t 是多个不可观测共同因子组成向量，μ_i 反映了这些共同因子的时变作用，$\lambda_t \mu_i$ 表征不可观测的互动固定效应，δ_t 为时间固定效应，ε_{it} 为随机扰动项。为了得到强化预算约束对中国财政政策波动性的处理效应，必须估计 2014 年第 4 季度后中国的 y_{1t}^0。一个可行的方案是，根据控制组国家的特征为每个国家赋权 w_i，其中 $i = 2, 3, \cdots, 36$，权重为正且和为 1，然后做线性组合以构造出与中国的特征最近似的未受到改革影响的"合成中国"，则有：

$$\sum_{i=2}^{36} w_i y_{it}^0 = \delta_t + \theta_t \sum_{i=2}^{36} w_i Z_i + \lambda_t \sum_{i=2}^{36} w_i \mu_i + \sum_{i=2}^{36} w_i \varepsilon_{it} \qquad (5.14)$$

假设存在最优权重向量 $W^* = (w_2^*, \cdots, w_{36}^*)$，使得 $\sum_{i=2}^{36} w_i^* y_{i1}^0 = y_{11}^0$，

$\sum_{i=2}^{36} w_i^* y_{i2}^0 = y_{12}^0$，$\sum_{i=2}^{36} w_i^* y_{iT_0}^0 = y_{1T_0}^0$，且 $\sum_{i=2}^{36} w_i^* Z_i = Z_1$，$\sum_{i=2}^{36} w_i^* \mu_i = \mu_1$，如果

$\sum_{i=2}^{36} \lambda_t^T \lambda_t$ 是非奇异的，则：

$$y_{1t}^0 - \sum_{i=2}^{36} w_i^* y_{it}^0 = \sum_{i=2}^{36} w_i^* \sum_{s=1}^{T_0} \lambda_s \left(\sum_{n=1}^{T_0} \lambda_n^T \lambda_n \right)^{-1} \lambda_s^T (\varepsilon_{it} - \varepsilon_{1t})$$

$$- \sum_{i=2}^{36} w_i^* (\varepsilon_{it} - \varepsilon_{1t}) \tag{5.15}$$

经阿巴迪等（2010）证明，当改革前的时期 T_0 足够大时，式（5.15）接近于 0，从而可将 $\sum_{i=2}^{36} w_i^* y_{it}^0$ 视为 y_{1t}^0 的无偏估计，进而得到上述处理效应的无偏估计：

$$\hat{\Delta}_{1t} = y_{it}^1 - \hat{y}_{it}^0 = y_{it}^1 - \sum_{i=2}^{36} w_i^* y_{it}^0, \quad t > T_0 \tag{5.16}$$

2. 财政政策波动性测度。

接下来，本部分将估算 36 个国家的财政政策波动性数据，为下文实证部分奠定数据基础。

第一，方法介绍。关于财政政策波动性测度，已有文献采用的方法存在较大差异。根据研究目的和已有测度方法的优缺点，本部分仍然引入方差时变模型测度中国的财政政策波动性。根据世界各国财政政策调控实践不难发现，财政政策调整主要依据经济景气状况进行，即主要依据产出缺口的变化来选择财政调整方向和力度。同时，也会考虑到政策的连续性和可持续性。国外同类文献也证明了这一点，如利珀等（2010）以及维拉维德等（2015）。基于此，本部分设定的财政规则是根据产出缺口及财政赤字占总产出比重进行调整，具体模型设定同第三章。

第二，财政政策波动性测度结果。测度财政政策波动性使用到中国及 35 个 OECD 国家[①]的数据，主要来自 OECD 数据库，以世界银行数据库的数据作为补充，时间跨度为 2004 年第 1 季度至 2017 年第 4 季度，均转化为以 2000 年为基期的实际值，并做了季节调整。借助 M－H 方法对上述参数进行 10000 次的 Gibbs 抽样，得到其估计值。以下测度了包括中国在内的共 36 国家的财政政策波动性，由于版面限制，表 5－12 仅列出中国的财政政策波动性测度结果的各参数的中位数以及 95％的置信区间。

---

① 在 2018 年统计的 36 个 OECD 国家中除去 2018 年新加入的成员国立陶宛。

表5-12   参数估计结果

参数	中位数和95%的置信区间
ρ_g	0.9345 [0.9149, 0.97]
σ_g	-3.952 [-5.144, -3.099]
$\varphi_{g,x}$	-0.5395 [-1.477, -0.1405]
$\varphi_{g,b}$	0.32 [0.1167, 0.827]
ρ_{σ_g}	0.1533 [0.1273, 0.2444]
η_g	0.9345 [0.7516, 0.9975]

从测度结果可以看出，在2004~2017年间由财政支出作为政策工具所刻画的中国财政政策在全球金融危机爆发后出现了巨大波动性，集中在2009~2010年间。这一结果与中国的"四万亿"财政刺激计划实施时间相吻合，说明以上测度方法能够很好地描述中国财政政策的波动特征。另外，测度结果还显示，深化预算管理制度改革实施后，中国财政政策波动性有明显降低，且处于历史最低水平，这预示着预算约束具有明显效果。由于篇幅限制，没有展示其他35个国家的波动性测度结果，仅作简要描述：在2010年后，其中一小部分国家出现较大波动，其余国家波动幅度较小，尽管在研究时期内，不同国家的财政政策波动情况有较大差异，但相较于其自身在金融危机爆发前的表现而言，除中国外，尚无其他国家在2009~2010年间出现如此巨大的波动。

3. 变量说明。

第一，关于初始干预时点的选择。关于初始干预时点的选择。直至2014年第三季度末《全国人民代表大会常务委员会关于修改〈中华人民共和国预算法〉的决定》、第四季度《国务院关于深化预算管理制度改革的决定》等文件的颁布表明深化预算管理制度改革进入了实施阶段，由于有关改革的文件由中央政府直接下发，且内容与各级政府预算管理部门有密切联系，相关人员在实施改革之初已接收到政府释放的强化预算管理制度约束的信号，通过改变公共部门的预期来改变政府的预算行为，在强化预算管理制度约束的作用下，改变财政支出行为，进而影响到财政政策波动性。鉴于2014年《预算法》的修正是此次预算管理制度改革的重要标志，且2014年第四季度国务院通过了深化预算管理制度改革的决定，不妨以2014年第四季度作为干预初始时点。

第二，关于干预前期的选择。y_{it} 为第 i 个国家在第 t 期的财政政策波动性，根据上述分析，以财政支出作为政策工具来刻画包括中国在内的36个国家在2004～2017年的财政政策波动性，考虑到深化预算管理制度改革的措施是缓步推进的，结合对初始干预时点的选择，以2014年第三季度为 T_0 期，$1 \sim T_0$ 期为改革前阶段，$T_0 + 1$ 期后为改革发生阶段。值得注意的是，本部分在分析中发现，2009～2010年间中国的财政政策波动性急剧变化，相较于各国自身而言，尚无其他国家在此期间出现如此巨大的波动，结合合成控制法的应用前提，这一时期不应该纳入干预前期，从而 $[1, T_0] = [2004q2,$ $2008q4] \cup [2011q1, 2014q3]$，$[T_0 + 1, T] = [2014q4, 2017q4]$，实证分析部分将进一步验证这一做法的合理性。

第三，关于协变量的选择。回顾财政政策波动性的测度方法，以 $100\exp(\sigma_{g,t})$ 作为衡量其财政政策波动性的指标，即为 y_t。由上述分析可知，y_t 受到财政支出 g_t、社会总产值 x_t 和财政盈余 b_t 的影响，由于各国的经济体量有较大差别，影响其财政政策波动性的是以上因素的相对变动大小，考虑到对变化量标准化的一大优势在于模糊了变量单位影响（消除了汇率干扰）的同时完整地保留了变量的变化率，这里用上述三个变量标准化后产生出的新变量在各国的取值构成 y_{it} 的可观测协变量 Z_i。

三、实 证 分 析

本部分将借助上文反事实分析方法来推断预算约束对财政政策波动性的

因果效应，给出实证估计结果。

1. 波动性比较。

在利用35个控制组国家的财政政策波动性合成一个未强化预算约束情况下的"合成中国"的财政政策波动性之前，本部分首先对所有国家的波动性进行简单对比。限于篇幅，本部分仅展示控制组国家的平均波动性和中国的波动性，如图5-17所示。考虑到波动性是一种相对概念，其变化趋势可以由标准化后的波动性反映，为了方便将2004~2017年各国波动性进行比较，如上文所述，对各国波动性做了标准化处理，然后比较35个控制组国家财政政策的平均波动性和中国财政政策波动性。需要说明的是，这一标准化过程完整地保留了政策波动性变化趋势，这对控制组国家同样适用。从图5-17中可以看出，2009~2010年间，中国财政政策波动性较大，这与政府为了应对美国金融危机的相应举措有关，进一步说明了从干预前期中剔除2009~2010年是合理的。另外，合成控制法以数据驱动为控制组国家赋权，线性组合出一个除受到政策干预外与实验组的可观测特征尽可能相似的合成控制组，控制组包含的国家越多越有助于组合出最优的"合成中国"，所以这里没有剔除任何控制组国家。

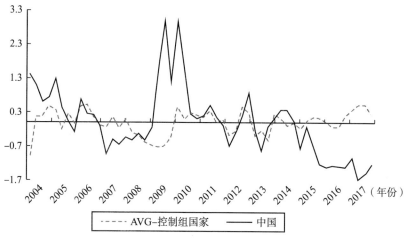

图5-17　2004~2017年中国和控制组国家（平均）的财政政策波动性

2. 合成控制法的估计结果。

本部分借鉴合成控制法的基本思路，利用 35 个国家作为控制组构建中国修正《预算法》之后财政政策波动性的反事实状态。模型模拟结果如表 5 – 13 所示。

表 5 – 13　　　　　　　　　　　权重估计结果

国家	韩国	斯洛伐克	土耳其	新西兰	智利
权重	0.506	0.008	0.226	0.011	0.249

表 5 – 13 所示的估计结果说明，用来拟合中国财政政策波动性反事实状态的国家有 5 个，分别是韩国、斯洛伐克、土耳其、新西兰、智利，权重分别为 0.506、0.008、0.226、0.011、0.249。同时模型模拟的 R 方和 F 统计量也充分说明这一反事实状态构建的合理性和稳健性。

为了比较干预发生前真实中国和"合成中国"的特征，本部分接下来比较干预前中国和"合成中国"的财政政策波动性及协变量的差异，以判断合成控制法在本部分的适用性。由表 5 – 14 所示结果可以看出，第一行是真实中国和"合成中国"的财政政策波动性均值，真实中国和"合成中国"的平均差异仅占 0.34%。在第二行至第四行，随机抽取了干预前的 3 个季度以检验拟合效果，平均差异度为 2.25%。在干预前期，尽管合成中国的拟合优度仅为 80%，但考虑到各国的波动性图像都不是由光滑曲线构成，短期内达到的波峰或波谷无法完美拟合是可以接受的，能达到如此高的拟合优度说明"合成中国"较好拟合了真实中国的财政政策波动趋势。在第五行至第七行，本部分列出真实中国和"合成中国"三个协变量的均方根误差 RMSE，这里并未列出均值数据，主要是因为这三项指标均为标准化后的结果，在各个国家均值都为 0，而且"合成中国"由控制组国家的"权重非负且和为一"的线性组合构成，所以二者均值之差极小，这里采用能反映绝对差异的根均方误差 $\left(RMSE = MSE^{1/2} = \left(\dfrac{1}{T_0} \displaystyle\sum_{t=1}^{T_0} (Z_{1t} - \displaystyle\sum_{j=2}^{36} w_j^* Z_{jt})^2 \right)^{1/2} \right)$ 来衡量二者的差异，RMSE 的值很小，说明二者的可观测特征非常相似，合成控制法适用于估计预算约束强化对中国财政政策波动性的处理效应。

表 5 – 14　　　　　　　　　　关键变量的数据拟合与对比

变量	中国	"合成中国"
财政政策波动性	2.522	2.513
2011 年第二季度财政政策波动性	3.024	3.012
2012 年第四季度财政政策波动性	3.470	3.382
2014 年第一季度财政政策波动性	2.866	2.985
财政支出相对变动的 RMSE	0.089	
社会总产出相对变动的 RMSE	0.016	
财政盈余相对变动的 RMSE	0.094	

　　为了分析预算约束对财政政策波动性的影响，本部分将真实中国和"合成中国"的财政政策波动性绘制成图 5 – 18。从图中可以看出，在 2014 年第 3 季度之前，真实中国和"合成中国"的财政政策波动性的变化趋势近似一致，说明合成控制法较好地拟合出中国的财政政策波动性变化趋势。但在 2014 年第 4 季度之后，二者出现较大分歧，中国财政政策波动性大幅下降，远低于"合成中国"的财政政策波动性，这充分说明，随着深化预算管理制度改革的推进，预算管理制度约束得以强化，促使公共部门的预算支出"有法必依"，财政支出理性化，降低了财政政策波动性。

　　为了更直观地展示强化预算约束对中国财政政策波动性的影响，本部分将真实中国和"合成中国"的财政政策波动性差异绘制成图 5 – 19。图 5 – 19 显示，从 2004 年至 2014 年第 3 季度，真实中国和"合成中国"的财政政策波动性之差在 0 附近浮动。然而，从 2015 年第 1 季度开始，二者的差距逐渐扩大，在这一时期，相较于"合成中国"的财政政策波动性，真实中国的政策波动性平均下降 1.437，下降幅度非常明显。由此可见，自 2014 年第 4 季度后，由于深化预算管理制度改革的推进，增强了预算制度约束，提高了非理性财政支出的"成本"，使财政管理人员有更大的激励去改善财政支出行为，从而降低了财政政策波动性。

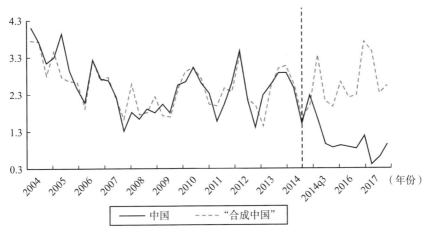

图 5－18　2014 年《预算法》修正前后的财政政策波动性反事实情形

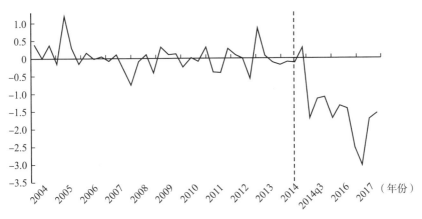

图 5－19　真实中国和"合成中国"的财政政策波动性差异

四、稳健性检验

上文分析表明，强化预算约束明显降低了财政政策波动性。然而，这一结论是否稳健，仍面临着以下几方面疑问：第一，真实中国和"合成中国"的财政政策波动性差异是由预算约束所造成的还是受某些未观测到或不可观测的因素驱动？第二，在全球化背景下，各国发展的依存度日渐加深，必须考虑溢出效应的存在，即中国强化预算约束可能对其他国家的财政政策波动性产生影响，阿巴迪等（2015）提出，利用合成控制法，借助有限的单元就能评估溢出效应造成的潜在偏差的存在性和方向，如果中国强化预算约束可能对纳入合成中国的控制组国家的财政政策波动性有负的溢出效应，则合成控制法提供的反事实将会低估预算约束对财政政策波动性的因果效应；如果有正的溢出效应，将导致因果效应被高估。第三，合成控制法估计结果显示强化预算约束的处理效应较大，可能是由于政策干预后期，"合成中国"的财政政策波动性预测能力降低，无法准确预测出反事实状态。基于这些考虑，下文将通过四个检验来排除其他因素的干扰，验证上文结论的稳健性。

1. 安慰剂检验。

与阿巴迪和查德泽巴（Abadie and Gardeazabal，2003）和伯特兰德等（Bertrand et al.，2004）的检验类似，此处安慰剂检验的思路是，依次将控制组的国家列为假想的实验组，即假设仅该国在2014年第4季度后强化了预算约束，而其余国家进入控制组（包括中国），然后使用合成控制法估计强化预算约束对该国财政政策波动性的处理效应，即估计该国真实的财政政策波动性与合成的财政政策波动性之差。按照这一思路，本部分对所有原控制组国家分别进行上述操作，得到处理效应的分布情况，然后和中国的处理效应进行比较，如果一部分原控制组国家与中国有相似的表现，即干预后的真实财政政策波动性远小于合成的财政政策波动性，则说明上文关于"预算约束显著降低了中国财政政策波动性"的结论是不稳健的。

图5-20给出了安慰剂检验后各国真实财政政策波动性和合成财政政策波动性的差异。考虑到应用合成控制法时，合成的财政政策波动性是其余控制组国家财政政策波动性的凸组合，必然导致某些出现极端值的国家无法被成功合成，或合成效果较差，无法拟合真实财政政策波动性的变化趋势，在这些情况下应用合成控制法得到的结果并不可信，因此本部分仅选取在政策干预前期拟合效果与中国相近的国家，即图5-21中展示的政策干预前期的根均方预测误差（ $RMSPE = MSPE^{1/2} = \left(\dfrac{1}{T_0} \sum_{t=1}^{T_0} \left(y_{it} - \sum_{j \neq i}^{36} w_j^* y_{jt} \right)^2 \right)^{1/2}$ ）与中国的RMSPE之比在3以内的国家，最终加上中国共有21个国家入选。

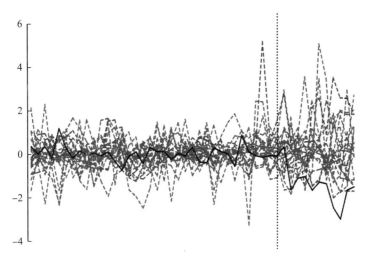

图5－20　各个国家强化预算约束的处理效应对比（黑实线代表中国）

图5－20显示，与其他国家的处理效应相比，中国的负处理效应更大。假设预算约束强化对中国财政政策波动性无影响，上述结果是受其他因素的驱动，则恰巧出现这一处理效应的概率为1/21，小于0.05的显著性水平，从而拒绝原假设，说明预算约束显著降低了财政政策波动性。

2. 排序检验。

类似于统计中的秩检验，阿巴迪等（2010）将排序检验用于检验稳健性的基本逻辑是：假设预算约束会显著影响中国的财政政策波动性，则受到政策干预后，"合成中国"必然无法很好地预测真实中国的财政政策波动性，从而导致政策干预后的 MSPE（post－MSPE）较大；而如果在政策干预前，"合成中国"的财政政策波动性已经无法很好地预测真实中国的财政政策波动性，必然导致较大的干预前 MSPE（pre－MSPE）。换言之，post－MSPE 中含有预测误差部分，可由 pre－MSPE 反映，不妨以二者的比值来控制后者的影响，如果假设成立，则在安慰剂检验中，中国的 post－MSPE/pre－MSPE 应明显高于其他国家。出于与安慰剂检验相同的原因，本部分剔除了干预前的 RMSPE 比中国 RMSPE3 倍还大的国家，余下 21 个国家（包括中国），将各国 post－MSPE/pre－MSPE 的比值分布绘制成图 5－21。

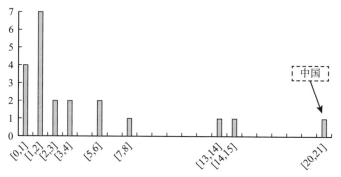

图 5 – 21　中国和其他国家的 post – MSPE/pre – MSPE 对比

从图 5 – 21 可以看出，中国的 post – MSPE/pre – MSPE 大于 20，远高于其他国家。假设预算约束强化对中国的财政政策波动性无影响，则出于偶然因素在这 21 个国家中得到这一比值的最大概率仅为 1/21，小于 0.05 的显著性水平，拒绝原假设，说明预算约束显著降低了中国的财政政策波动性。

3. 变换控制组的检验。

借鉴阿巴迪等（2015）的做法，本部分认为不包括在合成控制组内国家存在的溢出效应不会影响反事实状态的构建，正是基于这一点，本部分接下来将通过变换控制组国家来检验上文处理效应对合成中国反事实状态所涉及的 5 个控制组国家及其权重 W^* 变化的敏感性。具体做法如下：依次从控制组中排除表 5 – 13 中的一个国家，然后用其余 34 个国家重新合成中国的财政政策波动性，如此重复进行 5 次，依次比较真实中国与"合成中国"的财政政策波动性差异，即强化预算约束的处理效应。图 5 – 22 显示了依次去掉一个原控制组国家所得到的处理效应与上文全部控制组情况下的处理效应。

从图 5 – 22 所示结果可以看出：第一，在政策干预前（即《预算法》修正前），虽然剔除部分控制组国家得到的处理效应与全部控制组情况下的处理效应均在 0 上下浮动，但剔除部分控制组国家的财政政策波动性变动幅度明显更大，表明采用所有控制组国家的合成控制法拟合效果更优。第二，政策干预后，剔除部分控制组国家得到的处理效应与全部控制组情况下的处理效应均出现了明显下降，下降幅度虽有差异，但差异并不大，剔除合成中国的部分控制组国家后得到的处理效应总体上重现了全部控制组情况的结果。

这充分说明，敏感性检验通过，预算约束的处理效应并不随控制组国家的变化而变化，溢出效应的影响可以忽略，上文结论是稳健的。

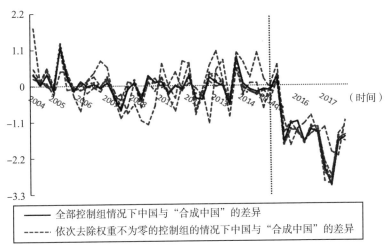

图5-22 改变控制组情况下的处理效应估计结果

4. 基于时间检验。

借鉴阿巴迪等（2015）的做法，本部分人为提前初始政策干预时点，重新划分强化预算约束时点前后的数据，进行时间检验，以说明上文所得结论是否与政策干预时点相关，即上文所估计得到的处理效应是否恰好是由于政策干预后"合成中国"的预测能力降低所致。本部分的具体做法如下：假设中国强化预算约束这一政策干预的实施时点提前到某一时间，据此重新估计模型以得到该时点前后政策干预的处理效应，比较该结果和真实干预时点下的处理效应，来判断前文结论的稳健性。这里依次选取了2013年第4季度和第2季度以及2012年第4季度作为政策干预时点，应用合成控制法重新估计政策处理效应，具体估计结果如图5-23所示。

从图5-23可以看出，以上述三个时点作为政策干预时点所计算出的处理效应在相应的干预时点前后并无明显变化，均在零上下浮动，直至2014年第4季度后才呈现出明显的下降趋势。换言之，与真实情况下的预算约束干预不同，上述三个假设的政策干预时点检验结果说明效果不显著，这充分表明，上文结论是稳健的，即强化预算约束的确显著降低了财政政策波动性。

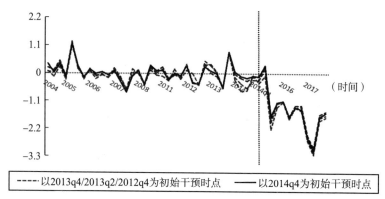

图 5-23　改变初始政策干预时点下的处理效应

五、结论与政策建议

基于已有文献的不足，且立足于降低财政政策不确定性的现实重大问题，本部分借鉴费尔南德斯等（2015）的测度方法，定量估测包括中国在内的 36 个国家的财政政策波动性，将 2014 年深化预算管理制度改革，即《预算法》的修正实施作为强化预算约束的一项准自然实验，借助准自然实验分析方法即合成控制法来推断强化预算约束对财政政策波动性的因果效应。研究结果表明：第一，"四万亿"财政刺激计划极大地推高了中国的财政政策波动性，中国财政政策波动性处于较高水平。第二，以修正后的《预算法》为标志的深化预算管理制度改革，强化了中国的预算管理制度约束。第三，预算管理制度约束的加强，显著降低了中国的财政政策波动性，即随着深化预算管理制度改革的推进，预算管理制度约束得以强化，促使公共部门的预算支出"有法必依"，财政支出理性化，降低了财政政策波动性。相应的稳健性检验充分证明这一结论的稳健性和可信度。

中国仍处于重要战略机遇期，化危为机的前提是自身具备较强的抗风险能力，这就要求减少内部不确定因素。金融危机后，中国一系列应对措施导致了财政政策波动性大大增加，影响到经济行为主体的决策，进而放大经济发展的不确定性。考虑到预算管理制度约束的加强，有效地降低了财政政策波动性，本部分认为，在供给侧结构性改革的关键时期，为了实现中国经济高质量发展的目标，保障财政政策的有效性和财政的可持续性，进一步降低财政政策波动性，在深化预算管理制度改革的进程中，必须进一步加强预算管理制度约束，并且确保预算管理落到实处。

第四节　财政透明度与财政政策波动性

随着经济社会的不断发展，人们对政府监督的需求不断增强，近年来中国一直致力于提高政府的财政透明度。《中华人民共和国政府信息公开条例》于 2008 年正式施行，这一重大的标志性事件极大促进了政府信息公开进程。上海财经大学从 2009 年开始每年出版《中国财政透明度报告》，定期公布中国 31 个省份的财政透明度状况，也在一定程度上促进了财政透明度的提高。2014 年，中国首次修正《中华人民共和国预算法》，首次以法律形式明确了政府的财政信息公开职责，为财政信息公开提供了法律保障。《2017 年政务公开工作要点》明确指出要加大政策实施情况的公开力度，重视以公开引导预期、以公开凝聚共识。党的十九大报告更是把建立规范透明的预算制度作为加快完善社会主义市场经济体制的重要内容。在持续不断的努力下，中国财政透明度不断提高，财政透明度得分的均值从 2006 年 21.71 上升到了 2016 年的 53.49，随后财政透明度稳步提高，省级政府财政信息公开的整体情况明显改善。然而，财政透明度的提高是否能够真正达到约束政府财政行为的最终目的，是否取得降低财政政策波动性的效果呢？这是本书所关注的问题。

理论上讲，在中国式分权体制下，地方政府拥有一定规模的财力，且对财政资金具备一定的支配权，导致地方政府预算约束弱化，预算软约束现象普遍存在，预决算偏差较大，从而会导致财政政策波动。财政透明度的提高，能够推动地方政府财政信息公开进程，有利于发挥社会公众对地方政府行为的监督作用，使预算真正发挥约束政府行为的作用，限制政府主观意志对财政行为的影响，进而能够减少地方政府随意调控行为的发生，降低调控的随意性，从而有利于降低财政政策波动性。从经济行为看，图 5 - 24 给出财政透明度与财政政策波动性之间的散点图，从中可以看出，二者之间存在负相关的关系，即随着财政透明度的提高，财政政策波动性降低。

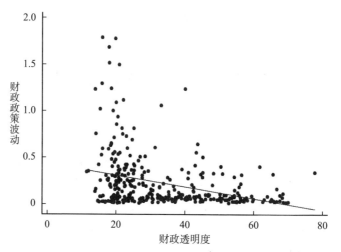

图 5 - 24　财政政策波动与财政透明度之间的散点图

为了更直观地显现二者之间的关系，本节根据 2006 ~ 2016 年各省份的财政透明度平均值将各省分成两组，将财政透明度高于整体平均值的省份归为高透明组，其余归为低透明组。图 5 - 25 给出 2006 ~ 2016 年间两组样本的财政政策波动性变化情况。从中可以看出，相比而言，透明度低的省份财政政策波动性会更高。

然而，二者之间是否确实存在因果关系，有待下文更加严谨的因果效应推断和论证。厘清财政透明度与财政政策波动性的关系，有利于完善宏观经济治理，降低政策不确定性，畅通政策的预期管理机制，有效引导微观主体预期，促进经济高质量发展。关于财政透明度与财政政策行为特征之间的联系，已有文献较少关注：贝尼托和巴斯蒂达（Benito and Bastida, 2009）和维森特等（Vicente et al., 2013）指出，政府预算的公开透明能够显著减少地方官员的机会主义行为；邓淑莲和温娇秀（2015）研究发现，财政透明度的提高能够减少腐败行为，且能够抑制政府债务规模的扩大，郭剑鸣

（2011）、李春根和徐建斌（2016）亦持有相似观点；张树剑（2016）研究指出，财政透明度的提高能够显著提升地方政府的财政治理能力和效率，类似的，李燕和王晓（2016）使用中国省级时间序列数据发现，财政透明度与财政支出效率之间呈正相关关系，即财政透明度的提高能够提升财政支出效率；刘生旺和陈鑫（2019）借助2007～2014年省际面板数据研究指出，财政透明度的提高能够明显约束财政支出中的政府行政支出占比。目前尚无文献专门研究财政透明度与财政政策波动性之间的关系，基于此，本节利用《中国财政透明度报告》发布的财政透明度数据和财政政策波动性的测度数据，借助面板数据模型分析财政透明度对财政政策波动性的影响，并借助中介效应分析框架分析财政透明度影响的内在机制。与已有文献相比，本节的创造性工作主要包括：第一，与已有文献不同，本节从新的视角分析财政政策波动性的决定因素，旨在推断财政透明度与财政政策波动性之间的因果关系。与此同时，本节也为认识提高财政透明度的重要性提供了新的视角。第二，本节借鉴维拉维德等（2015），将时变性引入财政反应函数，采用更加合理的测度方法测算中国财政政策波动性的省际面板数据，能够为相关研究提供指标基础和数据基础。第三，本节研究结论能够为财政透明度的影响研究和财政政策波动性的决定因素研究提供新的经验证据。

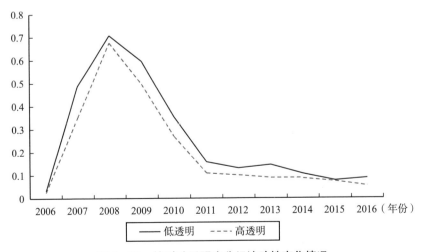

图5-25　按财政透明度分组波动性变化情况

本节结构安排如下：第一部分是模型构建、指标测度与描述性统计；第二部分是实证分析与稳健性检验；第三部分是机制分析；最后是基本结论与政策建议。

一、模型、指标与数据

本部分将对实证分析部分所用模型进行构建与设计，对中国 2006～2016 年各省份财政政策波动性进行测度，对数据来源进行简要介绍，并给出描述性统计分析结果。

1. 模型构建。

为了分析财政透明度对财政政策波动性的影响，本部分建立基准模型如下：

$$volatility_{it} = \alpha + \beta_1 \times transparency_{it} + \gamma\, Z_{it} + \gamma_i + \mu_{t} + \varepsilon_{it} \qquad (5.17)$$

其中，$volatility_{it}$ 表示省份 i 在 t 年度的财政政策波动性；$transparency_{it}$ 表示第 i 个省份在 t 年度的财政透明度指标，该指标来源于《中国财政透明度报告》中的财政透明度指数。为了降低遗漏变量偏差导致的内生性问题，本部分在模型（5.17）中增加了控指标量，用 Z 表示，包括贸易开放度（open）、经济发展水平（lngdp）、政府规模（scale）、财政赤字（debt）等因素。其中，贸易开放度指标用进出口总额占其当期 GDP 的比重来刻画，经济发展水平指标用人均 GDP 的对数值来衡量，政府规模指标用政府消费占其当期 GDP 的比重来表示，财政赤字用政府公共预算支出与政府公共预算收入的差值表示。λ_i 表示个体固定效应，用以控制不同个体（省份）存在的不可观测差异；γ_t 表示时间固定效应，用于控制不同时点存在的不可观测差异。ε_{it} 表示随机扰动项。

2. 财政政策波动性的测度。

截至目前，财政政策波动性的测度方法主要包括：第一，对自回归模型进行估计，用残差的标准差来测度；第二，直接计算财政支出或税收收入的标准差；第三，建立 GARCH 模型，用所得到的时变方差表示平滑的时变波动性；第四，建立不包含时变性的财政政策反应函数，对模型进行估计得到模型残差；第五，建立财政政策反应函数且将时变性引入财政政策反应函数的扰动项。前三种方法在测度时均包含了经济周期等因素，可能夸大财政政策波动性。根据方法测度的适用性和精确性，本部分借鉴维拉维德等（2015）提出的测度方法，通过建立引入时变性的财政政策反应函数来计算得到各省份财政政策波动性，该方法能够将政策波动性冲击与政策冲击之间的差异加以区分，其测度结果更加准确。

在借助该方法测度财政政策波动性时，不可盲目照搬国外相关做法，应考虑中国财政政策的实践情况。众所周知，中国主要依据产出缺口变化和财政可持续性来进行政策调整（王立勇和纪尧，2019），故本节仍采用第三章所描述的方法。

本部分使用各省份 2006～2016 年的年度数据，并且以 2006 年为基期将数据转化为实际值。本部分使用贝叶斯层级模型对第三章所示测度模型进行估计。参考已有文献，假定先验参数服从均匀分布，运用马尔科夫链蒙特卡洛方法对参数进行一万次抽样，参数的估计值使用后验中位数，由于篇幅所限，在此只列出北京市数据测度中各参数估计值及 95% 的置信区间，其余不在文中列出，如表 5－15 所示。

表 5－15　　　　　　　　　　财政支出方程参数估计结果

参数	中位数	置信区间
ρ_x	0.9106	[0.8099, 0.9235]
σ_x	−4.171	[−4.975, 2.939]
$\varphi_{x,y}$	−0.5033	[−2.473, 1.489]
$\varphi_{x,b}$	0.511	[−1.491, 2.45]
$\rho_{\sigma x}$	0.7009	[0.0113, 0.946]
η_x	0.5318	[0.2582, 0.9629]

本部分使用 $100\exp(\sigma_{xt})$ 来表示各省份每年的财政政策波动性，图 5－26 中展示了各省份财政政策波动性的平均值的变化情况。从整体上看，由于受到美国金融危机和希腊债务危机的不利冲击，2007～2009 年的财政政策波动

性明显高于其他年份，近年来各省份的财政政策波动性有所下降，处于较低的水平。在 31 个省份中，西藏自治区的财政政策波动性较大，江苏省财政政策波动性较小，其他省份的财政政策波动性介于二者之间，图 5 - 26 给出了两个省份及全国平均的财政政策波动性变化情况。从图中可以看出，各个省份的财政政策波动性态势相似，均是在 2007～2009 年处于较高水平，随后开始下降，近年来处于较低水平。

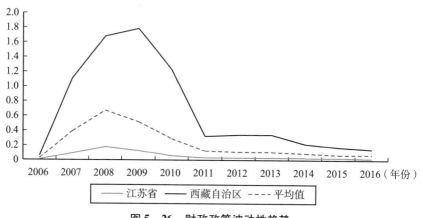

图 5 - 26　财政政策波动性趋势

3. 数据来源及处理。

本节实证部分采用 2006～2016 年中国 31 个省份的面板数据为样本，原始数据来源于《中国统计年鉴》、国家统计局官网、《中国财政年鉴》，以及上海财经大学每年发布的年度《中国财政透明度报告》等。需要特别说明的是，《中国财政透明度报告》并非调查各省份当年的财政数据，而是存在时间滞后性，即 2009～2012 年的《中国财政透明度报告》是以 2006～2009 年的财政数据为调查对象，2013～2018 年的《中国财政透明度报告》的调查对象是 2011～2016 年的财政数据，因此 2010 年财政透明度是无法获取的，本部分采用回归法来填补缺失值。参考已有文献，一国或地区的财政透明度会受到政治、经济、财政、社会等因素的影响，本部分使用 2006～2016 年的财政透明度数据。

4. 描述性统计。

表 5 - 16 给出了各个变量的描述性统计结果。从表中可以看出，2006 年

至 2016 年，中国各省份财政政策波动性的均值为 0.225，而标准差达到了 0.295，说明各省份、各年度财政政策波动性存在较大差异。财政透明度的均值只有 33.20，标准差为 15.06，说明整体来看中国财政透明度还较低，且各省份、各年度的财政透明度状况之间存在较大差异，其中最小值为 11.52（2012 年西藏），最大值为 77.70（2011 年海南）。

表 5 - 16　　　　　　　　　变量描述性统计结果

变量	符号	均值	标准差	最小值	最大值
财政政策波动性	*volatility*	0.225	0.295	0.008	1.785
财政透明度	*transparency*	33.20	15.06	11.52	77.70
政府规模	*scale*	0.248	0.190	0.0837	1.379
贸易开放度	*open*	0.310	0.379	0.032	1.721
经济发展水平	ln*gdp*	11.07	0.430	10.04	12.01
财政赤字	*debt*	25.90	20.66	1.23	107.76

二、实证分析与稳健性检验

本部分将使用中国 31 个省份 2006~2016 年的面板数据进行实证分析，推断核心解释变量财政透明度对财政政策波动性的影响是否显著，并进行相应的稳健性检验。

1. 实证分析结果。

表 5 - 17 给出了混合回归模型和双向固定效应模型的参数估计结果，其中，混合回归模型中核心解释变量财政透明度的系数是 -0.0027，在 5% 的水平上显著，说明财政透明度与财政政策波动性之间存在负向因果关系，即随着财政透明度的提高，财政政策波动性倾向于降低。然而，由于混合回归可能存在不可观测的个体差异及时间差异，遗漏变量和不可观测的异质性会带来估计结果的有偏性，且 hausman 检验结果支持固定效应模型，从而表 5 - 17 也给出固定效应模型的参数估计结果。

表5-17   财政透明度对财政政策波动性的影响结果

解释变量	财政政策波动性	
	OLS 估计结果	固定效应估计结果
财政透明度	- 0.0027 ** (0.0011)	- 0.0020 ** (0.0008)
控制变量	控制	控制
截距项	2.1248 *** (0.5874)	- 1.8591 (1.3325)
个体固定效应	—	控制
时间固定效应	—	控制
样本容量	341	341
R^2	0.371	0.779

注：括号内为伴随概率值；*** 、** 分别表示在1% 、5% 的显著性水平上显著；控制变量包括政府规模、贸易开放度、经济发展水平、财政赤字。

从表5-17所示的固定效应估计结果可以看出，财政透明度的系数估计结果为 - 0.0020，在5%的水平上显著，再次证实财政透明度与财政政策波动性之间存在负相关关系，财政透明度的提高对财政政策的波动性存在显著抑制作用，即财政透明度越高，财政波动性就越低。

2. 稳健性检验。

为了确保上述回归结果的稳健性和可靠性，本部分从工具变量估计、子样本估计、分组估计等三个方面进行稳健性检验。

（1）工具变量估计。虽然上文在实证分析中增加了双向固定效应以控制个体之间和时点之间可能存在的不可观测差异，且通过设置控制变量的方式减少由于遗漏变量偏差导致的内生性问题，但这通常很难完全解决内生性问题。为了进一步解决遗漏变量偏差或双向因果关系等情况导致的内生性问题，接下来借助两阶段最小二乘法估计模型参数，此处采用核心解释变量（财政透明度）的滞后一期作为工具变量。根据已有文献中的经验规则，两阶段最小二乘法第一阶段回归的 F 统计量值为71.80，远远大于经验值50，说明此处不存在弱工具变量问题，且表5-18第三列回归结果也证明了工具变量与内生解释变量之间的相关性；sargan 检验结果表明，财政透明度滞后一期值满足工具变量的外生性条件；表 5-18 第二列回归结果也显示工具变量财政透明度的滞后一期与内生性变量财政透明度的当期值高度相关，但是不会直接影响财政政策波动性，这符合选取工具变量的标准。所以，将财政透明度的滞后一期作为工具变量是有效的。

表 5-18 第一列给出参数估计结果。从结果中可以看出，考虑模型存在的内生性问题后，核心解释变量财政透明度的系数估计结果依然显著为负，说明上文估计结果是稳健的。与固定效应模型的估计结果相比，这里估计得到的系数绝对值更大，说明不考虑模型的内生性时，财政透明度的提高对财政政策波动性的抑制效应被低估。

表 5-18　　　　　　　　　两阶段最小二乘法的估计结果

解释变量	被解释变量		
	财政政策波动性	财政政策波动性	财政透明度
财政透明度	-0.0046 ** (0.0021)	-0.0027 ** (0.0012)	—
财政透明度滞后一期	—	-0.0014 (0.0013)	0.4635 *** (0.0547)
控制变量	控制	控制	控制
个体固定效应	控制	控制	控制
时间固定效应	控制	控制	控制
样本容量	310	310	310
R^2	0.365	0.463	0.346

注：括号内为伴随概率值；*** 、** 分别表示在1%、5%的显著性水平上显著；控制变量包括政府规模、贸易开放度、经济发展水平、财政赤字。

（2）子样本估计。为解决样本偏误可能带来的内生性问题，接下来本部分选取子样本再次进行估计。由于新疆和西藏经济社会发展的特殊性，本部分参考已有文献，使用剔除新疆和西藏之后的子样本重新估计模型参数，估计结果如表 5-19 所示。表 5-19 所示的估计结果显示，核心解释变量财政透明度的系数估计结果依然为负，且在统计意义上显著，可以认为上文采用31个省份数据得到的估计结果是稳健的，财政透明度的提高确实对财政政策波动性有显著抑制作用。

表 5 – 19 子样本稳健性检验结果

解释变量	财政政策波动性	
	固定效应	工具变量法
财政透明度	– 0.0019 ** (0.0008)	– 0.0036 ** (0.0016)
控制变量	控制	控制
个体固定效应	控制	控制
时间固定效应	控制	控制
样本容量	319	290
R^2	0.771	0.616

注：括号内为伴随概率值；** 表示在5%的显著性水平上显著；控制变量包括政府规模、贸易开放度、经济发展水平、财政赤字。

（3）样本分组检验。由于不同省份之间的现实情况有所不同，本部分计算2006～2016年各省份的财政透明度平均值作为衡量财政透明度高低的指标，将财政透明度高于整体平均值的省份归为高透明组，其余归为低透明组。与此同时，本部分采用同样的方法根据财政政策波动性大小将31个省份分为高波动组和低波动组，从而得到高透明组、低透明组、高波动组、低波动组四个子样本，本部分采用两阶段最小二乘法分别使用四个子样本来估计模型参数，采用结果如表5 – 20所示。

表 5 – 20 分组稳健性检验

解释变量	财政政策波动性			
	高透明组	低透明组	高波动组	低波动组
财政透明度	– 0.0009 ** (0.0004)	– 0.0038 ** (0.0016)	– 0.0068 ** (0.0031)	– 0.0015 ** (0.0007)

解释变量	财政政策波动性			
	高透明组	低透明组	高波动组	低波动组
控制变量	控制	控制	控制	控制
截距项	2.9842 * (1.8102)	3.7676 ** (1.8310)	6.8917 * (3.9968)	2.6709 *** (0.9709)
个体固定效应	控制	控制	控制	控制
时间固定效应	控制	控制	控制	控制
样本容量	165	176	88	253
R^2	0.406	0.623	0.599	0.473

注：括号内为伴随概率值；*** 、** 和 * 分别表示在 1% 、5% 和 10% 的显著性水平上显著；控制变量包括政府规模、贸易开放度、经济发展水平、财政赤字。

表 5 - 20 结果显示，无论是透明度高的省份或是透明度低的省份，财政透明度对财政政策波动性的影响均显著为负，说明上文结论的稳健性。然而，本部分发现在不同透明度的地区，财政透明度对财政政策波动性的影响存在异质性，低透明度地区的财政透明度影响更强。表 5 - 20 结果也显示，无论是财政政策波动性高的省份或是财政政策波动性低的省份，财政透明度这一核心变量的符号均未发生改变，均对财政政策波动性存在显著的负向影响，证明了上述实证分析结果的稳健性，可以认为"提高财政透明度有助于降低财政政策波动性"这一结论是可靠的。同样，本部分发现在不同财政政策波动性的地区，财政透明度的影响存在异质性，对于财政政策波动性较高的地区，提高财政透明度的作用更加显著。

三、机 制 分 析

上文分析表明，一个地区财政透明度的提高会降低该地区的财政政策波动性，这一结论具有稳健性。然而，这一影响的内在机制是什么，换言之，财政透明度的提高为何会降低财政政策波动性，这是本节分析的重点，下文将从理论和实证两个方面进行分析。

1. 理论逻辑。

财政政策波动性是指政府财政行为的波动，按照传统经济学理论，财政政策应逆风向而动，及时对经济运行进行反周期调节，所以财政政策波动性包含两个部分：一部分是为了熨平经济周期波动而引致的财政政策波动，另一部分是在上述原因之外，由于政府随意调控导致的波动性，这一部分财政政策波动性与经济周期波动无关。由于上文是借助财政反应函数来测度财政政策波动性，所以这里的财政政策波动性是指与经济周期无关、由于政府随意调控导致的政策波动性。在中国式分权体制下，中国中央政府对经济的宏观调控和地方政府的扩张冲动之间存在内在冲突，这会对政府财政政策波动性产生直接影响。由于地区之间存在竞争关系，加上财政预算约束的不充分，地方政府常常盲目追求强烈的财政扩张。在经济萧条时，中央政府为了实现经济的稳定增长，往往会对地方政府的财政扩张行为持默许态度。然而，在经济繁荣时，如果地方政府仍然持续扩张就会导致经济过热，此时中央政府为了维持经济稳定就会采取多种措施进行宏观调控，而地方政府扩张行为和中央政府宏观调控相互作用非常容易导致宏观经济的剧烈波动及地方政府财政行为的频繁变动，从而引致财政政策波动性。长期以来，预算改革之前，预算编制、审批、监督及执行的过程几乎处于全封闭状态，在政府预算报告中缺乏详细的数据，数据统计不完全，公众对预算执行很难进行绩效监督，政府的主观意志对财政行为的影响加深，导致执行过程中的随意性。因此，在分权体制背景下，中国地方政府不仅拥有一定规模的财力，同时对财政资金具备一定的支配权，导致地方政府预算约束弱化，预算软约束现象普遍存在，预决算偏差较大，这就必然会导致财政政策波动。根据相关理论，财政透明度不高是预决算偏差过大的最重要原因之一，从而提高财政透明度，推动地方政府财政信息公开进程，强化社会公众对地方政府行为的监督，使预算真正发挥约束政府行为的作用，进而能够减少地方政府随意调控行为的发生。

根据以上分析，结合中国现实情况，本节认为财政透明可以通过改善政府的预算执行情况来降低财政政策波动性。本节使用预决算偏差度来衡量预算执行情况，如果预算执行情况较好，政府可以严格执行预算，则预决算偏差度应该被控制在合理的范围内。

2. 模型框架。

接下来，本节借助中介效应分析框架来验证财政透明度对财政政策波动性的影响机制，即提高财政透明度能够降低预决算偏差度，从而降低财政政策波动性。为了检验这一机制，本部分建立中介效应模型如下：

$$volatility_{it} = \alpha_1 + \beta_1 \times transparency_{it} + \gamma_1 Z_{it} + \gamma_i + \mu_t + \varepsilon_{it} \quad (5.18)$$

$$PE_{it} = \alpha_2 + \beta_2 \times transparency_{it} + \gamma_2 Z_{it} + \theta_i + \delta_t + \mu_{it} \quad (5.19)$$

$$volatility_{it} = \alpha_3 + \beta_3 \times transparency_{it} + b \times PE_{it} + \gamma_3 Z_{it} + \varnothing_i + \varphi_t + \omega_{it} \quad (5.20)$$

其中，$volatility_{it}$代表i省份在t年度的财政政策波动性，$transparency_{it}$代表i省份在t年度的财政透明度，PE_{it}代表i省份在t年度的预决算偏差度，Z_{it}表示由控制变量组成的向量。在上述模型中，中介变量是预决算偏差度（PE），其计算公式为：$PE = |$决算支出 – 预算支出$|/$预算支出，用来表示预算执行的情况。此处使用预决算支出计算预决算偏差度的原因在于：一方面是和财政政策波动性的口径相一致，另一方面是由于预算软约束很大程度上体现为预算支出软约束。在中介效应分析框架中，本部分重点关注β_1、β_3和b，一般而言，如果在式（5.20）中加入预决算偏差度（PE）后，财政透明度的参数估计结果变得不再显著，则为完全中介效应；若财政透明度的参数估计结果显著性降低或影响程度降低，则说明存在部分中介效应。

3. 数据表述与初步证据。

图 5 – 27 给出了中国各省份 2006 ~ 2016 年财政透明度和预决算支出偏差度情况。从图中不难看出，平均而言，各省的财政透明度自 2006 年以来一直呈现上升态势，特别是 2012 年以来，财政透明度上升速度较快。与此同时，各省的预决算偏差度呈现不断下降态势，2010 年以后，预决算偏差度下降速度较之前稍快，从 2006 年的 13.01% 下降到了 2016 年的 5.38%，说明近年来中国财政信息公开工作取得了不错的效果，预算执行情况有了改善，但仍高于 5% 的国际标准。[①] 总体而言，财政透明度和预决算偏差度呈反方向变化，随着财政透明度的不断提高，预决算偏差度在不断降低。

---

① 按照国际标准，良好的预决算偏差度应不高于 5%。

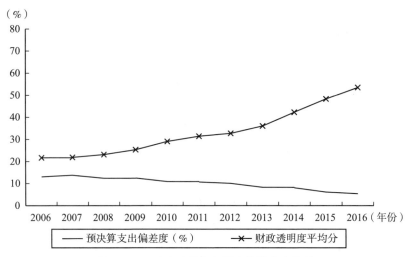

图 5 - 27　财政透明度和预决算偏差度趋势

　　表 5 - 21 给出财政透明度、预决算偏差度和财政政策波动性之间的相关系数。表 5 - 21 结果显示，财政透明度与预决算偏差度的相关系数为 - 0.2985，且在 1% 的显著性水平下显著，充分说明财政透明度与预决算偏差度之间呈负相关关系。预决算偏差度与财政政策波动性之间的相关系数为 0.2566，在 1% 的显著性水平下显著，充分说明预决算偏差度与财政政策波动性之间呈正相关关系，与上文理论预期一致。同样，财政透明度与财政政策波动性之间的相关系数为 - 0.320，在 1% 的显著性水平下显著，说明财政透明度与财政政策波动性之间呈负相关关系。换言之，相关性检验结果似乎表明，财政透明度的提高，可以强化预算约束，降低预决算偏差度，从而降低财政政策的波动性。

表 5 - 21　　　　　　　　　　　　相关性检验

变量	财政政策波动性	财政透明度	预决算偏差度
财政政策波动性	1	—	—
财政透明度	- 0.320 ***	1	—
预决算偏差度	0.2566 ***	- 0.2985 ***	1

　　注：括号内为伴随概率值；*** 表示在 1% 的显著性水平上显著；控制变量包括政府规模、贸易开放度、经济发展水平、财政赤字。

然而，相关系数仅能刻画变量之间的相关性，而无法刻画变量之间的因果效应，为了提供更加稳健的经验证据，本部分接下来将借助两阶段最小二乘法估计式（5.18）至式（5.20）所示的模型，得到参数估计结果见表5–22。

表5–22   中介效应分析结果

变量	（1） 财政政策波动性	（2） 预决算偏差度	（3） 财政政策波动性
财政透明度	−0.0046** （0.0021）	−0.0014** （0.0007）	−0.0039 （0.0025）
预决算偏差度	—	—	0.5226** （0.2178）
控制变量	控制	控制	控制
截距项	2.0285*** （0.5956）	0.0341 （0.1597）	2.0106*** （0.5878）
个体固定效应	控制	控制	控制
时间固定效应	控制	控制	控制
样本容量	310	310	310
R^2	0.365	0.718	0.626

注：括号内为伴随概率值；***、**分别表示在1%、5%的显著性水平上显著；控制变量包括政府规模、贸易开放度、经济发展水平、财政赤字。

表5–22的第（1）列是式（5.18）的估计结果，第（2）列是式（5.19）的估计结果，第（3）列是式（5.20）的估计结果。第（2）列结果显示，β_2估计结果为−0.0014，且在5%的显著性水平下显著，说明财政透明度对预决算偏差度存在显著的负向影响，即在其他条件不变的情况下，随着财政透明度的提高，能够约束政府行为，改善预算执行情况，预决算偏差度将下降。第（3）列结果显示，在模型（5.18）中引入中介变量预决算偏差度后，财政透明度的参数β_3估计结果变得不再显著，而预决算偏差度的参数b估计结果在5%显著性水平下显著为正，一方面，预决算偏差度对财政

政策波动性存在显著正向影响，在其他条件不变的情况下，随着预决算偏差度的下降，财政政策波动性随之下降；另一方面，在模型（5.18）中加入预决算偏差度（PE）后，财政透明度的参数估计结果变得不再显著，即存在完全中介效应。从而本部分认为，提高财政透明度可以降低预决算偏差度，改善预算执行情况，继而对财政政策波动性起到抑制作用。

四、本节小结

为了完善宏观经济治理、降低政策不确定性、畅通政策的预期管理机制以及有效引导微观主体预期，应厘清财政透明度与财政政策波动性之间的关系。目前尚无文献专门研究财政透明度与财政政策波动性之间的联系，基于此，本节利用《中国财政透明度报告》发布的财政透明度数据和本节测度的财政政策波动性数据，即采用中国 31 个省、自治区、直辖市 2006～2016 年的数据，借助面板数据模型分析财政透明度对财政政策波动性的影响，并借助中介效应分析框架分析财政透明度影响的内在机制。研究结果表明，第一，近年来中国财政透明度呈现不断上升态势，财政透明度最低得分逐年提高，这意味着财政信息公开状况较差的省份在不断加强其财政信息公开力度。然而，财政透明度得分的均值仅为 33.20，说明中国各地区的财政透明度仍处于较低水平，无法满足公众对财政信息公开的需求，不利于发挥公众对政府行为的监督。而且，单个省份不同年份的财政透明度波动较大，不同省份之间的财政透明度差异较大，反映出政府公开的随意性，政府财政信息公开意识有待提高，制度约束有待强化，信息公开行为依然不规范。第二，财政透明度与财政政策波动性之间存在显著的因果关系，财政透明度对财政政策波动性存在负向影响，即随着一个地区财政透明度的提高，该地区的财政政策波动性将下降。一系列稳健性检验均表明这一结论具有稳健性和可靠性。第三，在不同透明度的地区，财政透明度对财政政策波动性的影响存在异质性，低透明度地区的财政透明度影响更强。在不同财政政策波动性的地区，财政透明度的影响亦存在异质性，对于财政政策波动性较高的地区，提高财政透明度的作用更加显著。第四，财政透明度对财政政策波动性的影响机制在于：

提高财政透明度，能够强化社会公众对地方政府行为的监督，使预算真正发挥约束政府行为的作用，减少地方政府随意调控行为的发生，降低预决算偏差度，使政府更严格地执行预算，从而达到降低财政政策波动性的效果。

根据以上结论，本节得到的政策启示包括：第一，应建立有效的制度约束，完善法制建设，规范财政信息公开的范围和流程，提高地方政府财政信息公开意识，规范地方政府财政信息公开行为，进一步提升财政透明度整体水平。第二，应将财政透明度纳入地方政府绩效管理及考核，降低各个地区财政透明度水平的差异以及单个省份不同年份的差异，降低部分地区政府公开的随意性，规范信息公开行为。第三，在中国式分权体制下，通过制度建设强化对地方政府的财政约束，进一步降低地方政府的预决算偏差度，有效管理财政政策波动性和不确定性，合理引导微观主体预期。第四，健全和完善中期预算框架，加强中期财政规划管理，加强中期预算与发展规划的有效衔接，结合中期预算框架来设定财政规则，从更长期视角设计政策体系，降低财政政策波动性。

第五节　结论与政策建议

关于财政政策波动性的决定因素，是财政政策领域的重要研究议题。本章深入分析了收入差距、经济发展水平、政府规模和贸易开放度、预算约束和财政透明度等因素对财政政策波动性的影响，得到以下基本结论。

第一，随着收入差距的扩大，在其他因素不变的情况下，财政政策波动性将加剧。主要影响机理为：首先，收入差距会通过放松政府资金预算约束引致财政政策周期性波动。收入不断向政府和高收入阶层集中，政府受到的支出资金预算约束放松，刺激政府投资或支出冲动，从而增加财政政策波动性。腐败的存在通常会放大收入差距对财政政策波动性的这一影响；而且，随着收入差距拉大，社会整体消费倾向降低，导致消费波动，增加经济不确定性，引起更大的消费和投资波动。为了解决这一问题，财政政策的相机抉择性会变大，提高了财政政策波动性。另外，收入差距越大，社会极化现象越严重，政策当局为了平衡双方利益，会根据政策目标不断调整财政政策，造成政府支出较大的波动性；特别的，当收入差距不断扩大，有可能激化不同群体之间的矛盾，社会不稳定因素增加，政府为了维持社会稳定，财政支出调整会不得不变得非常规，从而导致财政政策波动性加剧。

第二，从区域比较视角看，各个因素对财政政策波动性的实证结果与总体样本回归结果一致，但影响程度存在区域差异，中部地区最为显著；同时，中部地区的政府规模对财政政策波动性的负向影响最大，西部地区相对最弱；然而，中部地区的贸易开放对财政政策波动性的影响不显著，而东西部均显著为负。

第三，收入差距对财政政策波动性存在非对称影响。收入差距与收入差距变动方向两个核心变量的系数都显著为正，说明收入差距对财政政策波动性会产生非对称影响。相比而言，收入差距扩大所产生的影响程度比收入差距缩小的影响程度高。

第四，中国的政府支出存在较大的波动性，但在2001年底加入WTO以后，财政政策波动性有明显降低。从国际比较视角看，2001年年底前，中国财政政策波动性处于较高水平，高于大多数样本国家的财政政策波动性水平，在2001年之后，中国财政政策波动性，逐渐低于样本国家的平均水平；贸易开放对财政政策波动性具有显著的因果效应，一国贸易开放度的提高，会使得该国的财政政策波动性明显降低；贸易开放度对财政政策波动性的影响机制在于：贸易开放度的提高，会通过"中介效应"和"补偿效应"扩大政府规模，而政府规模的提高会使得财政政策波动性明显降低。

第五，"四万亿"财政刺激计划极大地推高了中国的财政政策波动性；中国财政政策波动性处于较高水平；以2014年《预算法》的修正为标志的深化预算管理制度改革，强化了中国的预算管理制度约束。预算管理制度约束的加强，显著降低了中国的财政政策波动性，即随着深化预算管理制度改革的推进，预算管理制度约束得以强化，促使公共部门的预算支出"有法必依"，财政支出理性化，降低了财政政策波动性。相应的稳健性检验充分证明这一结论的稳健性和可信度。

第六，近年来中国财政透明度呈现不断上升态势，然而，中国各地区的财政透明度仍处于较低水平，无法满足公众对财政信息公开的需求，不利于发挥公众对政府行为的监督。而且，单个省份不同年份的财政透明度波动较大，不同省份之间的财政透明度差异较大；财政透明度与财政政策波动性之间存在显著的因果关系，财政透明度对财政政策波动性存在负向影响，即随着一个地区财政透明度的提高，该地区的财政政策波动性将下降。一系列稳健性检验均表明这一结论具有稳健性和可靠性；在不同透明度的地区，财政透明度对财政政策波动性的影响存在异质性，低透明度地区的财政透明度影响更强。在不同财政政策波动性的地区，财政透明度的影响亦存在异质性，对于财政政策波动性较高的地区，提高财政透明度的作用更加显著；财政透明度对财政政策波动性的影响机制在于：提高财政透明度，能够强化社会公众对地方政府行为的监督，使预算真正发挥约束政府行为的作用，减少地方政府随意调控行为的发生，降低预决算偏差度，使政府更严格地执行预算，从而达到降低财政政策波动性的效果。

根据研究结论可得到以下几点政策启示。

第一，政府应完善收入分配制度，调整收入分配结构，缩小收入分配差距，减少对财政政策波动性和经济增长的负面影响，促进经济高质量发展。

第二，政府应不断深化税制改革，特别是个人所得税改革，完善社会保障制度和转移支付，加大自动稳定器作用，减少财政政策波动性，减少收入差距对经济增长的不利影响。

第三，政府在推动市场化进程方面应加大力度，纠正产品、要素等市场价格扭曲行为，创造良好的、公平的市场竞争环境，打破垄断，促进资源的优化配置，为经济增长创造良好的环境。

第四，加大推动对外开放战略的实施力度，实行更加积极主动的开放战略，提高开放型经济水平，引进外资和外来技术，完善对外开放体制机制，为经济发展增添新动力、新活力和新空间。

第五，在当前中国加快完善社会主义市场经济体制的大环境下，应进一步有效处理政府与市场的关系，使市场在资源配置中起决定性作用，更好发挥政府的作用，积极做到"市场机制有效、微观主体有活力"和"宏观调控有度"。

第六，在供给侧结构性改革的关键时期，为了实现中国经济高质量发展的目标，保障财政政策的有效性和财政的可持续性，进一步降低财政政策波动性，在深化预算管理制度改革的进程中，必须进一步加强预算管理制度约束，并且确保预算管理落到实处。

第七，政府应实行公开透明的预算制度、制度检查、公共决策过程的制衡，建设良好的制度约束和制度环境，规范财政信息公开的范围和流程，提高地方政府财政信息公开意识，规范地方政府财政信息公开行为，进一步提升财政透明度整体水平；应将财政透明度纳入地方政府绩效管理及考核，降低各个地区财政透明度水平的差异以及单个省份不同年份的差异，降低部分地区政府公开的随意性，规范信息公开行为。

第八，在中国式分权体制下，通过制度建设强化对地方政府的财政约束，进一步降低地方政府的预决算偏差度，有效管理财政政策波动性和不确定性，合理引导微观主体预期；健全和完善中期预算框架，加强中期财政规划管理，加强中期预算与发展规划的有效衔接，结合中期预算框架来设定财政规则，从更长期视角设计政策体系，降低财政政策波动性。

第六章

财政规则与最优财政规则研究

上文分析表明，财政政策波动性对宏观经济及微观主体将带来不利影响，接下来本章将在以上研究基础上从降低财政政策波动性负面影响的视角下讨论财政规则问题，考察哪一种财政规则能最大限度地规避由财政波动性带来的负面影响，减小财政政策调控的效率损失，以此为财政政策波动性的管理提供参考依据。具体而言，本章从财政政策波动性管理角度梳理、总结并提出不同的财政规则，借助规范研究和实证研究方法研究其影响，深入分析所有可能的规则的优缺点，并从财政政策波动性视角下比较财政规则的作用，探讨适宜中国的最优财政规则。

巴罗（1986）、基德兰德和普雷斯科特（Kydland and Prescott 1977）指出，相机抉择存在两大问题：时间不一致问题和福利成本过高问题，自此以后，财政规则便成为财政领域的一个重要研究话题。相对而言，国外相关文献较多，如法塔斯和米霍夫（2007）等。国内关于财政规则讨论的文献较少，特别是在理论框架下的讨论更少，贾俊雪和郭庆旺（2012）从社会福利最大化视角在内生增长框架下讨论了 Leeper 式政府支出规则与 Taylor 规则的搭配效果。张佐敏（2014）在 DSGE 模型框架下研究发现，当将盯住税率的财政规则和弱自动稳定规则搭配在一起时，政府支出实现刺激目标的程度最高，如果将盯住税率的财政规则与强自动稳定规则搭配在一起时，对稳定产出目标的实现最为有利。如上所述，张佐敏（2014）检验了财政规则对现实数据的解释力，并指出国外文献通常假设的根据产出缺口和政府未偿还债务进行调整的财政规则对现实数据的预测能力不及根据产出缺口和政府赤字率调整的财政规则。胡永刚和郭长林（2013）在 DSGE 模型框架下引入政策规则开展了相关研究。截至目前，未有文献在降低财政政策波动性的负面影响视角下去讨论财政规则问题，也未从任何视角讨论政策波动性管理。为此，本部分将在 DSGE 模型框架下，从降低财政政策波动性负向影响的视角比较财政政策规则。[①]

第一节　DSGE 模型构建

根据中国现实经济特征和研究需要，本部分从以下几个方面拓展了维拉维德等（2015）等已有文献的模型：第一，在模型中引入金融摩擦机制，以考察金融摩擦在财政政策波动性冲击下的作用。第二，将模型由封闭条件拓展到开放条件，构建一个与中国开放程度相符合的模型。下文中，H 国表示我国，F 国表示国外。第三，讨论了不同财政规则下的财政波动性的影响，且利用中国数据校准模型并进行均衡模拟。本部分构建的 DSGE 模型框架如下。

一、家庭部门

H 国家庭：仍然假定 H 国家庭的私人消费 c_t^p 由 H 国商品 $c_{H,t}$ 和 H 国进口的外国商品 $c_{F,t}$ 按照 CES 形式复合而成，即 $c_t^p = \left[\alpha_H^{\frac{1}{\rho}} c_{H,t}^{\frac{\rho-1}{\rho}} + (1-\alpha_H)^{\frac{1}{\rho}} c_{F,t}^{\frac{\rho-1}{\rho}} \right]^{\frac{\rho}{\rho-1}}$。其中，$c_{H,t}$ 表示 H 国居民消费的 H 国商品，$c_{F,t}$ 表示 H 国居民消费的外国商品。α_H 表示 H 国对本国商品的偏好系数，ρ 是 H 国商品和外国商品的替代弹性。消费者根据支出最小化决定本国商品与外国商品的消费比例，因此，$\dfrac{c_{H,t}}{c_{F,t}} = \dfrac{\alpha_H}{1-\alpha_H}$ $\left(\dfrac{P_{H,t}}{P_{F,t}}\right)^{-\rho}$，H 国家庭消费一单位复合商品的最小花费的表达式为：$p_t =$

[①]　DSGE 模型的优势在于放松了新古典经济的完全竞争市场及完全弹性价格的假设，强调价格的粘性以及刚性和经济系统中普遍存在的摩擦现象，为中国的财政规则研究提供了更加符合现实的微观基础。

$\left[\alpha_H p_{H,t}^{1-\rho} + (1-\alpha_H) p_{F,t}^{1-\rho}\right]^{\frac{1}{1-\rho}}$。其中，$p_{H,t}$ 是本国的商品价格，本部分假设两国是自由贸易的，一价定律成立，因此，$p_{F,t} = e_t p_{F,t}^*$，$p_{F,t}$ 是外国商品在本国的价格，e_t 为名义汇率，$p_{F,t}^*$ 为外国商品的外币价格，下文将 $p_{F,t}^*$ 标准化为 1。

假设家庭生存无限期，家庭的收入来自上期购买的政府债券的收益，上期存入金融机构的存款利息以及当期的劳动收入。我们假设政府支出与消费者的私人消费合成消费者的总消费，因此消费者的总消费 $c_t^T = c_t^p G_t^g$。H 国家庭向国内企业提供差异化的劳动 $l_{j,t}$，由打包者按照技术 $l_t = \left(\int l_{jt}^{\frac{\varepsilon_w-1}{\varepsilon_w}} dj\right)^{\frac{\varepsilon_w}{\varepsilon_w-1}}$ 合成无差异的劳动，ε_w 衡量了不同劳动之间的替代弹性。从而，根据成本最小化原则，打包者对第 j 种差异化劳动的需求函数为：$l_{j,t} = l_t \left(\frac{W_t}{W_{j,t}}\right)^{\varepsilon_w}$。这样设定的目的是引入工资粘性，费尔南德斯和利维等（2015）指出，不考虑工资粘性会低估波动性冲击对经济的影响。家庭的效用函数采用以下形式。

$$E_0 \sum_{t=0}^{+\infty} \beta^t d_t \left\{ \frac{(c_t^T - b_h c_{t-1}^T)^{1-\omega}}{1-\omega} - \psi A_t^{1-\omega} \int_0^1 \frac{l_{j,t}^{1+v}}{1+v} dj \right\} \tag{6.1}$$

式（6.1）中，E_0 为条件期望算子，β 为 H 国家庭的主观贴现因子，v 为 Frisch 劳动供给弹性的倒数，b_h 是消费者消费习惯参数，ψ 为休闲的效用比率。d_t 服从 $\log d_t = \rho_d \log d_{t-1} + \sigma_d \varepsilon_{d,t}$，度量了偏好受到的跨期冲击。$A_t$ 为劳动增进型技术进步，服从过程 $\log A_t = \rho_A \log A_{t-1} + \sigma_A \varepsilon_{A,t}$。家庭面临的预算约束为：

$$c_t^p + s_t + b_{HH,t} + e_t \frac{B_{HF,t}}{p_t} + \frac{\varphi_b}{2}(b_{HH,t} - \bar{b})^2 + \Omega_t + \frac{p_{H,t}}{p_t} \int_0^1 AC_{j,t}^w dj$$

$$\leq (1-\tau_{l,t}) \int_0^1 w_{j,t} l_{j,t} dj + (b_{HH,t-1} + s_{t-1}) \frac{R_{H,t-1}}{\Pi_t} + e_t B_{HF,t-1} \frac{R_{F,t-1}}{p_t} + F_{H,t}$$

$$\tag{6.2}$$

其中，$\Pi_t = \frac{p_t}{p_{t-1}}$，$\tau_{l,t}$ 是本国的劳动税平均税率，Ω_t 为本国政府征收的总量税。$b_{HH,t}$ 是 H 国家庭购买的 H 国实际政府债券。$\frac{\varphi_b}{2}(b_{HH,t} - \bar{b})^2$ 表示政府债券的调整成本，引入债券调整成本的原因是为了区分政府债券与金融机构存款，从而区分二者的最优抉择条件。y_t 为 H 国的总产出，$AC_{j,t}^w$ 为工资的调整成本。为了考察波动性冲击对经济体的影响，本部分使用三阶扰动法对政策方程近似求解。为了最优决策条件的简洁以及近似的方便，本部分参照维拉维德等（2015）引入价格粘性和工资粘性，即假定 $AC_{j,t}^w = \dfrac{\varphi_p}{2}\left(\dfrac{w_{j,t}}{w_{j,t-1}} - g_A\right)^2 y_t$。

s_t 为家庭当期的金融机构存款。考虑到中国持有大量外国政府债券的现实，我们允许家庭持有以外国货币计价的政府债券，用 $B_{HF,t}$ 表示 H 国家庭购买的外国名义政府债券的数量。我们将债券的价格标准化为 1。根据康立和龚六堂（2014），设定国际债券利率满足加成方程：$R_{F,t} = R^* - \varphi_r \dfrac{B_{HF,t}}{p_{F,t}^*}$，$R^*$ 为均衡时的国际无风险利率。由于中国资本流通受限制，因此，我们假设 H 国居民只能向 H 国的金融机构存款并且只拥有 H 国企业的利润，$F_{H,t}$ 表示 H 国企业的利润。通过求解家庭最优化问题，可得 c_t^p，$c_{H,t}$，$c_{F,t}$，s_t，$b_{HH,t}$，$B_{HF,t}$，以及 $w_{j,t}$ 相应的一阶条件表达式（λ_t 为拉格朗日乘子）：

$$d_t G_t^g \left(c_t^T - b_h c_{t-1}^T\right)^{-\omega} - E_t \beta d_{t+1} b_h G_t^g \left(c_{t+1}^T - b_h c_t^T\right)^{-\omega} = \lambda_t \tag{6.3}$$

$$c_{H,t} = \alpha_H \left(\frac{P_{H,t}}{P_t}\right)^{-\rho} c_t^p \tag{6.4}$$

$$c_{F,t} = (1 - \alpha_H)\left(\frac{P_{F,t}}{P_t}\right)^{-\rho} c_t^p \tag{6.5}$$

$$\lambda_t = E_t \beta \lambda_{t+1} \frac{R_{H,t}}{\Pi_{t+1}} \tag{6.6}$$

$$\lambda_t \left[1 + \varphi_b\left(b_{HH,t} - \bar{b}_{HH}\right)\right] = E_t \beta \lambda_{t+1} \frac{R_{H,t}}{\Pi_{t+1}} \tag{6.7}$$

$$\lambda_t \frac{e_t}{P_t} = E_t \beta \lambda_{t+1} e_{t+1} \frac{R_{F,t}}{P_{t+1}} \tag{6.8}$$

$$d_t \psi A_t^{1-\omega} \varepsilon_w l_t^{1+v} + \lambda_t (1 - \tau_{l,t})(1 - \varepsilon_w) w_t l_t - \varphi_w \lambda_t \frac{p_{H,t}}{p_t} y_t \left(\frac{w_t}{w_{t-1}} - g_A\right)\frac{w_t}{w_{t-1}}$$

$$+ \beta \varphi_w E_t \lambda_{t+1} \frac{p_{H,t+1}}{p_{t+1}} y_{t+1}\left(\frac{w_{t+1}}{w_t} - g_A\right)\frac{w_{t+1}}{w_t} = 0 \tag{6.9}$$

二、金融中介

本部分借鉴克里斯滕森和帝布（2008）在基准模型的基础上引入金融摩擦。在现实生活中，家庭不负责积累资本，资本品生产商负责资本积累。伯南克等（Bernanke et al.，1999）假设企业的净资本永远小于需要购入的新资本价值。因此，为了从资本生产商购入新资本，企业需要向金融中介寻求外部融资。在 t 期末，H 国企业以价格 q_t 购入在下一期被中间产品生产厂商以实际租金率 $r_{k,t+1}$ 使用的资本 k_{t+1}。资本品购买的资金来自企业的净值 n_{t+1}，以及外部融资 $q_t k_{t+1} - n_{t+1}$。企业在每一期决定购入的资本品数量，期望利润为：

$$E_t profit_{t+1} = E_t(1 - \tau_{k,t+1}) r_{k,t+1} k_{t+1} + (1 - \delta) k_{t+1} q_{t+1} - f_{t+1}(q_t k_{t+1} - n_{t+1})$$

(6.10)

式（6.10）右边的第一项是税后的资本租金，第二项是折旧后的资本价值，最后一项是资本中介的外部融资成本，其中，f_{t+1} 为外部融资的边际成本。最优资本 k_{t+1} 的一阶条件为：

$$E_t f_{t+1} = E_t \left[\frac{(1 - \tau_{k,t+1}) r_{k,t+1} + (1 - \delta) q_{t+1}}{q_t} \right]$$

(6.11)

式（6.11）表示企业的最优资本需求，等式左边为融资的期望边际成本，等式右边为资本的边际收益。最优条件要求，企业在购买资本时，要求资本预期的收益要与贷款的成本相等。金融中介从家庭以价格 $R_{H,t}$ 吸收存款 s_t，以价格 f_{t+1} 向企业提供外部融资。根据伯南克等（1999）的结论，由于生产企业与金融中介之间存在信息不对称，金融中介需要支付额外的"审计"成本去了解企业真实的生产经营状况，因此金融中介会根据企业的资本杠杆率在存款利率的基础上增加一个融资溢价，即企业的边际外部融资成本：

$$E_t f_{t+1} = E_t \left[\left(\frac{q_t k_{t+1}}{n_{t+1}} \right)^u \frac{R_{H,t}}{\Pi_{t+1}} \right]$$

(6.12)

根据克里斯滕森和帝布（2008）的假设，企业存活到下期的概率为 v，因此企业的净值服从以下运动方程：

$$n_{t+1} = v v_t + (1 - v) d_t$$

(6.13)

$$v_t = [f_t q_{t-1} k_t - E_{t-1} f_t (q_{t-1} k_t - n_t)] \tag{6.14}$$

其中，v_t 表示幸存企业的净财富，d_t 是新进入的企业从上一期破产企业收到的转移支付。

三、资本品生产商

在从金融中介完成融资后，企业从资本生产商购入资本，资本生产商使用线性的生产技术，以 1 对 1 的比例将最终产品转化为资本品。在开放条件下，我们假设资本生产商使用 CES 形式的技术将本国的投资品和进口的外国投资品合成为生产资本所需要的投入品 i_t，即 $i_t = [\gamma_H^{\frac{1}{\eta}} i_{H,t}^{\frac{\eta-1}{\eta}} + (1-\gamma_H)^{\frac{1}{\eta}} i_{F,t}^{\frac{\eta-1}{\eta}}]^{\frac{\eta}{\eta-1}}$，$\gamma_H$ 表示 H 国资本生产商对本国商品的偏好程度。因此，根据成本最小化原则，资本生产商生产一单位复合资本品的最小成本 $p_{I,t}$ 为 $p_{I,t} = [\gamma_H p_{H,t}^{1-\eta} + (1-\gamma_H) p_{F,t}^{1-\eta}]^{\frac{1}{1-\eta}}$，则本国产品以及外国产品的最优投入量为 $i_{H,t} = \gamma_H \left(\frac{p_{H,t}}{p_{I,t}}\right)^{-\eta_t^i}$、$i_{F,t} = (1-\gamma_H) \left(\frac{p_{F,t}}{p_{I,t}}\right)^{-\eta_t^i}$。

资本生产商的最优化问题如下：

$$\max_{i_t} E_t \left[q_t i_t - \frac{p_{I,t}}{p_t} i_t - \frac{\chi}{2} \left(\frac{i_t}{k_t} - \delta\right)^2 k_t \right] \tag{6.15}$$

目标函数的最后一项是资本品生产商的调整成本，资本品生产商选择由本国投资品和外国投资品合成的投资品使用量。投资品使用量的一阶条件为：

$$E_t \left[q_t - \frac{p_{I,t}}{p_t} - \chi \left(\frac{i_t}{k_t} - \delta\right) \right] = 0 \tag{6.16}$$

其中，δ 为资本的折旧率，资本运动方程满足 $k_{t+1} = i_t + (1-\delta) k_t$。

四、产品生产部门

H 国的最终产品生产商从中间品生产商 i 手中以价格 $p_{i,H,t}$ 购买中间品 $y_{i,t}$，并以 CES 形式复合为最终产品 y_t，即 $y_t = (\int y_{i,t}^{\frac{\varepsilon-1}{\varepsilon}} di)^{\frac{\varepsilon}{\varepsilon-1}}$。因此，根据利

润最大化原则，最终产品生产商对中间产品 $y_{i,t}$ 的需求为 $y_{i,t} = y_t \left(\dfrac{p_{H,t}}{p_{i,H,t}} \right)^{\varepsilon}$，将

其带入 y_t 的生产函数中，可得国内最终品的定价规则为 $p_{H,t} = \left(\int p_{i,H,t}^{1-\varepsilon} di \right)^{\frac{1}{1-\varepsilon}}$。

中间产品厂商 i 生产第 i 种产品 $y_{i,t}$，每期雇佣劳动 $l_{i,t}$，用购买的资本品 $k_{i,t}$ 进行生产，生产函数为 $y_{i,t} = k_{i,t}^{\alpha} (A_t l_{i,t})^{1-\alpha}$。每个中间产品厂商具有市场势力，进行垄断定价。中间产品厂商 i 首先根据成本最小化原则选择劳动和资本的使用比例 $\dfrac{k_{i,t}}{l_{i,t}} = \dfrac{\alpha}{1-\alpha} \dfrac{w_t}{r_{k,t}}$，结合生产函数可得中间品生产商的边际成本为

$mc_{i,t} = \left(\dfrac{1}{1-\alpha} \right)^{1-\alpha} \left(\dfrac{1}{\alpha} \right)^{\alpha} \dfrac{w_t^{1-\alpha} r_{k,t}^{\alpha}}{A_t^{1-\alpha}}$。根据上文的解释，本部分使用调整成本引入价格粘性，中间厂商通过选择价格 $p_{i,H,t+s}$ 以最大化折现后的垄断利润。因此，中间厂商 i 的最优化问题如下：

$$\max E_t \sum_{s=0}^{+\infty} \beta^s \frac{\lambda_{t+s}}{\lambda_t} \left(\frac{p_{i,H,t+s}}{p_{t+s}} y_{i,t+s} - mc_{i,t+s} y_{i,t+s} - \frac{p_{i,H,t+s}}{p_{t+s}} AC^p_{i,t+s} \right) \tag{6.17}$$

$$\text{s. t.：} \ y_{i,t} = y_t \left(\frac{p_{H,t}}{p_{i,H,t}} \right)^{\varepsilon}, \quad AC^p_{i,t} = \frac{\varphi_p}{2} \left(\frac{p_{i,H,t}}{p_{i,H,t-1}} - \Pi_H \right)^2 y_{i,t} \tag{6.18}$$

由于不考虑厂商的异质性，均衡时的一阶条件为：

$$(1-\varepsilon) + \varepsilon mc_t \frac{p_t}{p_{H,t}} - \frac{\varphi_p}{2} (1-\varepsilon)(\pi_{H,t} - \pi_H)^2 - \varphi_p \pi_{H,t}(\pi_{H,t} - \pi_H)$$

$$+ \beta \varphi_p E_t \frac{\lambda_{t+1}}{\lambda_t} \frac{y_{t+1}}{y_t} \pi_{H,t+1}^2 (\pi_{H,t+1} - \pi_H) \frac{1}{\pi_{t+1}} = 0 \tag{6.19}$$

式（6.19）拓展了维拉维德等（2015）的菲利普斯曲线。其中，$\pi_{H,t+1} = \dfrac{p_{H,t+1}}{p_{H,t}}$，$\pi_{t+1} = \dfrac{p_{t+1}}{p_t}$。

五、出口

根据格特勒等（2007），国外对本国商品的需求由上一期出口以及国内外商品相对价格决定，用 EX_t 表示出口，则 $EX_t = EX_{t-1}^{\tau} \left(\dfrac{p_{H,t}}{p_{F,t}} \right)^{-\gamma}$，$\tau$ 刻画了相

对上一期出口的弹性，γ 刻画了出口的相对价格弹性。

六、政府部门

在 t 期期初，政府部门制定预算，政府的收入包括当期税收（包括劳动税、资本所得税）、本国国债收入。政府需要对上一期政府债券进行还本付息，同时也要为当期政府支出进行融资。政府的预算约束如下：

$$b_{HH,t} + \Omega_t + (w_tl_t\tau_{l,t} + r_{k,t}k_t\tau_{k,t}) = b_{HH,t-1}\frac{R_{H,t-1}}{\Pi_t} + \frac{P_{H,t}G_t^g}{P_t} \tag{6.20}$$

其中，$G_t^g = g_ty_t$。G_t^g 为政府支出水平量，g_t 为政府支出的总产出占比。

本部分假设政府采用 Leeper 式的总量税规则稳定债务／产出：

$$\Omega_t = A_t\left[\Omega + \varphi_{\Omega,b}\left(\frac{b_{HH,t-1}}{A_{t-1}y} - \frac{b_{HH}}{y}\right)\right] \tag{6.21}$$

根据梅冬州和龚六堂（2011）及默罕迪和卡劳（2005）的研究，假定中央银行采用以下开放条件下的泰勒规则设定基准利率。

$$\frac{R_{H,t}}{R} = \left(\frac{R_{H,t-1}}{R}\right)^{\rho_R}\left(\frac{\pi_t}{\pi}\right)^{\rho_\pi}\left(\frac{\pi_{H,t}}{\pi_H}\right)^{\rho_{\pi H}}\left(\frac{y_t}{y}\right)^{\rho_y}\left(\frac{e_t}{e}\right)^{\rho_e}\exp(\varepsilon_t^R) \tag{6.22}$$

政府的税收规则及支出规则采用上文估计的形式。

参照梅冬州等（2015）的设定，假设政府的汇率目标是维持固定的汇率：

$$e_t = e_{t-1} = e \tag{6.23}$$

国内市场的出清条件为：

$$EX_t + c_{H,t} + i_{H,t} + G_t^g + \frac{\varphi_p}{2}(\Pi_{H,t} - \Pi_H)^2y_t + \frac{\varphi_w}{2}\left(\frac{w_t}{w_{t-1}} - g_A\right)^2y_t$$

$$+ \frac{\varphi_b}{2}(b_{HH,t} - \bar{b})^2\frac{p_t}{p_{H,t}} + \frac{\chi}{2}\left(\frac{i_t}{k_t} - \delta\right)^2k_t\gamma_H\left(\frac{P_{H,t}}{P_{I,t}}\right)^{-\eta} = k_t^\alpha(A_tl_t)^{1-\alpha} = y_t$$

$$\tag{6.24}$$

式（6.24）第一个等号的左边表示总需求。

第二节 财政规则分类与组合

本部分首先梳理国内同类文献讨论或使用过的具有代表性的财政规则，为下文进行财政规规则比较奠定基础。梳理已有文献不难发现，已有文献使用或讨论过的财政规则主要包括以下方面：

在税收规则方面，张佐敏（2013）、贾俊雪（2011）设定税率只根据政府未偿债务余额进行调整：

$$\ln\tau_t - \ln\tau = \varphi_{\tau,b}(\ln b_{HH,t-1} - \ln b_{HH}) + \exp(\sigma_{\tau,t})\varepsilon_{\tau,t} \qquad (6.25)$$

$$\sigma_{\tau,t} = (1-\rho_{\sigma\tau})\sigma_\tau + \rho_{\sigma\tau}\sigma_{\tau,t-1} + (1-\rho_{\sigma\tau}^2)^{0.5}\eta_\tau\mu_{\tau,t}, \ \mu_{\tau,t} \sim N(0, 1)$$

贾俊雪和郭庆旺（2012）设定税率根据政府未偿还债务余额及下一期的预期产出缺口进行调整，并且税率具有一阶自相关性，在引入时变波动性后，本部分将其表达为以下形式：

$$\tau_t - \tau = \rho_\tau(\tau_{t-1} - \tau) + \varphi_{\tau,y}(\ln y_{t+1} - \ln y) + \varphi_{\tau,b}(b_{HH,t-1} - b_{HH})$$
$$+ \exp(\sigma_{\tau,t})\varepsilon_{\tau,t} \qquad (6.26)$$

$$\sigma_{\tau,t} = (1-\rho_{\sigma\tau})\sigma_\tau + \rho_{\sigma\tau}\sigma_{\tau,t-1} + (1-\rho_{\sigma\tau}^2)^{0.5}\eta_\tau\mu_{\tau,t}, \ \mu_{\tau,t} \sim N(0, 1)$$

τ_t 分别表示 t 期劳动税、资本税平均税率，波动性方程一律采用上文方程的形式。

在支出规则方面，胡永刚和郭长林（2013）将财政支出设定为盯住产出缺口和通胀率，引入波动性后，本部分将其表达为：

$$g_t - g = \rho_g(g_{t-1} - g) + \varphi_{g,y}(\ln y_{t-1} - \ln y) + \varphi_{g,\pi}(\pi_{t-1} - \pi)$$
$$+ \exp(\sigma_{g,t})\varepsilon_{g,t} \qquad (6.27)$$

$$\sigma_{g,t} = (1-\rho_{\sigma g})\sigma_g + \rho_{\sigma g}\sigma_{g,t-1} + (1-\rho_{\sigma g}^2)^{0.5}\eta_g\mu_{g,t}, \ \mu_{g,t} \sim N(0, 1)$$

另有文献使用比较多的支出规则是"惯性支出"规则（张佐敏，2013；朱军，2013），"惯性支出"规则设定支出水平只与上一期的支出水平相关，而与其他变量无关。加入时变波动性后，"惯性支出"规则表现为以下形式：

$$g_t - g = \rho_g(g_{t-1} - g) + \exp(\sigma_{g,t})\varepsilon_{g,t} \qquad (6.28)$$

$$\sigma_{g,t} = (1-\rho_{\sigma g})\sigma_g + \rho_{\sigma g}\sigma_{g,t-1} + (1-\rho_{\sigma g}^2)^{0.5}\eta_g\mu_{g,t}, \ \mu_{g,t} \sim N(0, 1)$$

本部分接下来将对这些代表性的税收规则和政府支出规则进行组合，比较其在财政波动性冲击下的作用。我们将式（6.25）所表示的税收规则与式（6.27）所表示的支出规则组合而成的财政规则命名为规则1，将式（6.26）与式（6.27）的组合命名为规则2，将式（6.25）与式（6.28）的组合命名为规则3，将式（6.26）与式（6.28）的组合命名为规则4，将由式（3.1）和式（3.2）刻画的财政规则称为基准财政规则。

第三节 参数校准与反事实模拟

本部分将对上文构建的动态随机一般均衡模型进行参数校准和求解，并借助该模型进行反事实模拟，以比较各个财政规则在降低财政政策波动性方面的效果，从而研究最优财政规则问题。具体内容如下文所述。

一、参数校准

本部分首先对各个参数进行赋值，接着使用三阶扰动法对模型的政策函数进行近似，得出模型中各个变量对财政政策波动性冲击的脉冲响应结果。

在家庭部门，本部分根据康立和龚六堂（2014）将家庭的贴现因子设定为0.99，将消费的习惯系数设定为0.75，将消费者风险规避系数设定为2，根据克里斯滕森和帝布（2008）将休闲的效用比率设定为1.315；劳动供给弹性倒数 v 一般取值 $1\sim2$ 之间，本部分设定为1.3。在生产函数方面，根据仝冰（2011）将资本的收入份额 α 设定为0.40。对于粘性价格参数校准，本部分借鉴维拉维德等（2015）将中间产品替代弹性 ε 和劳动替代弹性 ε_w 设置为21，将劳动定价的调整成本系数设定为2513，将中间产品定价的调整成本系数设定为237.48。借鉴斯科梅特和尤瑞彼（2003），将政府债券调整成本 φ_b 的取值设定为0.00074。在金融摩擦方面，取资本季度折旧率为0.025，将参数 χ 设定为0.5882，将企业风险溢价的杠杆率弹性系数 u 设定为0.3，其中 $u=0$ 的情况视为金融摩擦机制关闭。在开放条件中，将消费者对本国商

品的偏好 α_H 设定为 0.96，将资本生产商对本国产品的偏好 γ_H 设定为 0.4，参考格特勒等（2007），将消费品和资本品的替代弹性都设定为 1。参考梅冬州等（2015）将 τ、γ 设定为 0.59 和 1。对政府部门，对货币政策规则中的参数 ρ_R、ρ_π、$\rho_{\pi H}$、ρ_y 和 ρ_e 分别校准为 0.8、0.4、0.4、0.1、0.05，将稳态时政府支出占总产出比重 g 和出口占总产出比重设定为 15% 和 35%，将总量税规则中的系数 $\varphi_{\Omega,b}$ 设定为 0.0005。取偏好冲击及技术冲击的一阶自相关系数为 0.9。稳态下，进出口占总产出的比例为 63%，消费占总产出的比例为 50%。消费品中的进口部分占总进口的比例为 6%，因此模型中的中国主要进口资本品，根据联合国 BEC 分类，中国的消费品进口占总进口的比例在 5% ~7% 之间。

二、反事实模拟

参数估计由贝叶斯方法通过 MCMC 抽样得到，方法与前文相同，估计结果如表 6 - 1 和表 6 - 2 所示：

表 6 - 1　　　　　　　　　　　　**税收规则的参数估计**

参数	盯住债务余额的税收方程		盯住债务余额及下一期预期产出缺口的税收方程	
	劳动税平均税率	资本税平均税率	劳动税平均税率	资本税平均税率
ρ_τ	—	—	− 0.07212 [− 0.5313，0.4105]	0.5224 [− 0.5841，1.096]
$\varphi_{\tau,y}$	—	—	0.008162 [− 0.0213，0.0248]	0.01134 [− 0.6717，0.637]
$\varphi_{\tau,b}$	0.1235 [− 0.038，0.442]	0.933 [− 0.454，2.339]	0.0515 [− 0.2015，0.2144]	0.1216 [− 1.454，1.819]
σ_τ	− 3.959 [− 4.998，− 3.807]	− 3.44 [− 3.981，− 3.176]	− 2.059 [− 3.018，− 1.307]	− 1.39 [− 2.912，− 3.576]

续表

参数	盯住债务余额的税收方程		盯住债务余额及下一期预期产出缺口的税收方程	
	劳动税平均税率	资本税平均税率	劳动税平均税率	资本税平均税率
$\rho_{\sigma\tau}$	0.04511 [−0.5128, 0.6123]	0.05612 [0.02997, 0.148]	0.1505 [0.0082, 0.1423]	0.6212 [0.0997, 0.678]
η_τ	3.749 [1.318, 5.105]	3.124 [1.421, 5.021]	4.149 [2.008, 6.155]	2.634 [1.195, 3.094]

表 6-2 财政支出规则的参数估计

参数	盯住产出缺口和通胀率规则	"惯性支出"规则
ρ_g	0.4212 [0.1323, 0.8129]	0.9012 [0.8731, 0.9212]
$\varphi_{g,y}$	−0.5218 [−1.454, 2.65]	—
$\varphi_{g,\pi}$	−0.3218 [−1.314, 1.209]	—
σ_g	−1.236 [−2.236, −0.2949]	0.1221 [−0.08812, 0.312]
$\rho_{\sigma g}$	0.139 [−0.7211, 0.91]	0.839 [0.7211, 0.91]
η_g	0.2314 [0.0012, 0.2951]	5.2721 [1.6121, 6.0134]

图 6-1 给出开放且包含金融摩擦的情况下，当财政支出波动性发生一单位标准差冲击后，各个财政规则下的经济变量脉冲响应路径。

从图 6-1 中可以明显看出，在不同的财政规则设置下，财政政策波动性对总产出、投资和私人消费均产生显著负效应，波动性增加会降低总产出、投资和私人消费，而对通货膨胀存在正向效应，即提高通货膨胀水平。这表明，上文的结论是稳健的。比较不同财政规则下财政政策波动性的影响路径可知，从总产出和私人消费角度看，基准财政规则下，财政波动性的负效应最小，规则 3 次之。因此，本部分认为，从降低财政政策波动性的负面影响视角来看，基准模型所提供的财政规则组合最有利于抵御财政波动性对总产出和私人消费的危害。然而，从投资的角度来看，在财政规则 1 下，政策波动性的负面效应最小，基准模型所提供的财政规则组合次之；从通货膨胀角度看，"惯性支出"规则和盯住债务余额及下一期预期产出缺口的税收规则组合最佳。

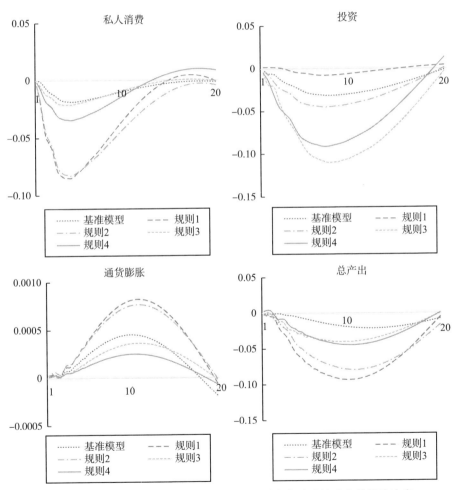

图 6-1 主要经济变量在不同财政规则下对支出波动性冲击的脉冲响应

第四节　结论与政策建议

　　本部分主要从财政政策波动性管理角度梳理、总结并提出不同的财政规则，借助规范研究和实证研究方法研究其影响，深入分析所有可能的规则的优缺点，并将在 DSGE 模型框架下，从降低财政政策波动性负向影响的视角比较财政政策规则，探讨适宜中国的最优财政规则。通过对不同政策规则影响进行模拟和对比分析后不难发现，相对而言，在 leeper 式的财政支出与税收政策规则下，财政政策波动性的负向影响最弱，普遍弱于"债务变化"规则、"惯性支出"规则和盯住"产出缺口"的规则，即 leeper 式财政支出与税收政策规则能够有效降低财政政策波动性的负面影响。可见，从降低财政政策波动性的负面影响视角来看，leeper 式的财政支出与税收政策规则是最优的。

　　根据以上研究结论，本书认为：第一，新常态下，应科学处理政府与市场的关系，发挥市场在资源配置中的决定性作用，并且要更好地发挥政府作用，强化政策的预期引导功效，赋予微观主体更大自主权、发展空间和更大活力，避免"强刺激""强干预"。第二，重视政策的预期传导渠道，应以规则为基础，遵循一定的政策规则，以规则为基础兼顾灵活性，融合相机抉择和规则。具体而言，财政政策不仅应根据经济景气循环相机而动、实时调控，保持政策的灵活性，也要强调政策的稳定性和持续性，与此同时，应保证财政政策的可持续性。

第七章

财政政策波动性管理机制研究①

政策波动性是政策调控背后的重要代价，是宏观调控的长期潜在成本，较大的政策波动性不利于引导市场行为和社会心理预期，应重视和科学进行政策波动性管理，合理引导公众预期，包括构建明确、科学、合理的政策目标体系，注重规则式调控，寻求有效的制度约束，启动和完善沟通及信息公开机制，重视和完善政策的预期传导机制，等等。本部分主要结合上文理论与经验研究成果，梳理、总结财政政策波动性的调控机理，提出有利于提高我国政策效率、减少政策潜在成本和代价，完善宏观调控体系，构建市场机制有效、微观主体有活力、宏观调控有度的经济体制，加快建设现代化经济体系和构建新发展格局，推进国家治理体系和治理能力现代化，促进宏观经济稳定与支持实体经济发展，不断增强中国经济创新力和竞争力，以及有效管理、改善和防范中央、地方政府财政或债务问题的政策建议和政策方案。

第一节 公众预期引导的重要性

微观主体市场行为的形成往往是以预期为基础，换言之，基于对未来经济发展的预期，微观主体做出投资或消费决策，反过来这些主体决策或行为会对经济发展产生重要影响。由此可见，亟须重视和加强引导微观主体的预

---

① 部分内容已发表于《中国社会科学院要报》第 341 期和《辽宁日报（理论版）》2016 年 2 月 26 日（题目是《注重引导市场行为和社会心理预期传递哪些信号》）。

期和行为，赋予微观主体更大活力，以微观活力支撑宏观稳定。

第一，经济学理论表明，宏观调控对微观主体预期及行为存在重要影响，预期在政策传导方面有重要作用，在一定程度上能够决定政策效果。一般而言，宏观经济政策所能够产生的实际效果依赖或取决于微观行为，宏观经济政策效果可能会因为预期的变化而完全改变。例如，市场中出现的"降息一宣布，利率却上去了"的尴尬状态（鲁政委，2015）的主要原因之一是社会心理预期的变化。新常态下，市场在资源配置中起决定性作用，这使得预期具有更强的顺周期性和惯性，这为逆周期政策调控提出更高挑战和要求，应合理确定政策力度和工具。

第二，新常态下，特别是近年来面临中美贸易摩擦和疫情冲击，经济存在较大下行压力，面临的外部环境复杂严峻，经济的不确定性较大，影响社会预期的稳定性，微观主体（特别是民营企业家）信心不足，导致创业创新积极性有所降低，有效供给不足和有效需求低迷并存；在供给侧结构性改革和促进经济高质量发展过程中，部分市场主体过于追求短期利益，决策短视化现象严重，引发非理性市场行为，阻碍经济结构转型升级。

第三，在引导微观主体心理预期和市场行为方面，中国宏观调控仍存在不足。中国宏观经济政策机制不健全，包括政策传导机制不通畅、政策的预期传导机制不受重视等，导致宏观调控"调控失衡"。换言之，中国政府宏观调控长期忽视政策的预期传导渠道，政策调控和调整过于相机抉择化，导致政策出现较大的波动性和不确定性，影响微观主体形成合理预期，进而会抵消政策应有效果。

因此，政府应将引导微观主体心理预期和市场行为纳入宏观调控体系，通过稳心理预期，增强市场主体的信心和热情，推动供给侧结构性改革，带动经济高质量发展和经济结构转型升级。

第二节　财政政策波动性管理的重要性

第一，财政政策波动性的负面影响较大。财政政策波动性是政策调控的重要代价或潜在成本。较大的政策波动性意味着较大的政策不确定性（Doganlar，2002；Boug and Fagereng，2010；Fatas and Mohiv，2007；Villaverde et al.，2015），对经济产生较大影响。例如，美联储费舍尔在 2010 年曾呼吁，制约经济的不是流动资金的短缺，而是一种不确定性。只要政策上的不确定性还在阻碍经济增长，美联储就不应该继续试图以创造更多的货币来刺激经济。布拉德同年也指出，税收政策的不确定性是整体经济不确定性的主要来源。他在 2013 年公开表示，消除中长期财政政策不确定性将大大有利于美国经济。2013 年 1 月 4 日美联储会议上，大部分委员认为财政政策不确定性正在伤害美国经济，全球经济放缓以及欧元区财政和银行业不确定性也是拖累经济增长的因素。同样，近年来，中国政府支出存在较大波动性，财政政策波动性冲击引致经济增长下滑。这一负向影响主要是通过预期渠道发生的，通过预期影响消费和投资，从而影响产出。换言之，随着财政政策波动性变大，消费和投资下降，企业劳动力雇佣和资本利用数量降低。而且，从总体来看，随着财政政策波动性变大，政府支出乘数下降，即财政政策波动性是政策调控背后的潜在成本或代价。

第二，政策波动性对引导微观主体心理预期和市场行为是不利的。政策的实际效果如何往往是以微观行为为基础的，政策传导的一个重要机制便是基于预期的市场行为。一项宏观经济政策的效果可能会因为预期的变化而完全改变。需要说明的是，中国宏观调控对政策的预期传导机制不够重视，政策调控和调整具有较高的相机抉择性，引致政策波动性和不确定性，影响微观主体合理预期的形成和稳定，进而会降低政策效果。

第三，关于财政政策波动性的研究不足。已有关于政策研究的文献主要局限了对财政政策水平（fiscal policy in level）的关注，而忽视了对政策波动性的研究。目前很多新的文献认为，与政策工具水平量相比，政策波动性可能是衡量宏观经济政策的更好指标（法塔斯和米霍夫，2007）。考虑政策波动性后，很多已有研究结论可能会发生变化。例如，很多最新研究（法塔斯和米霍夫，2013）发现，在模型中控制制度变量后，财政政策水平变量的影响通常变得不再显著，但财政波动性的影响却不同，即使引入制度等变量后，其影响依然显著。从而其认为，达到低通胀和低预算赤字是不够的，有必要获得稳定的通货膨胀和稳定的财政政策。法塔斯和米霍夫（2013）也指出，如果考虑政策水平（level），长期货币中性是成立的，但如果考虑政策波动性，则不成立。阿方索和雅莱斯（2012）则强调，即使考虑到要执行一种可持续财政政策，也很有必要研究财政政策波动性的重要影响。

可见，要完善宏观调控体系，促进宏观经济稳定与支持实体经济发展，绝不能仅仅关注政策水平的影响，更应该关注政策波动性的影响，应关注政策调控的正向作用背后可能潜伏着的代价或不利影响。即使财政政策、货币政策在短期内是有益的，但也有理由担心调控过于频繁而产生潜在不利的长期影响，应重视政策的长期潜在成本。

第三节　财政政策波动性管理思路

根据上文的理论分析和实证研究结论，结合财政政策波动性的决定因素和传导机制，本节提出财政政策波动性管理的基本思路如下：

第一，构建明确、科学、合理的目标体系。可预测的政策和清楚的游戏规则对引导微观主体行为是非常重要的，是完善宏观调控体系和提高宏观调控效率的基础，是降低政策波动性及引导市场行为和社会心理预期的重要前提。首先，厘清宏观经济政策的目标逻辑，以及政策目标之间的逻辑联系及关联机制。在守住不发生系统性风险的前提下，以中长期目标为主，实施兼顾短期目标和中长期目标、内部目标和外部目标的治理模式。在努力实现中长期目标的前提下，做好短期逆周期调节。以国内大循环为主体，实施更高水平的对外开放，加快理顺国际循环，改善收入分配格局，促进创新，为国内大循环提供市场、资金、技术、人才、产业配套等。伴随国内外经济环境变化或不可预期的外部冲击，政策目标的重要性或权重可进行动态边际调整，提高政策目标之间的协同度。应将宏观调控目标聚焦，赋予宏观经济政策有限目标，重视经济增长、结构调整与风险防范。应避免政策风险、金融风险与经济风险的相互叠加和交叉感染，增加调控的复杂性和风险度。其次，新常态下，在多目标调控下，应适时研究、充分理解和精确把握调控目标之间的关联机制及这种关联性随经济社会条件变化而呈现出的差异性，避免某一指标在改善的同时导致其他指标的恶化。随着环境变化，各目标之间的关系会改变，例如经济增长与就业之间的关系会随着经济增长的不同阶段（产出缺口的变化）和经济结构的变化而变化，而且宏观调控目标之间的关系可能会呈现出非对称、非线性特征。再其次，新常态下，应重新审视调控目标的含义。例如，目前已有关于人力资本质量、创新的认识和测度存在偏差，应重新测算。再如，在开放经济条件下，国际收支平衡和贸易结构升级是宏观调控的重要目标。新常态下，应从新的视角，即全球价值链视角去理解这一目标的含义。最后，应科学估算宏观调控的目标值或区间范围，构建新常态下政府宏观调控目标体系及宏观调控目标动态调整机制。

第二，注重规则式调控。在致力于实现中长期目标的前提下，宏观调控应以规则为基础，遵循一定的政策规则，有效约束地方政府的财政行为，降低政策的相机抉择性，特别是降低政府因为随意调整导致的政策波动。同时也应保持有一定的灵活性，不能让规则捆住手脚，不仅仅要强调政策稳定性和持续性，也要强调政策的灵活性，以规则为基础兼顾灵活性，融合相机抉择和规则，在提高政策运用机制化水平的同时，注重政策的规则式调控，实现规则调控与相机抉择调控之间的协同。更好发挥规则和相机抉择的优势，以规则式调控增进宏观调控的稳定性和连续性，以相机抉择式调控进行逆周期调节，应对外部冲击，使经济尽快回归合理区间。应根据经济景气循环相机而动、实时调控，保持政策的灵活性，也要强调政策稳定性和可持续性，并根据中国新常态下经济社会特征来科学选择或设计财政规则和货币规则的形式及相应规则的临界值水平。财政不应受限于3%的马约规则。主权债务危机的爆发，充分说明欧盟财政规则的局限性，尽管欧盟近几年在财政规则方面不断修正和完善，但在执行上却流于形式，失去实质约束力。从规则本身而言，这种失败有其必然性。虽然欧元区已考虑通过立法增强财政规则执行力，但相信其效果不会太理想，很难在规范财政与发挥财政效率方面取得平衡。应从中长期视角科学设定规则形式及相应规则的临界值水平，并从中长期或跨周期视角看待政策指标的高低和政策风险水平，积极推动制度创新和制度化设计。

第三，寻求有效的制度约束。已有研究和实践充分表明，不合适的财政规则可能造成更大的成本和代价。同时，很多文献指出，制度约束比财政规则更有效。在货币政策方面，独立央行制度比固定货币增长或固定汇率制度等严格规则更可取。在此方面，比利时、奥地利、瑞典等国家比较典型。另外，与欧元区相比，美国的做法也很值得关注。应积极研究和借鉴比利时、奥地利、瑞典、智利、美国等典型国家和地区在政策波动性管理或调控方面的经验和教训，构建适合中国国情的制度约束。

第四，合理管理政策波动性的影响因素。研究表明，经济开放度的提高，会降低政府规模，从而引致经济波动性的降低，使得政策波动性也随之减小；收入差距程度的提高对财政政策波动性的加剧存在正向影响，即收入差距程度越大，财政政策波动程度也越大。因此，应大力推动实施对外开放、实行更加积极主动的开放战略，提高开放型经济水平，引进外资和外来技术，完善体制机制，以扩大开放促进深化改革，以深化改革促进扩大开放，为经济发展增添新动力、新活力和新空间。同时，应大力进行结构调整，尤其是收入分配结构的调整，缩减收入差距，减少对政策波动性和经济增长的负面影响。

第五，在供给侧结构性改革的关键时期，为了实现中国经济高质量发展的目标，保障财政政策的有效性和财政的可持续性，进一步降低财政政策波动性，在深化预算管理制度改革的进程中，必须进一步加强预算管理制度约束，并且确保预算管理落到实处，严格考核各地区的预算执行情况。进一步提升财政透明度水平，促进财政信息公开。中央政府应该采取进一步措施，将财政透明引入政府考核，激励地方政府主动公开财政信息，提高地方政府财政信息公开意识，与此同时通过制度建设加强硬约束来规范政府信息公开行为。进一步降低政府的预决算偏差，提高政府财政支出意愿。将预算编制内容进一步细化，在编制过程中实行参与式预算，对预算执行情况进行分析报告，健全预算执行动态监控，保证预算管理落到实处。公开信息以便于公众对政府财政行为进行监督，减少政府在执行预算过程中的随意性。

第六，启动和完善沟通机制。在多目标调控背景下，针对不同宏观调控目标，政府应厘清不同政策的作用机制和效果，在多目标体系下，探寻政策

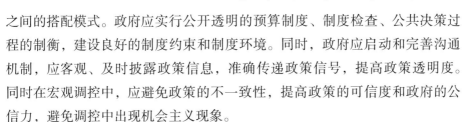

之间的搭配模式。政府应实行公开透明的预算制度、制度检查、公共决策过程的制衡，建设良好的制度约束和制度环境。同时，政府应启动和完善沟通机制，应客观、及时披露政策信息，准确传递政策信号，提高政策透明度。同时在宏观调控中，应避免政策的不一致性，提高政策的可信度和政府的公信力，避免调控中出现机会主义现象。

第七，重视和完善政策的预期传导机制。新常态下，微观主体预期可能具有更强的顺周期性和惯性，宏观调控要更加重视宏观经济政策传导的预期渠道，强化预期管理。即使是进行供给侧结构性改革，含义与以往不同，应侧重加强宏观政策对微观主体预期的引导，着力稳定市场预期，给企业及微观主体更大自主权、更大发展空间、更大活力的供给管理。政府应将对微观主体心理预期和市场行为的引导纳入宏观调控体系，通过稳定心理预期，赋予微观主体更多的信心和热情，从而推动供给侧结构性改革，促进经济高质量发展和经济结构转型升级。不仅应从政策水平量角度考虑政策协同，也应重视不确定性视角，通过优化政策组合降低政策不确定性的负面影响，引导微观主体的预期，这是激发市场主体活力、提高产业链供应链稳定性和竞争力的前提。跨周期宏观调控应从中长周期视角完善政策传导的预期渠道，加强预期管理，提高政策透明度，加强公众沟通，让国内外微观主体清晰了解我国跨周期宏观调控所包含的目标体系和机制化运用路径，以及政策定位及搭配协同框架。当前预期具有后顾性、适应性和顺周期性，政策当局应充实和调整政策工具箱，改善前瞻性指引和央行沟通效果，推进货币政策框架由数量型向价格型转型，提高政策的同步性和协同度，保持政策预期与政策实施的一致性，做到"言必信，行必果"，从源头降低客观性政策不确定性，提升预期管理有效性。健全政策的市场反馈机制，以确保在政策制定和执行过程中能及时、充分听取市场主体诉求。

第八，加强国际宏观经济政策协调。重视宏观经济政策的双向跨国外溢效应、传导效应和关联效应；积极发挥国际组织的作用，构建政策沟通及协调机制，加强国际间政策沟通与协调，且提升宏观政策信息的透明度，提高政策的一致性和协调度；应积极主动参与国际宏观经济政策沟通协调，坚定捍卫国家经济主权，提高应对复杂变局的能力，努力营造有利的外部经济环境；重视金融开放、汇率自由浮动和跨境融资监管政策之间呈现出的新"三元悖论"，尽快建立健全针对跨境资本流动的宏观审慎监管框架，实施全口径、高频率的跨境资本规模监测，防范国际金融风险累积演化所带来的影响；继续推动贸易自由化，尤其是进口资本品贸易自由化，提高贸易政策的稳定性和可预期性。

第四节　完善宏观政策跨周期调节

宏观政策跨周期调节是中国宏观调控及相关宏观经济理论的重大突破和创新，是对传统逆周期调节的拓展、完善和升级，有利于降低财政政策波动性，提高宏观调控的前瞻性、精准性、科学性和有效性，有助于保障中国经济长期健康稳定发展和保持经济长期向好态势。宏观政策跨周期调节重视政策目标的跨周期审视，及时调整和构建明确、科学、合理的跨周期宏观调控目标体系；应重视政策空间和政策风险的跨周期审视及评价；应重视与逆周期调节的合理搭配及协调统一；应重视需求管理与供给管理的协调统一；重点做好不同功效的宏观政策内部，以及不同政策之间的协同，即实现短期熨平经济波动目标的政策与实现中长期目标政策的协同；重视政策绩效的跨周期评价，应构建宏观政策跨周期调节效果的评价和监测体系，适时进行评价和监测。

一、完善宏观政策跨周期调节的重大意义

第一，"宏观政策跨周期设计和调节"是中国宏观调控及相关宏观经济理论的重大突破和创新。传统的宏观经济理论认为，宏观政策（财政政策和货币政策）是"逆风向而动"，对经济进行逆周期调节，以达到熨平经济周期波动的目的，更多体现的是对经济的"短期"调节。所谓的逆周期调节，是指在经济周期的不同阶段采用有针对性的逆向调节政策来对冲经济波动，使实际经济增长尽可能与潜在经济增长保持一致，缩小产出缺口。例如，在

经济发展过热期，宏观政策需要"从紧"以抑制经济过热势头；在经济发展过冷期或经济大幅下滑阶段，宏观政策需要"宽松"来刺激经济增长和阻止经济下滑。宏观政策逆周期调节能够较好地熨平短期的经济周期波动，短期稳定效果突出。"宏观政策跨周期设计和调节"的提出，是旨在建立和完善一套站位更高、侧重解决中长期问题的宏观调控框架，将宏观调控由"短期视角"和"速度视角"拓展到"中长期视角"和"质量视角"，是中国宏观调控的理论创新和制度创新，充分展示了中央的市场经济驾驭能力和治理能力，有利于加快构建中国特色的宏观调控理论和经济理论。

第二，宏观政策跨周期调节不是对逆周期调节的否定和摒弃，而是对逆周期调节的拓展、完善和升级，是在充分把握逆周期调节的局限性基础上提出的新调控框架或体系，有利于提高宏观政策的前瞻性、精准性、连续性、稳定性、可持续性和有效性。具体而言，在新时期新阶段，许多旧有问题尚未解决，新问题却不断出现，带来更多不稳定性和不确定性，使得以应对短期经济波动为主的传统逆周期调节框架显得捉襟见肘，隐患增多。宏观政策跨周期调节不仅关注短期和当期，还关注下一期及更长期，更加着眼长远，关注中长期目标，强调前瞻性思考、全局性谋划、战略性布局、整体性推进。宏观政策跨周期调节强调的是，通过经济政策的制度化设计，既熨平短期经济波动，更重视未来长波段的经济高质量发展，做到政策的有机协同，兼顾了短期目标和中长期目标，从而更加具有前瞻性和针对性；同时调控更加具有连续性、机制化和规则化，能够将政策意图更加清晰地传递到市场主体，稳定市场和社会预期；更重要地，宏观政策跨周期调节能够突出解决困扰我国经济发展的中长期问题，有利于提高宏观调控的精准性、科学性和有效性。

第三，宏观政策跨周期调节，是基于"当前我们遇到的很多问题是中长期的，必须从持久战的角度加以认识"这一判断提出来的，契合了中国经济发展当前所面临的制约和问题，以及当前仍然复杂严峻的经济形势。当前中国已进入高质量发展阶段，经济发展取得了一系列突出成就和先进经验，同时发展不平衡不充分问题仍然突出。中国经济持续健康发展所面临的问题仍然是创新动力不足、经济结构失衡、发展质量和效益不高等中长期因素。未来的"十四五"时期将是解决中国结构性、体制性矛盾的关键时期，在充分开拓国内市场，切实形成国内大循环为主体的新发展格局下，宏观政策既要看到短期的疫情冲击，要有毕其役于一功的力度，将疫情影响降到最小，还要侧重中长期问题，兼顾长远目标和利益。宏观政策跨周期调节不仅关注短期的逆周期调节，更加注重经济长期高质量发展，着力解决经济发展所面临的中长期问题，关注短期和中长期目标的协调配合，调控政策更具针对性也更具长远战略，有利于提高宏观政策的前瞻性、精准性、连续性、稳定性、可持续性和有效性，从而更加有助于保障中国经济长期健康稳定发展和保持经济长期向好态势。

二、完善跨周期宏观政策的着力点和对策建议

宏观政策跨周期调节旨在构建基于长远利益和长期发展目标的政策框架体系，宏观政策的着力点和实施路径呈现出一些新的特征，主要内容包括以下几个方面。

第一，宏观政策跨周期调节重视政策目标的跨周期审视，及时调整和构建明确、科学、合理的跨周期宏观调控目标体系。由于宏观调控跨周期调节是对逆周期调节的拓展、完善和升级，从而跨周期调节的宏观调控目标体系应及时调整和更新。宏观调控跨周期设计和调节更加着眼长远，更加关注中长期目标，强调前瞻性思考、全局性谋划、战略性布局、整体性推进，实现发展规模、速度、质量、结构、效益、安全相统一，实现稳增长和防风险长期均衡，这将是"十四五"时期乃至更长周期内主要考虑的政策目标。要做好宏观政策的跨周期设计和调节，首先要求准确预判当前乃至今后一段时期内的经济发展趋势，不仅要看到短期经济波动，更应看到中长期经济走势和风险动态演变路径。跨周期调节应从不同的周期或时域范围重新审视政策目标体系，应结合"十四五"规划和2035年远景目标等，分周期科学测算宏观政策目标值或区间，构建宏观政策目标动态调整机制，特别是对中长期经济高质量发展、结构转型升级、风险累积和传染路径等有清晰认识，实现稳增长与防风险的长期均衡。对于整体中长期战略、规划和中长期目标，需要系统设计、整体协调和科学研判，妥善解决发展中不平衡不充分等中长期问

题，促进经济结构持续优化和经济高质量发展。

第二，宏观政策跨周期调节应重视政策空间和政策风险的跨周期审视及评价。宏观政策跨周期调节并不是一味强调政策规则和政策连续性、稳定性而忽视政策的灵活性，旨在根据中长期经济发展目标和经济景气循环相机而动。是从中长期视角，科学设定规则形式及相应规则的临界值水平，并从中长期或跨周期视角评价政策指标的高低和政策风险水平，从中长期或跨周期视角来有效管控和调节政策操作空间，如推行和完善财政的跨年度预算平衡机制，从跨周期视角审视财政赤字率水平、债务率和财政可持续性，以及宏观杠杆率的动态变化态势等。

第三，从时间维度看，宏观政策跨周期调节重视与逆周期调节的合理搭配及协调统一。宏观政策跨周期调节并不是对逆周期调节的摒弃，不是将其视为对立面，而是对逆周期调节的拓展、完善和升级。宏观政策跨周期调节同样重视逆周期调节，重视对逆周期调节进行跨周期设计和安排。换言之，虽然宏观政策跨周期调节更加注重中长期目标，然而对疫情、自然灾害、贸易摩擦、大国冲突等突发情况带来的短期经济扰动也很重视，仍要做好逆周期调节，即强调在宏观政策跨周期框架设计中设定好逆周期调节预案，保障熨平短期经济波动和实现中长期经济发展目标的有机衔接。当前刻不容缓的是厘清不同目标下的政策机理和政策效果，尽快形成科学合理的政策搭配模式，建立简单易操作的工作机制，通过制度化、机制化的方法建设，强化政策搭配效果。应统筹短期与中长期发展目标，通过中长期规划引导，不断持续优化政策组合，确保跨周期和逆周期调节政策组合的力度、时机、态势和空间恰到好处，避免造成政策"超调"或"过度干预"，形成协调统一的政策目标、方向、力度和科学合理的协同机制。在政策协同机制框架下，明确定位政策的着力点，确保政策落地见效和精准导向，保证发展规模、速度、质量、结构、效益、安全相统一。

第四，从着力点看，宏观政策跨周期调节重视需求管理与供给管理的协调统一。虽然需求管理和供给管理均有助于扩大产出和提高就业水平，但二者作用方向和机制存在较大差异。鉴于我国目前处于周期性、结构性、体制性问题和矛盾的叠加时期，宏观政策跨周期调节应更加关注结构性问题，而非总量性问题，需要牢牢把握供给侧结构性改革这一主线，将供给侧结构性改革贯穿于跨周期调节的全过程，重点解决结构性、体制性问题，推进结构调整和技术进步，推动高质量供给创造和引领高质量需求，这是推动形成新发展格局的关键所在，也是化解风险和实现经济高质量发展的重要抓手。

第五，从政策手段看，做好需求管理政策与供给管理政策的协调统一，重点是做好不同功效的宏观政策内部，以及不同政策之间的协同，即实现短期熨平经济波动目标的政策与实现中长期目标政策的协同。发挥国家中长期发展战略规划的导向性作用，以国家发展规划为战略导向，从更基本、更长期视角设计政策体系，注重政策的中长期效应，增强财政货币政策与发展规划、区域、产业等政策的协同，推进目标制定和政策手段运用机制化，提高宏观调控跨周期调节的前瞻性、针对性、协同性和有效性。换言之，宏观政策跨周期调节旨在健全以国家发展规划为战略指导，以财政政策和货币政策为主要手段，就业、产业、投资、消费、区域等政策协同发力的宏观调控制度体系，重视构建科学合理的政策搭配和协调模式，通过中长期规划引导，以供给侧结构性改革为主线，充分发挥市场在资源配置中的决定性作用，并通过先行的规划设计，兼顾结构性指标和总量性指标的有机衔接，确保跨周期和逆周期政策组合的施力点恰到好处，优化不同功效的财政（货币）政策内部的搭配、财政货币政策之间的搭配，财政货币政策与就业、产业、区域等政策的搭配等，形成协调统一的政策目标、方向、力度和科学合理的搭配机制。

第六，从绩效评价看，宏观政策跨周期调节重视政策绩效的跨周期评价，应构建宏观政策跨周期调节效果的评价和监测体系，适时进行评价和监测。与宏观政策逆周期调节效果评价不同，宏观政策跨周期调节的绩效评价不能局限于短期或当期视角，而应从分周期和中长期视角去审视跨周期调节的协同效果。换言之，宏观政策跨周期调节更加注重中长期目标，时间跨度相对较长，除了构建清晰的跨周期宏观政策目标体系、分周期细化和量化宏观政策目标值、提高宏观政策目标制定和政策工具运用机制化水平、科学定位各类长短期调控政策搭配模式并对其进行机制化和制度化设计外，政府应及时构建宏观政策跨周期调节效果的评价体系和监测体系，适时对宏观政策跨周期调节进行科学、客观评价及监测。主要评价与监测的内容包括分周期阶段适时对宏观政策跨周期调节的整体效果、分周期调控目标值和中长期目标的科学性、分周期调控目标与中长期目标的吻合度、各项跨周期宏观调控政策工具实施方向与力度与调控目标的契合度、各项跨周期宏观调控政策的搭配效果、宏观经济政策风险的跨周期评价和监测等。通过对宏观调控跨周期设计和调节的评价和监测，能够确保各类长短期宏观调控政策形成集成效应，提高跨周期宏观调控的精准性、科学性和有效性，确保我国经济发展中长期目标的顺利实现。

宏观政策跨周期调节旨在建立和完善一套站位更高、侧重解决中长期问题的宏观调控框架，将宏观调控由"短期视角"和"速度视角"拓展到"中长期视角"和"质量视角"，有利于发挥政策的预期传导功效，降低宏观政策的波动性和不确定性，稳住并引导微观主体预期，保护和激发市场主体活力、提高产业链供应链的稳定性和竞争力，有利于推进经济结构调整和技术进步，推动形成"以国内大循环为主体，国内国际双循环相互促进"新发展格局，实现稳增长与防风险的长期均衡。

参 考 文 献

[1] 陈昆亭、龚六堂:《粘滞价格模型模拟中国经济的数值试验:对基本 RBC 模型的改进》,载《数量经济技术经济研究》2006 年第 8 期。

[2] 陈诗一、张军:《中国地方政府财政支出效率研究》,载《中国社会科学》2008 年第 4 期。

[3] 陈守东、杨东亮:《我国财政支出不确定性对居民消费影响的实证研究》,载《数量经济技术经济研究》2009 年第 9 期。

[4] 陈燕斌、陈小亮:《中国经济"微刺激"效果及其趋势评估》,载《改革》2014 年第 7 期。

[5] 邓淑莲、温娇秀:《中国省级财政透明度存在的问题及改进建议》,载《中央财经大学学报》2015 年第 10 期。

[6] 邓翔、祝梓翔:《政府规模与宏观经济稳定性:来自新兴市场经济的证据和 RBC 模型的分析》,载《经济理论与经济管理》2014 年第 4 期。

[7] 方福前:《大改革视野下中国宏观调控体系的重构》,载《经济理论与经济管理》2014 年第 5 期。

[8] 方福前:《缩短政策时滞,提高宏观调控水平》,载《教学与研究》2009 年第 7 期。

[9] 方红生、张军:《中国地方政府竞争、预算软约束与扩张偏向的财政行为》,载《经济研究》2009 年第 12 期。

[10] 高凌云、毛日昇:《贸易开放、引致性就业调整与我国地方政府实际支出规模变动》,载《经济研究》2011 年第 1 期。

[11] 高铁梅、李晓芳、赵昕东:《我国财政政策乘数效应的动态分析》,载《财贸经济》2002 年第 2 期。

［12］高翔、黄建忠：《贸易开放、要素禀赋与中国省际政府规模：1997－2013》，载《国际贸易问题》2016 年第 5 期。

［13］郭剑鸣：《从预算公开走向政府清廉：反腐败制度建设的国际视野与启示》，载《政治学研究》2011 年第 2 期。

［14］郭庆旺、贾俊雪：《政府公共资本投资的长期经济增长效应》，载《经济研究》2006 年第 7 期。

［15］郭玉清：《中国财政周期性波动的经济稳定效应分析》，载《中央财经大学学报》2007 年第 1 期。

［16］郭月梅、孙群力：《贸易开放与中国地方政府规模关系的实证研究》，载《管理世界》2009 年第 10 期。

［17］胡永刚、郭长林：《财政政策规则、预期与居民消费——基于经济波动的视角》，载《经济研究》2013 年第 3 期。

［18］贾俊雪、郭庆旺：《财政支出类型、财政政策作用机理与最优财政货币规则》，载《世界经济》2012 年第 11 期。

［19］贾俊雪：《中国税收收入规模变化的规则性、政策态势及其稳定效应》，载《经济研究》2011 年第 11 期。

［20］金中夏、洪浩：《开放经济条件下均衡利率形成机制——基于动态随机一般均衡模型对中国利率变动规律的解释》，载《金融研究》2013 年第 7 期。

［21］康立、龚六堂：《金融摩擦、银行净资产与国际经济危机传导》，载《经济研究》2014 年第 5 期。

［22］康立、龚六堂、陈永伟：《金融摩擦、银行净资产与经济波动的行业间传导》，载《金融研究》2013 年第 5 期。

［23］李春根、徐建斌：《中国财政预算透明与地区官员腐败关系研究》，载《当代财经》2016 年第 1 期。

［24］李雪松、王秀丽：《工资粘性、经济波动与货币政策模拟》，载《数量经济技术经济研究》2011 年第 11 期。

［25］李春吉、孟晓宏：《中国经济波动——基于新凯恩斯主义垄断竞争模型的分析》，载《经济研究》2006 年第 10 期。

［26］李浩、胡永刚、马知遥：《国际贸易与中国的实际经济周期——基

于封闭与开放经济的 RBC 模型比较分析》，载《经济研究》2007 年第 5 期。

　[27] 李巍、张志超：《通货膨胀与房地产价格对实体经济的冲击影响——基于不同货币政策规则的 DSGE 模型分析》，载《华东师范大学学报（哲学社会科学版）》2011 年第 4 期。

　[28] 李燕、王晓：《国家治理视角下我国地方财政透明对财政支出效率的影响研究》，载《中央财经大学学报》2016 年第 11 期。

　[29] 李永友：《我国经济波动与财政政策波动的关联性分析》，载《财贸经济》2006 年第 4 期。

　[30] 李永友、丛树海：《我国相机财政政策的波动性研究》，载《财经科学》2005 年第 1 期。

　[31] 刘斌：《最优货币政策规则的选择及在我国的应用》，载《经济研究》2003 年第 9 期。

　[32] 刘斌：《我国 DSGE 模型的开发及在货币政策分析中的应用》，载《金融研究》2008 年第 10 期。

　[33] 刘生旺、陈鑫：《财政透明能约束政府行为吗？——基于政府行政管理支出视角的研究》，载《审计与经济研究》2019 年第 4 期。

　[34] 吕冰洋、陈志刚：《中国省际资本、劳动和消费平均税率测算》，载《财贸经济》2015 年第 7 期。

　[35] 马蔡琛、苗珊：《全球公共预算改革的最新演化趋势：基于 21 世纪以来的考察》，载《财政研究》2018 年第 1 期。

　[36] 毛捷、管汉晖、林智贤：《经济开放与政府规模——来自历史的新发现（1850－2009）》，载《经济研究》2015 年第 7 期。

　[37] 米什金：《货币政策方略：来自金融危机的教训》，载《金融评论》2010 年第 6 期。

　[38] 梅冬州、龚六堂：《新兴市场国家的汇率制度选择》，载《经济研究》2011 年第 11 期。

　[39] 梅冬州、龚六堂：《开放真的导致政府规模扩大吗？——基于跨国面板数据的研究》，载《经济学（季刊）》2012 年第 1 期。

　[40] 梅冬州、雷文妮、崔小勇：《出口退税的政策效应评估——基于金

融加速器模型的研究》，载《金融研究》2015 年第 4 期。

[41] 仝冰：《货币、利率与资产价格——基于 DSGE 模型的分析和预测》，北京大学博士学位论文，2011。

[42] 饶品贵、姜国华：《货币政策波动、银行信贷与会计稳健性》，载《金融研究》2011 年第 3 期。

[43] 孙天琦、杨岚、苗文龙：《中国财政政策是否具有顺周期性》，载《当代经济科学》2010 年第 3 期。

[44] 王国静、田国强：《政府支出乘数》，载《经济研究》2016 年第 9 期。

[45] 王宏武：《澳大利亚中期预算和绩效预算管理的启示》，载《财政研究》2015 年第 7 期。

[46] 王立勇：《我国相机抉择财政政策周期性研究——基于多模型分析》，载《系统工程理论与实践》2008 年第 7 期。

[47] 王立勇：《如何理解宏观政策跨周期调节》，载《光明日报》理论版 2021 年 8 月 10 日。

[48] 王立勇、毕然：《财政政策对私人投资的非线性效应及其解释》，载《统计研究》2014 年第 8 期。

[49] 王立勇、范亚舟、欧阳日辉：《收入差距、财政政策波动性与经济增长》，载《经济研究》工作论文，2013 年。

[50] 王立勇、纪尧：《财政政策波动性研究的国际动态》，载《经济学动态》2015 年第 10 期。

[51] 王立勇、纪尧：《财政政策波动性与财政规则：基于开放条件 DSGE 模型的分析》，载《经济研究》2019 年第 6 期。

[52] 王立勇、王申令：载强化预算约束有利于降低财政政策波动性吗》，载《中央财经大学学报》2019 年第 10 期。

[53] 王立勇、徐晓莉：《纳入企业异质性与金融摩擦特征的政府支出乘数研究》，载《经济研究》2018 年第 8 期。

[54] 王立勇、袁子乾：《收入差距对经济增长的影响机制研究：基于财政政策波动性视角》，载《宏观经济研究》2021 年第 2 期。

［55］王立勇、袁子乾、纪尧：《贸易开放与财政政策波动性》，载《经济研究》2021 年第 2 期。

［56］王立勇、赵姝洁：《财政透明度与财政政策波动性：证据与机制》，载《中央财经大学学报》2021 年第 9 期。

［57］王妍：《金融摩擦会影响政府财政支出乘数吗》，载《中国管理科学》2016 年第 23 期。

［58］王志刚：《中国财政政策的反周期性效果：基于 1978 年以来的经验事实》，载《财政研究》2010 年第 11 期。

［59］许伟、陈斌开：《银行信贷与中国经济波动：1993 - 2005》，载《经济学季刊》2009 年第 2 期。

［60］薛鹤翔：《中国的产出持续性——基于刚性价格和刚性工资模型的动态分析》，载《经济学季刊》2010 年第 4 期。

［61］杨灿明、孙群力：《外部风险对中国地方政府规模的影响》，载《经济研究》2008 年第 9 期。

［62］杨柳、李力：《货币冲击与中国经济波动——基于 DSGE 模型的数量分析》，载《当代经济科学》2011 年第 5 期。

［63］朱军：《开放经济中的财政政策规则——基于中国宏观经济数据的 DSGE 模型》，载《财经研究》2013 年第 3 期。

［64］张车伟：《中国劳动报酬份额变动与总体工资水平估算及分析》，载《经济学动态》2012 年第 9 期。

［65］张车伟、张士斌：《中国初次收入分配格局的变动与问题——以劳动报酬占 GDP 份额为视角》，载《中国人口科学》2010 年第 5 期。

［66］张树剑：《地方治理、财政透明与经济增长—1985 - 2013 年中国省级面板数据的分析》，载《世界经济文汇》2016 年第 5 期。

［67］张佐敏：《财政规则与政策效果——基于 DSGE 分析》，载《经济研究》2013 年第 1 期。

［68］Abadie, A., Diamond, A., and J. Hainmueller (2010), "Synthetic control methods for comparative case studies: estimating the effect of california's tobacco control program", *Journal of the American Statistical Association*, 105 (490):

493 – 505.

［69］Abadie A, Diamond A, and Hainmueller J. (2015), "Comparative politics and the synthetic control method", *American Journal of Political Science*, 59 (2): 495 – 510.

［70］Afonso, A., L. Agnello & D. Furceri (2010), "Fiscal policy responsiveness, persistence, and discretion", *Public Choice*, 145 (3 – 4): 503 – 530.

［71］Afonso, A. & D. Furceri (2008), "EMU enlargement, stabilization costs and insurance mechanisms", *Journal of International Money and Finance*, 27 (2): 169 – 187.

［72］Afonso, A. & D. Furceri (2010), "Government size, composition, volatility and economic growth", *European Journal of Political Economy*, 26 (4): 517 – 532.

［73］Afonso, A. & J. T. Jalles (2012), "Fiscal volatility, financial crises and growth", *Applied Economics Letters*, 19 (18): 1821 – 1826.

［74］Afonso, A. & Aubyn (2009), "Macroeconomic rates of return of public and private investment: Crowding-in and crowding-out effects", *The Manchester School*, 77 (1): 21 – 39.

［75］Aghion, P. & G. Saint – Paul (1998), "Virtues of bad times interaction between productivity growth and economic fluctuations", *Macroeconomic Dynamics*, 2 (3): 322 – 344.

［76］Aghion, P. et al. (2010), "Volatility and growth: Credit constraints and the composition of investment", *Journal of Monetary Economics*, 57 (3): 246 – 265.

［77］Agnello, L. & R. M. Sousa (2009), "The determinants of public deficit volatility", European Central Bank Working Paper Series, No. 1042.

［78］Ahuja D, Ahuja D, Murthy V, et al. (2017), "Social cyclicality in Asian countries", *International Journal of Social Economics*, 44 (9): 1154 – 1165.

［79］Aiyagari, S. R., L. J. Christiano & M. Eichenbaum (1992), "The output, employment, and interest rate effects of government consumption", *Journal of Monetary Economics*, 30 (1): 73 – 86.

[80] Aizenman, J. & N. P. Marion (1993), "Macroeconomic uncertainty and private investment", *Economics Letters*, 41 (2): 207 – 210.

[81] Aizenman, J. & N. P. Marion (1999), "Volatility and investment: Interpreting evidence from developing countries", *Economica*, 66 (262): 157 – 179.

[82] Albuquerque, B. (2011), "Fiscal institutions and public spending volatility in Europe", *Economic Modeling*, 28 (6): 2544 – 2559.

[83] Alesina, A. & G. Tabellini (2005), "Why is fiscal policy often procyclical?", NBER Working Paper, No. 11600.

[84] Alesina, A. & R. Perotti (1994), "The political economy of budget deficits", NBER Working Paper, No. 4637.

[85] Alesina A. & R. Perotti (1995), "Fiscal expansions and fiscal adjustments in OECD countries", NBER Working Paper, No. 5214.

[86] Alesina, A. & T. Bayoumi (1996), "The costs and benefits of fiscal rules: Evidence from US states", NBER Working Paper, No. 5614.

[87] Alesina, A. & R. Perotti (1997), "Fiscal adjustments in OECD countries: Composition and macroeconomic effects", *IMF Staff Papers*, 44 (2): 210 – 248.

[88] Alesina, A. et al. (2002), "Fiscal policy, profits, and investment", *American Economic Review*, 92 (3): 571 – 589.

[89] Alesina, A., F. Campante & G. Tabellini (2008), "Why is fiscal policy often procyclical?", *Journal of the European Economic Association*, 6 (5): 1006 – 1036.

[90] Alesina, A. and R. Wacziarg (1998), "Openness, country size and government", *Journal of Public Economics*, 69: 305 – 321.

[91] Ali, A. M. (2005), "Fiscal policy and economic growth: the effect of fiscal volatility", *Journal of Business & Economics Research*, 3 (5): 17 – 26.

［92］Alt, J. E. & R. C. Lowry (1994), "Divided government, fiscal institutions, and budget deficits: evidence from the states", *American Political Science Review*, 88 (4): 811 –828.

［93］Alt J E, Lassen D D. (2006), "Fiscal transparency, political parties, and debt in OECD countries", *European Economic Review*, 50 (6): 1403 –1439.

［94］Altig David, Lawrence Christiano, Martin Eichenbaum, Jesper Linde (2011), "Firm – Specific Capital, Nominal Rigidities and the Business Cycle," *Review of Economic Dynamics*, 14 (2): 225 –247.

［95］Arellano, C. and Bai, Y., Kehoe, P. (2012), "Financial frictions and fluctuations in volatility", Federal Reserve Bank of Minneapolis Staff Report, No. 466.

［96］Aschauer, D. A. (1989), "Is public expenditure productive?", *Journal of Monetary Economics*, 23: 177 –200.

［97］Athey, S., Bayati, M., Doudchenko, N., Imbens, G., Khosravi, K. (2018), "Matrix completion methods for causal panel data models", NBER Working Paper, No. 25132.

［98］Bachmann, R. & C. Bayer (2009), "Firm-specific productivity risk over the business cycle: Facts and aggregate implications", CESifo Working Paper Series, No. 2844.

［99］Bachmann, R., Jinhui, B., Minjoon, L., and Fudong, Z. (2017), "The welfare and distributional effects of fiscal volatility: a quantitative evaluation", CEPR Discussion Papers, No. 12384.

［100］Badinger, H. (2008), "Cyclical fiscal policy, output volatility, and economic growth", CESifo Working Paper Series, No. 2268.

［101］Badinger, H. (2012), "Cyclical expenditure policy, output volatility and economic growth", *Applied Economics*, 44 (7): 835 –851.

［102］Bai J. and Ng S. (2002), "Determining the number of factors in approximate factor models", *Econometrica*, 70: 191 –221.

[103] Baker, S. & N. Bloom (2011), "Does uncertainty drive business cycles? Using disasters as natural experiments", NBER Working Paper, No. 19475.

[104] Baker, S. et al. (2012), "Has economic policy uncertainty hampered the recovery", Chicago Booth Research Paper, No. 12 - 06.

[105] Bansal, R. and A. Yaron (2004), "Risks for the long run: a potential resolution of asset pricing puzzles", *The Journal of Finance*, 59 (4): 1481 - 1509.

[106] Barro, R. J. (1979), "On the determination of the public debt", *Journal of Political Economy*, 87 (5): 940 - 971.

[107] Barro, R. J. (1981), "Output effects of government purchases", *Journal of Political Economy*, 89 (6): 1086 - 1121.

[108] Barro, B. J. (1986), "Reputation in A Model of Monetary Policy with Incomplete Information", *Journal of Monetary Economics*, 17 (1): 3 - 20.

[109] Barro, R. J. (1990), "Government spending in a simple model of endogenous growth", *Journal of Political Economy*, 98 (5): 103 - 126.

[110] Basu, S. & B. Bundick (2012), "Uncertainty shocks in a model of effective demand", NBER Working Paper, No. 18420.

[111] Batillossi, S., R. Escario & J. S. Foreman - Peck (2010), "Economic policy and output volatility in Spain, 1950 - 1998: was fiscal policy destabilizing?", Cardiff Economics Working Paper, No. 323.

[112] Ben Bernanke, Mark Gertler and Simon Gilchrist (1999), "The financial accelerator in a quantitative business cycle framework", NBER Working Papers, No. 6455.

[113] Benarroch. M. and Pandey. M. (2008), "Trade openness and government size", *Economics Letters*, 101 (3): 157 - 159.

[114] Benito, B., & Bastida, F. (2009), "Budget transparency, fiscal performance and political turnout: an international approach", *Public Administration Review*, 69 (3): 403 - 417.

[115] Bertrand M, Duflo E, Mullainathan S. (2004), "How much should

We Trust Differences-in-Differences Estimates?", Quarterly Journal of Economics, 119 (1): 249 –275.

[116] Bhar, R. & S. Hamor (2003), "Alternative characterization of the volatility in the growth rate of real GDP", *Japan and the World Economy*, 15 (2): 223 –231.

[117] Bloom, N. , S. Bond & J. V. Reenen (2008), "Uncertainty and investment dynamics", *Review of Economic Studies*, 74 (2): 391 –415.

[118] Bloom, N. (2009), "The impact of uncertainty shocks", *Econometrica*, 77 (3): 623 –685.

[119] Bloom, N. (2014), "Fluctuations in uncertainty", *Journal of Economic Perspectives*, 28 (2): 153 –176.

[120] Bloom, N. , S. Bond and J. V. Reenen (2008), "Uncertainty and Investment Dynamics", Review of Economic Studies, 74 (2): 391 –415.

[121] Bo, H. & E. Sterken (1999), "Volatility of the interest rate, debt and firm investment: Dutch evidence", *Journal of Corporate Finance*, 8 (2): 179 –193.

[122] Boug P. & A. Fagereng (2010), "Exchange rate volatility and export performance: a cointegrated VAR approach", *Applied Economics*, 42 (7): 851 –864.

[123] Brzozowski, M. & J. Siwinska – Gorzelak (2010), "The impact of fiscal rules on fiscal policy volatility", *Journal of Applied Economics*, 13 (2): 205 –231.

[124] Braun, M. (2001), "Why is fiscal policy procyclical in developing countries", PhD Dissertation at Harvard University.

[125] Brunetti, A. , G. Kisunko & B. Weder (1998), "Credibility of rules and economic growth: evidence from a worldwide survey of the private sector", *The World Bank Economic Review*, 12 (3): 353 –384.

[126] Calvo G A. (1983), "Staggered prices in a utility-maximizing framework", *Journal of Monetary Economics*, 12 (3): 383 –398.

［127］ Cameron D. R. (1978)， "The expansion of the public economy：A Comparative Analysis"， American Political Science Review， 72 (4)：1243 – 1261.

［128］ Canova， F. & E. Pappa (2005)， "The elusive costs and the immaterial gains of fiscal constraints"， *Journal of Public Economics*， 90 (8)：1391 – 1414.

［129］ Carey， David and Harry Tchilinguirian (2000)， "Average effective tax rates on capital, labour and consumption"， OECD Economics Department Working Papers， No. 258.

［130］ Carneiro F G， Garrido L. (2015)， "New evidence on the cyclicality of fiscal policy"， World Bank Policy Research Working Paper， No. 7293.

［131］ Castro， F. (2007)， "The macroeconomic effects of fiscal policy in Spain"， *Applied Economics*， 38 (8)：913 – 924.

［132］ Chong， A. & M. Gradstein (2006)， "Policy volatility and growth"， IDB Working Paper， No. 482.

［133］ Christensen， I.， and Dib， A. (2008)， "The financial accelerator in an estimated new keynesian model"， *Review of Economic Dynamics*， 11：155 – 178.

［134］ Christiano L.， Trabandt M.， Walentin， K. (2010)， "Introducing financial frictions and unemployment into a small open economy model"， *Journal of Economic Dynamics and Contro*l， 35 (2)：1999 – 2041.

［135］ Chun， H. & J. – W. Kim (2010)， "Declining output growth volatility：A sectoral decomposition"， *Economics Letters*， 106 (3)：151 – 53.

［136］ Cimadomo， J. (2012)， "Fiscal policy in real time"， *Scandinavian Journal of Economics*， 114 (2)：440 – 465.

［137］ Clarida， R.， Gali， J.， Gertler， M.，(1999)， "The science of monetary policy：A New Keynesian Perspective"， *Journal of Economic Literature*， 37：1661 – 1707.

［138］ Combes J L， Minea A， Sow M. (2017)， "Is fiscal policy always counter – (pro –) cyclical? the role of public debt and fiscal rules", *Economic Modelling*, 65: 138 –146.

[139] Davig, T. (2004), "Regime-switching debt and taxation", *Journal of Monetary Economics*, 51 (4): 837 –859.

[140] Davig, T. & E. M. Leeper (2005), "Fluctuating macro policies and the fiscal theory", NBER Working Paper, No. 1212.

[141] Dixit, A. K. & J. W. Weibull (2007), "Political polarization", *Proceedings of the National Academy of Sciences*, 104 (18): 7351 –7356.

[142] Doganlar, M. (2002), "Estimating the impact of exchange rate volatility on exports: evidence from asian countries", *Applied Economics Letters*, 9 (13): 859 –863.

[143] Dolls, Mathias, C. Fuest and A. Peichl (2012), "Automatic stabilizers and economic crisis: US vs. Europe", *Journal of Public Economics*, 96: 279 –294.

[144] Dworczak, P. (2011), "Fiscal policy under rational inattention", University of Warsaw Working Paper, No. 3220.

[145] Edward, N. W. & A. Zacharias (2007), "The distributional consequences of government spending and taxation in the U. S. , 1989 and 2000", *Review of Income and Wealth*, 53 (4): 121 –145.

[146] Egert B. (2014), "Fiscal Policy Reaction to the Cycle in the OECD: Pro-or Counter-cyclical?", *Mondes en développement*, 167 (3): 35 –52.

[147] Eggertsson G. B. , Mehrotra N. R. and Summers L. H. , (2016a), "Secular stagnation in the open economy", *The American Economic Review*, 106 (5): 503 –507.

[148] Eggertsson G. B. , Mehrotra N. R. , Singh S. R. and Summers L. H. (2016b), "A contagious malady? open economy dimensions of secular stagnation", *IMF Economic Review*, 64 (4): 581 –634.

[149] Eller, M. , J. Fidrmuc & Z. Fungacova (2013), "Fiscal policy and regional output volatility: evidence from Russia", BOFIT Discussion Paper,

No. 13/2013.

[150] Fatas, A. and I. Mohiv (2001), "Government size and automatic stabilizers: international and international evidence", *Journal of International Economics*, 55 (1): 3-28.

[151] Fatas, A. & I. Mohiv (2003), "The case for restricting fiscal policy discretion", *Quarterly Journal of Economics*, 118 (4): 1419-1447.

[152] Fatas, A. & I. Mohiv (2006), "The macroeconomic effects of fiscal rules in the US states", *Journal of Public Economics*, 90 (1-2): 101-111.

[153] Fatas, A. & I. Mohiv (2007), "Fiscal discipline, volatility and growth", in L. Serven et al. (eds.), *Fiscal Policy, Stabilization and Growth: Prudence or Abstinence?* World Bank, Washington, DC.

[154] Fatas, A. & I. Mohiv (2013), "Policy volatility, institutions and economic growth", *Review of Economics & Statistics*, 94 (2): 362-376.

[155] Feldstein, M. (1982), "Government deficits and aggregate demand", *Journal of Monetary Economics*, 9 (1): 1-20.

[156] Fernandez, R. & G. Levy (2008), "Diversity and redistribution", *Journal of Public Economics*, 92 (5): 925-943.

[157] Fernández-Villaverde, F. and Ramirez, J. (2011), "Risk matters: the real effects of volatility shocks", *American Economics Review*, 101 (6): 2530-2561.

[158] Fernández-Villaverde, J., Quintana, P. F., Kuester K., Ramirez, J. R. (2015), "Fiscal volatility shocks and economics activity", *American Economic Review*, 105 (11): 3352-3384.

[159] Fiorito, R. & T. Kollintzas (1994), "Stylized facts of business cycles in the G7 from a real business cycles perspective", *European Economic Review*, 38 (2): 235-269.

[160] Frankel J A, Vegh C A, Vuletin G. (2013), "On graduation from fiscal procyclicality", *Journal of Development Economics*, 100 (1): 32-47.

[161] Friedman, M. (1977), "Nobel lecture: inflation and unemploy-

ment", *Journal of Political Economy*, 85 (3): 451 – 472.

[162] Forni, L., L. Monteforte and L. Sessa (2009), "The general equilibrium effects of fiscal policy: estimates for the Euro Area", *Journal of Public Economics*, 93 (3): 559 – 585.

[163] Furceri, D. (2007), "Is government expenditure volatility harmful for growth? a cross-country analysis", *Fiscal Studies*, 28 (1): 103 – 120.

[164] Furceri, D. (2009), "Fiscal convergence, business cycle volatility, and growth", *Review of International Economics*, 17 (3): 615 – 630.

[165] Furceri, D. (2010a), "Long-run growth and volatility: Which source really matters?", *Applied Economics*, 42 (15): 1865 – 1874.

[166] Furceri, D. (2010b), "Stabilization effects of social spending: empirical evidence from a panel of OECD countries", *Journal of Economics and Finance*, 21 (1): 34 – 48.

[167] Furceri, D. & G. Karras (2007), "Country size and business cycle volatility: scale really matters", *Journal of the Japanese and International Economies*, 21 (4): 424 – 434.

[168] Furceri, D. & G. Karras (2008), "Business cycle volatility and country size: evidence for a sample of OECD countries", *Economics Bulletin*, 5 (3): 1 – 7.

[169] Furceri, D. & M. Poplawski – Ribeiro (2009), "Government consumption volatility and country size", Centre D'tudes Prospectives et D'Informations Internationales Working Paper, No. 17.

[170] Gali, J. (1994), "Government size and macroeconomic stability", *European Economic Review*, 38 (1): 117 – 132.

[171] Gali, J. (2005), "Modern perspectives on fiscal stabilization policies", *CESifo Economic Studies*, 51 (4): 587 – 599.

[172] Galí Jordi and Tommaso Monacelli (2005), "Monetary policy and exchange rate volatility in a small open economy", *Review of Economic Studies*, 72 (3): 707 – 734.

［173］Gali, J. & R. Perotti（2003），"Fiscal policy and monetary integration in Europe", *Economic Policy*, 18（37）：533 – 572.

［174］Gavin, M. & R. Perotti（1997），"Fiscal policy in Latin America", in Ben S. Bernanke and Julio Rotemberg（eds.），*NBER Macroeconomic Annual*, MIT Press.

［175］Gertler, M., Gilchrist, S., Natalucci, F.（2007），"External constraints on monetary policy and the financial accelerator", *Journal of Money, Credit and Banking*, 39（2 – 3）：295 – 330.

［176］Gertler Mark and Peter Karadi（2011），"Financial intermediation and credit policy in business cycle analysis", Handbook of Monetary Economics, 547 – 600.

［177］Gertler Mark and Peter Karadi（2015），"Monetary policy surprises, credit costs and economic activity", *American Economic Journal: Macroeconomics*, 7（1）：44 – 76.

［178］Giavazzi, F. and M. Pagano（1990），"Can severe fiscal contractions Be expansionary", NBER Macroeconomics Annual, 75 – 122.

［179］Giudice, G., A. Turrini, and J. in't Veld.（2004），"Non keynesian fiscal consolidation in the EU? Ex Post Evidence and Ex Ante Analysis", CEPR Discussion Papers, No. 4288.

［180］Gollwitzer, S.（2011），"Budget institutions and fiscal performance in Africa", *Journal of African Economies*, 20（1）：111 – 152.

［181］Guerguil M, Mandon P, Tapsoba R.（2017），"Flexible fiscal rules and countercyclical fiscal policy", *Journal of Macroeconomics*, 52：189 – 220.

［182］Guo, Q. W., Jia, J. X., Zhang, Y. J. and Zhao, Z. Y.（2011），"The mix of fiscal and monetary policy rules and inflation dynamics in china", *China and World Economy*, 19：47 – 66.

［183］Hallerberg, M. & R. Strauch（2002），"On the cyclicality of public finances in Europe", *Empirica*, 29（3）：183 – 207.

［184］Hamilton, J.（2008），"Assessing monetary policy effects using daily federal funds future contracts", *Federal Reserve Bank of St. Louis Review*, 90 (2): 377 –393.

[185] Harberger, A. C. (2005), "On the process of growth and economic policy in developing countries", Bureau for Policy and Program Coordination Issue Paper No. 13.

[186] Henisz, W. J. (2004), "Political institutions and policy volatility", *Economics & Politics*, 16 (1): 1 –27.

[187] Herrera, S. & B. Vincent (2008), "Public expenditure and consumption volatility", World Bank Policy Research Working Paper, 4633.

[188] Hsiao, C., S Ching and S. Wan (2012), "A panel data approach for program evaluation: measuring the benefits of political and economic integration of Hong Kong with mainl and China", *Journal of Applied Econometrics*, 27 (5): 705 –740.

[189] Ifere E. O. & O. B. Okoi. (2018), "Political economy of fiscal deficits in a democracy", *Economia*, 19: 12 –23.

[190] Imbs, J. (2007), "Growth and volatility", *Journal of Monetary Economics*, 54 (7): 1848 –1862.

[191] Justiniano, A. & G. E. Primiceri (2008), "Time varying volatility of macroeconomic fluctuations", *American Economic Review*, 98 (3): 604 –641.

[192] Kalckreuth, V. U. & G. B. Wolff (2011), "Identifying discretionary fiscal policy reactions with real-time data", *Journal of Money, Credit and Banking*, 43 (6): 1271 –1285.

[193] Kaminsky, G., C. Reinhart & C. Vegh (2004), "When it rains it pours: procyclical capital flows and macroeconomic policies", *NBER Macroeconomic Annual*, 19: 11 –53.

[194] Kimakova A. (2009), "Government size and openness revisited: the case of financial globalization", *Kyklos*, 62 (3): 394 –406.

[195] Kydland, F. E. and E. C. Prescott (1977), "Rules rather than discretion: the inconsistency of optimal plans", *The Journal of Political Economy*,

85（3）：.473－491.

[196] Lane P R. (2003a), "Business cycles and macroeconomic policy in emerging market economies", *International Finance*, 6 (1): 89－108.

[197] Lane, P. R. (2003b), "The cyclical behaviour of fiscal policy: evidence from the OECD", *Journal of Public Economics*, 87 (12): 2661－2675.

[198] Lawrence, J. C. Trabandt M. , Walentin, K. , (2011), "Introducing financial frictions and unemployment into a small open economy model", *Journal of Economic Dynamics & Control*, 35: 1999－2041.

[199] Leachman, L. L. et al. (2007), "The political economy of budget deficits", *Economics & Politics*, 19 (3): 369－420.

[200] Leeper, E. M. , M. Plante and N. Traum (2010), "Dynamics of Fiscal Financing in the United States", *Journal of Econometrics*, 156 (1): 304－321.

[201] Lensink, R. & O. Morrissey (2000), "Aid instability as a measure of uncertainty and the positive impact of aid on growth", *Journal of Development Studies*, 36 (3): 31－49.

[202] Lensink, R. , H. Bo & E. Sterken (1999), "Does uncertainty affect economic growth? an empirical analysis", *Weltwirtschaftliches Archiv*, 135 (3): 379－396.

[203] Levinson, A. (1998), "Balanced budgets and business cycles: evidence from the state", *National Tax Journal*, 51 (4): 715－732.

[204] Li Cheng (2010), "Government size and macroeconomic stability: sub－national evidence from China", MPRA Paper, No. 28226.

[205] Lindqvist, E. & R. Östling (2008), "Political polarization and the size of government", *American Political Science Review*, 104 (3): 553－558.

[206] Lu Y, Tao Z, Zhu L. (2017), "Identifying FDI spillovers", *Journal of International Economics*, 107: 75－90.

[207] Maćkowiak, B. & M. Wiederholt (2010), "Business cycle dynamics under rational inattention", CEPR Discussion Paper, No. DP7691.

[208] Maria Bejan (2006), "Trade openness and output volatility", MPRA Paper, No. 2759.

[209] Mara, E – R. (2011), "Fiscal policy impact on inflation volatility in Romania in the economic crisis context", *Finance – Challenges of the Future*, 13 (1): 181 – 187.

[210] Mara, E. – R. (2012), "Determinants of fiscal budget volatility in old versus new EU member states", MPRA Paper, No. 42555.

[211] Mazumder R., T. Hastie and R. Tibshirani (2010), "Spectral regulation algorithms for learning large incomplete matrices", *Journal of Machine Learning Research*, 11 (Aug): 2287 – 2322.

[212] McCallum, B. T., (1987), "The case for rules in the conduct of monetary policy: A Concrete Example", *Review of World Economics*, 123 (3): 415 – 429.

[213] McDermott, C. J. & R. F. Wescott (1996), "An empirical analysis of fiscal adjustments", *IMF Staff Papers*, 43 (4): 725 – 753.

[214] Mehrotra, A., Jose, R. (2010), "China's monetary policy and the exchange rate", *Comparative Economic Studies*, 52 (4): 497 – 514.

[215] Mendoza, E. G., A. Razin, and L. L. Tesar (1994), "Effective tax rates in macroeconomics: cross-country estimates of tax rates on factor incomes and consumption," Journal of Monetary Economics, 34 (3): 297 – 323.

[216] Monacelli, T., Perotti, R. (2010), "Fiscal policy, the real exchange rate and traded goods", *the Economic Journal*, 120 (544): 437 – 461.

[217] Mohanty A R, Mishra B R. (2017), "Is fiscal policy pro – cyclical or counter – cyclical? evidence from India", *Arthshastra: Indian Journal of Economics & Research*, 6 (2): 7 – 19.

[218] Nocholas, A. & S. M. Miller (2007), "Total factor productivity and monetary policy: evidence from conditional volatility", *International Finance*, 10 (2): 131 – 152.

[219] Perotti, R. (1999), "Fiscal policy in good times and bad", *Quarter-

ly *Journal of Economics*, 114（4）: 1399－1436.

［220］ Persson, T.（2001）, "Do political institutions shape economic policy?", NBER Working Paper, No. 8214.

［221］ Persson T. & G. Tabellini（2001）, "Political institutions and policy outcomes: What are the stylized facts?", CEPR Discussion Paper, No. 2872.

［222］ Persson T. & G. Tabellini（2002）, *Political economics: explaining economic policy*, MIT Press.

［223］ Philippe, A. & A. Banerjee（2005）, *Volatility and growth*, Oxford University Press.

［224］ Pindyck, R. S.（1988）, "Irreversible investment, capacity choice, and the value of the firm", *American Economic Review*, 78（5）: 969－985.

［225］ Poterba, J. M.（1995）, "Balanced budget rules and fiscal policy: evidence from the states", *National Tax Journal*, 48（3）: 329－336.

［226］ Ram R.（2009）, "Openness, country size, and government size: additional evidence from a large cross－country panel", *Journal of Public Economics*, 93（1－2）, 213－218.

［227］ Ramey, G. & V. A. Ramey（1995）, "Cross-country evidence on the link between volatility and growth", *American Economic Review*, 85（5）: 1138－1151.

［228］ Ramos, X. & O. Roca－Sagales（2008）, "Long-term effects of fiscal policy on the size and distribution of the pie in the UK", *Fiscal Studies*, 29（3）: 387－411.

［229］ Rodrik, D.（1991）, "Policy uncertainty and private investment in developing countries", *Journal of Development Economics*, 36（2）: 229－242.

［230］ Rodrik, D.（1998）, "Why do more open economies have bigger governments," *Journal of Political Economy*, 106（5）: 997－1032.

［231］ Rodrik, D.（1999）, "Where did all the growth go? external shocks, social conflict, and growth collapses", *Journal of Economic Growth*, 4（4）: 385－412.

[232] Rother, P. C. (2004), "Fiscal policy and inflation volatility", European Central Bank Working Paper, No. 317.

[233] Roubini, N. et al (1989), "Government spending and budget deficits in the industrial countries", *Economic Policy*, 4 (8): 100 – 132.

[234] Sahay, R. & R. Goyal (2006), "Volatility and growth in Latin America: an episodic approach", IMF Working Paper, WP/06/287.

[235] Schumpeter, J. A. (1939), *Business cycles*, New York: McGraw – Hill.

[236] Schmitt – Grohé, S., Uribe, M. (2003), "Closing small open economy models", *Journal of International Economics*, 61: 163 – 185.

[237] Schmitt – Grohé, S. and M. Uribe (2004), "Solving dynamic general equilibrium models using a second-order approximation to the policy function", *Journal of Economic Dynamics and Control*, 28 (4): 755 – 775.

[238] Schwinn, R. (2015), *Fiscal volatility diminishes fiscal multipliers*, DePaul University PHD dissertation.

[239] Shleifer, A. (1986), "Implementation cycles", *Journal of Political Economy*, 94 (6): 1163 – 1190.

[240] Sims, C. A., (2003), "Implications of rational inattention", *Journal of Monetary Economics*, 50: 665 – 690.

[241] Sims, C. A. and T. Zha (2006), "Were there regime switches in U. S. monetary policy?", *American Economic Review*, 96 (1): 54 – 81.

[242] Sorensen, B. E., L. Wu & O. Yosha (2001), "Output fluctuations and fiscal policy: US state and local governments 1978 – 1994", *European Economic Review*, 45 (7): 1271 – 1310.

[243] Stock, J. H. and M. W. Watson (2002), "Has the business cycle changed and why?", NBER Macroeconomics Annual, 17: 159 – 230.

[244] Sukiassyan, G. (2007), "Inequality and growth", *Journal of Comparative Economics*, 35 (1): 35 – 56.

[245] Sutherland, A. (1997), "Fiscal crises and aggregate demand: can

high public debt reverse the effects of fiscal policy?", *Journal of Public Economics*, 65 (2): 147 – 162.

[246] Tagkalakis, A. (2012), "Fiscal policy and asset price volatility", *Empirica*, 39 (6): 123 – 156.

[247] Taylor, J. B. (1993), "Discretion versus policy rules in practice", Carnegie – Rochester Conference Series on Public Policy, 93 (1): 195 – 214.

[248] Talvi, E. & C. A. Vegh (2005), "Tax base variability and procyclical fiscal policy in developing countries", *Journal of Development Economics*, 78 (1): 156 – 190.

[249] Tapsoba, R. (2012), "Do national numerical fiscal rules really shape fiscal behaviors in developing countries? a treatment effect evaluation", *Economic Modelling*, 29 (4): 1356 – 1369.

[250] Tarawalie A. B., Sissoho M., Conte M. & Ahotor C. R. (2014), "Political business cycle and macroeconomic convergence: the WAMZ experience", *WAMI Occasional Paper Series*, 1 (7): 1 – 40.

[251] Tsebelis, G. (1995), "Decision making in political systems: veto players in presidentialism, parliamentarism, multicameralism and multipartyism", *British Journal of Political Science*, 25 (3): 289 – 325.

[252] Umoh O. J., Onye K. U., Atan J. A. (2018), "Political and institutional determinants of fiscal policy persistence in west Africa", MPRA Paper.

[253] Van den Noord, P. (2000), "The Size and Role of Automatic Fiscal Stabilizers in the 1990s and Beyond", OECD Working Paper, No. 230.

[254] Vicente, C., Benito, B., & Bastida, F. (2013), "Transparency and political budget cycles at municipal level", *Swiss Political Science Review*, 19 (02): 139 – 156.

[255] Villaverde, J. F. et al. (2011), "Risk matters: the real effects of volatility shocks", *American Economics Review*, 101 (6): 2530 – 2561.

[256] Villaverde, J. F. (2015), "Fiscal volatility shocks and economics Activity", *American Economic Review*, 105 (11): 3352 – 3384.

［257］Von Hagen, J. & I. Harden（1995）, "Budget processes and com-mitment to fiscal discipline", *European Economic Review*, 39（3 –4）: 71 – 79.

［258］Wang Liyong and Gao Wei（2011）, "Non-linear effects of fiscal poli-cy on private consumption: evidence from China", *China and World Economy*, 19（2）: 60 – 76.

［259］Woo, J.（2005）, "Social polarization, fiscal instability and growth", *European Economic Review*, 49（6）: 1451 – 1477.

［260］Woo, J.（2009）, "Why do more polarized countries run more pro-cy-clical fiscal policy?", *Review of Economics and Statistics*, 91（4）: 850 – 870.

［261］Woo, J.（2011）, "Growth, income distribution, and fiscal policy volatility", *Journal of Development Economics*, 96（2）: 289 – 313.

［262］Xavier Debrun, Jean Posani – Ferry, and Sapir（2008）, "Govern-ment size and output volatility: should we forsake automatic stabilization", *Eco-nomic Paper*, 316（4）: 1 – 74.

［263］Yogo, T. U.（2015）, "Terrorism and fiscal policy volatility in develo-ping countries: evidence from cross-country and panel data", Etudes et Documents Working Paper, 14.

［264］Zhang, W.（2009）, "China's monetary policy: quantity versus price rules", *Journal of Macroeconomics*,（31）: 473 – 484.

后　记

当前，中国已全面建成了小康社会，已实现第一个百年奋斗目标，正在朝着第二个百年奋斗目标前进。为了克服不利因素的冲击，保持经济平稳较快发展，提高经济发展质量和效益，党的十八大报告明确提出，"新时期新阶段，必须大力推进经济结构战略性调整，转变经济发展方式，提高劳动生产率，着力拓展居民消费，扩大内需，全面深化经济体制改革，完善宏观调控体系，把促进宏观经济稳定与支持实体经济发展结合起来，维护金融稳定，促进经济增长。"党的十九大报告指出，"建设现代化经济体系是跨越关口的迫切要求和我国发展的战略目标。必须坚持质量第一、效益优先，以供给侧结构性改革为主线，推动经济发展质量变革、效率变革、动力变革，提高全要素生产率，着力加快建设实体经济、科技创新、现代金融、人力资源协同发展的产业体系，着力构建市场机制有效、微观主体有活力、宏观调控有度的经济体制，不断增强我国经济创新力和竞争力。"党的十九届五中全会更是提出"坚定不移贯彻创新、协调、绿色、开放、共享的新发展理念，坚持稳中求进工作总基调，以推动高质量发展为主题，以深化供给侧结构性改革为主线，以改革创新为根本动力，以满足人民日益增长的美好生活需要为根本目的，统筹发展和安全，加快建设现代化经济体系，加快构建以国内大循环为主体、国内国际双循环相互促进的新发展格局，推进国家治理体系和治理能力现代化，实现经济行稳致远、社会安定和谐，为全面建设社会主义现代化国家开好局、起好步。"这一系列关键任务均与财政政策有着密不可分的关系，财政政策将继续发挥无可替代的作用。财政作为国家治理的基础和重要支柱，科学的财税体制是优化资源配置、维护市场统一、促进社会公平、实现国家长治久安的制度保障。

然而，已有研究表明，中国财政政策波动性近年来有所提高，政策不确定性加大，这对保持宏观经济稳定、支持实体经济发展、提高消费和投资，以及保持金融稳定、提高劳动生产率等都会产生不利影响，可能也是导致中国实体经济运行不理想的重要原因之一。鉴于财政政策的重要作用和财政政策波动性可能会对经济增长、通货膨胀、全要素生产率、金融稳定、资产价格波动，以及对微观主体行为产生重要影响。要完善宏观调控体系，构建市场机制有效、微观主体有活力、宏观调控有度的经济体制，加快建设现代化经济体系，加快构建以国内大循环为主体、国内国际双循环相互促进的新发展格局，推进国家治理体系和治理能力现代化，促进宏观经济稳定与支持实体经济发展，不断增强中国经济创新力和竞争力，绝不能仅关注财政政策水平变化的影响，更应该关注财政政策波动性的影响。这是一个长期被国内学者或政策当局忽视的领域，对其展开深入研究显得尤为重要。

作为国内第一部系统分析财政政策波动性和政策不确定性的专著，本书立足中国现实重大问题，针对已有研究不足，本着宏观与微观、规范与实证、理论与经验相结合的原则，遵循"文献梳理—理论建模—实证检验—机理解释—政策含义"的研究思路，深入研究了财政政策波动性的测度、影响机理、决定因素和调控机理，在此基础上提出有价值的政策启示与政策建议。本书能够为进一步的相关研究提供方法论基础、数据基础、理论支撑、经验证据及决策参考依据。本书写作历时多年，是本团队关于财政政策波动性或政策不确定性研究的阶段性成果，也是中央财经大学财政政策研究团队的一项重要成果。

本书的完稿和出版要感谢国家社会科学基金重大项目"新常态下完善我国宏观调控目标体系与宏观调控机制研究"（项目号为15ZDA009）和国家自然科学基金面上项目"财政政策波动性测度、影响机理、决定因素与政策含义"（项目号为71473280）的资助，感谢中央财经大学学术著作出版资助基金的出版资助。感谢娄峰研究员、谭小芬教授、梅冬州教授、樊茂清教授、郑挺国教授、万相昱研究员、刘生龙研究员、赵留彦教授、邓创教授、李瑞琴教授、段玉婉副教授、马光明副教授、程宇丹副教授、纪斑副教授、宁静副教授等在课题研究中给予的支持和帮助，感谢徐晓莉、高玉胭、纪尧、袁子乾、胡睿、杨发琼、王申令、陈璐璐、张晨阳、吕政、杜文会、常清、赵语等博士和博士生的参与。还要感谢经济科学出版社的编辑老师们为本书出版付出的辛苦工作！

　　由于作者水平有限，不免存在疏漏之处，恳请专家批评指正！

王立勇

2021 年 11 月于北京